汽车行业卓越人才培养丛书

汽车服务企业管理

主　编　田俊岩　朱礼贵　李　凡
副主编　王海涛　郭殿臣　万鹏举
参　编　段昊阳　李荣荣　岳群淞　魏　宇

机械工业出版社
CHINA MACHINE PRESS

本书对汽车服务企业的管理进行了系统介绍，主要内容包括：汽车服务企业的管理概述、汽车服务企业的营销管理、汽车服务企业的生产与技术管理、汽车服务质量管理、汽车服务企业的人力资源管理、汽车服务企业的物资与设备管理、汽车服务企业的财务管理、汽车服务企业的信息管理、汽车服务企业的企业文化与形象和汽车服务企业的战略管理。

本书是针对汽车服务工程专业课程"汽车服务企业管理"的教学内容编写的，可以作为应用型本科学生和高职学生的教材，也可以供从事汽车服务企业管理、销售和相关研究的人员使用。

图书在版编目（CIP）数据

汽车服务企业管理/田俊岩，朱礼贵，李凡主编．—北京：机械工业出版社，2024.4（2025.1重印）

（汽车行业卓越人才培养丛书）

ISBN 978-7-111-75233-2

Ⅰ.①汽⋯ Ⅱ.①田⋯ ②朱⋯ ③李⋯ Ⅲ.①汽车企业—工业企业管理 Ⅳ.①F407.471.6

中国国家版本馆 CIP 数据核字（2024）第 047984 号

机械工业出版社（北京市百万庄大街 22 号　邮政编码 100037）
策划编辑：付建蓉　刘元春　　责任编辑：付建蓉　刘元春　单元花
责任校对：甘慧彤　牟丽英　　封面设计：张　静
责任印制：郜　敏
北京富资园科技发展有限公司印刷
2025 年 1 月第 1 版第 2 次印刷
184mm×260mm・13.5 印张・324 千字
标准书号：ISBN 978-7-111-75233-2
定价：48.00 元

电话服务　　　　　　　　　　　网络服务
客服电话：010-88361066　　　　机 工 官 网：www.cmpbook.com
　　　　　010-88379833　　　　机 工 官 博：weibo.com/cmp1952
　　　　　010-68326294　　　　金 书 网：www.golden-book.com
封底无防伪标均为盗版　　　　机工教育服务网：www.cmpedu.com

前　言

2023年，全国汽车产销分别完成3016.1万辆和3009.4万辆，同比分别增长11.6%和12%，尤其是我国新能源汽车产销量占全球比重超60%，连续9年位居世界第一位，产销规模创历史新高。汽车行业取得了令人瞩目的业绩，成为拉动中国工业经济增长的重要动力。汽车行业的高速发展给汽车服务业带来了巨大的挑战，传统的服务模式、经营方式、管理手段已经不能适应现代激烈的市场竞争，汽车服务企业需要接受新的管理理念，需要一批业务能力强的综合型管理人才。为满足人才培养的需求，结合现代管理理念和汽车服务业的实际，针对应用型本科院校学生的特点，哈尔滨剑桥学院汽车与机电工程学院的一线教师们编写了本书。本书的编写体现了以下3个"相结合"的特点。

1）中国传统文化与企业管理理论及实践相结合。汽车服务企业管理是企业管理的一个分支，企业管理是管理学的实践。汽车服务企业管理离不开管理学的基本原理和方法，但是我国汽车服务企业管理要更有生命力，就必须立足于中国传统文化，对中国传统文化充满自信，并在中国传统文化与企业管理结合过程中真正做到"知行合一"。

2）教学规律和学习规律相结合。本书的内容和体例符合教学和学习的规律，在每章开头均指出了学习目标与要求、素质培养目标、学习重点和学习难点，采用了案例引入的方法，有利于培养学生的专业兴趣和学习热情；在每章的结尾配置了不同数量的课后习题。

3）系统性和实用性相结合。企业管理是一个复杂的系统工程，本书在编写过程中，紧紧联系当前汽车服务企业管理的实际情况，根据专业培养目标的要求和汽车服务企业一线管理人员的指导，内容立足于基础，系统、全面、重点地介绍汽车服务企业管理的基本理论、方法和现代前沿的观点。学生通过系统学习，能掌握一定的汽车服务企业管理的相关知识，并具备分析问题和解决问题的能力。

汽车服务涵盖汽车技术服务、汽车贸易服务、汽车金融服务、汽车文化服务以及延伸服务等多个方面，本书力求提取汽车服务企业管理中的核心问题和共性问题，以现代管理理论

为指引，对企业各项管理活动进行系统论述。

本书共 10 章，内容包括汽车服务企业的管理概述、汽车服务企业的营销管理、汽车服务企业的生产与技术管理、汽车服务质量管理、汽车服务企业的人力资源管理、汽车服务企业的物资与设备管理、汽车服务企业的财务管理、汽车服务企业的信息管理、汽车服务企业的企业文化与形象和汽车服务企业的战略管理。

本书可以作为应用型本科学生和高职学生的教材，也可以供从事汽车服务企业管理、销售和相关研究的人员使用。

本书由田俊岩、朱礼贵、李凡担任主编，王海涛、郭殿臣、万鹏举担任副主编，段昊阳、李荣荣、岳群淞、魏宇参与编写。编写具体分工为：田俊岩编写前言、绪论、第一章、第二章、第三章、第九章和第十章，朱礼贵编写第四章，李凡编写第五章，王海涛编写第六章，郭殿臣编写第七章第一节、第二节，万鹏举编写第八章第一节、第二节，段昊阳编写第七章第三节，李荣荣编写第八章第三节，岳群淞编写第八章第四节，魏宇编写课后习题和答案。

编者在编写过程中，收到了哈尔滨剑桥学院机电工程学院汽车服务工程专业 2017 级全体同学的信息反馈，王菲、谭蕊、宋海莹、王爽、杨永超、张云清等同学参与了相关图片和文字的处理工作，在此一并表示感谢！诚挚感谢本书所参考的相关资料的所有作者！鉴于编者水平有限，书中或有不足或错漏之处，恳请广大读者批评指正！

田俊岩

二维码索引表

二维码名称	二维码	页码
中国创造：无人驾驶		6
科技让通信更便捷		34
北斗：想象无限		58
北斗：北斗之路		58
北斗：时空文明		58
"东方红"拖拉机		78
汽车维修服务项目质量管理体系初探		96

（续）

二维码名称	二维码	页码
汽车召回维修服务项目质量管理体系的运作分析		96
第一辆红旗轿车车牌		115
第一代国产军用越野指挥车		132
延安 250 型越野汽车		148
第一台国产电动轮自卸车		167
照亮东风汽车的马灯		191
新时代北斗精神		206

目　录

前言
二维码索引表
绪论 1
第一章　汽车服务企业的管理概述 7
　第一节　企业与企业管理的职能 9
　第二节　企业的组织结构 19
　第三节　现代企业制度 24
　第四节　汽车服务企业的特点及管理任务 ... 27
　课后习题 34
第二章　汽车服务企业的营销管理 35
　第一节　市场营销概述 37
　第二节　营销机会分析 40
　第三节　市场细分与目标市场 42
　第四节　汽车服务市场的营销策略 46
　第五节　汽车服务企业的顾客满意营销
　　　　　战略 53
　课后习题 58
第三章　汽车服务企业的生产与技术
　　　　管理 59
　第一节　汽车服务经营计划 60
　第二节　汽车维修服务的生产组织与管理 ... 67
　第三节　汽车服务技术管理 74
　课后习题 78

第四章　汽车服务质量管理 79
　第一节　汽车服务质量与质量管理概述 ... 81
　第二节　汽车服务质量管理的方法 86
　第三节　汽车服务质量管理的体系 94
　课后习题 96
第五章　汽车服务企业的人力资源
　　　　管理 97
　第一节　人力资源管理概述 99
　第二节　汽车服务企业的人力资源工作分析
　　　　　及其实施过程 100
　第三节　汽车服务企业的人员招聘与培训
　　　　　 104
　第四节　汽车服务企业的绩效考核与激励
　　　　　 108
　第五节　汽车服务企业的人员管理 111
　课后习题 114
第六章　汽车服务企业的物资与设备
　　　　管理 116
　第一节　汽车服务企业的物资管理概述 ... 118
　第二节　汽车服务企业的物资定额管理 ... 120
　第三节　汽车服务企业的库存决策 126
　第四节　汽车服务企业设备的管理 129
　课后习题 132

第七章　汽车服务企业的财务管理 …… 133
- 第一节　汽车服务企业的财务管理概述 … 135
- 第二节　汽车服务企业的资产管理与投资管理 …… 137
- 第三节　汽车服务企业的成本费用管理 … 142
- 课后习题 …… 148

第八章　汽车服务企业的信息管理 …… 149
- 第一节　汽车服务企业的信息管理系统 … 150
- 第二节　电子商务在汽车服务中的应用 … 153
- 第三节　汽车服务企业的资源计划 …… 157
- 第四节　网络营销 …… 161
- 课后习题 …… 167

第九章　汽车服务企业的企业文化与形象 …… 168
- 第一节　企业文化与形象概述 …… 169
- 第二节　汽车服务企业的企业文化建设 … 178
- 第三节　汽车服务企业的企业形象塑造 … 185
- 课后习题 …… 191

第十章　汽车服务企业的战略管理 …… 192
- 第一节　企业战略概述 …… 193
- 第二节　企业战略环境分析 …… 195
- 第三节　企业战略选择 …… 199
- 第四节　企业战略制定、实施与控制 …… 202
- 课后习题 …… 206

参考文献 …… 207

绪　　论

马克思在《资本论》中指出：协作劳动需要管理，就像"一个乐队需要一个乐队指挥"，"在战场上不能缺少将军的命令"一样。管理学是研究人类管理活动一般规律的学科。时代背景不同、环境特征不同，管理活动的规律就会表现出不同的特征。管理学学习和研究的目的就是在揭示管理活动一般规律的基础上，分析这种规律在特定时期的表现形式，探讨如何根据这种规律指导不同情境下的管理活动。

人类关于管理活动的思考有着悠久的历史，甚至可以说，和人类本身一样历史悠久。管理思想是不同时期人们关于管理活动思考的结晶，管理学的形成和发展即是这种思考及其结晶的积累。

虽然管理学来自西方，但中国有着数千年的文明史，在浩如烟海的文献资料中蕴藏着极其丰富的关于管理的思考。

一、中国传统管理思想与西方现代管理思想的差异与融合

1. 道与术

中国传统管理思想侧重"道"的层面，注重管理哲学与管理理念；西方现代管理思想侧重"术"的层面，注重具体操作的管理工具。

2. 德治与法治

中国传统管理思想偏重"德治"，强调道德教化、管理的艺术性和"软"的一面；西方现代管理思想偏重"法治"，强调契约精神、管理的科学性和"硬"的一面。

3. 模糊与精确

中国传统管理思想注重定性管理，管理目标相对模糊，管理过程弹性较大；西方现代管理思想注重定量管理，管理目标相对清晰，追求标准化与最优化。

二、中国传统管理思想："修齐治平"

1. "修齐治平"的含义

《礼记·大学》中说："古之欲明明德于天下者，先治其国；欲治其国者，先齐其家；欲齐其家者，先修其身；欲修其身者，先正其心；欲正其心者，先诚其意；欲诚其意者，先致其知，致知在格物。物格而后知至，知至而后意诚，意诚而后心正，心正而后身修，身修而

后家齐，家齐而后国治，国治而后天下平。"可见"修齐治平"是指"修身、齐家、治国、平天下"的意思。

2. "修齐治平"与现代管理

"修齐治平"与现代管理是一一对应的。"修身"对应管理自我，"齐家"对应管理人际关系，"治国"对应管理团队与组织，"平天下"对应企业社会责任。中国人常说的"一屋不扫，何以扫天下"，就是要求我们要从自身管理入手，这也是管理的起点。

三、中国传统管理思想中的自我管理

1. 君子慎独

《礼记·中庸》中说："是故君子戒慎乎其所不睹，恐惧乎其所不闻。莫见乎隐，莫显乎微，故君子慎其独也。"这里的"独"，是指个人独处；"慎"是指小心谨慎。意思是说，一个人独处，在无人看见的地方要警惕谨慎，在无人听到的时候要格外戒惧，因为不正当的情欲容易在隐晦之处表现出来，不好的意念在细微之时容易显露出来，所以君子更应严格要求自己、防微杜渐，把不正当的欲望、意念在萌芽状态克制住。这就要求人们戒慎自守，对不正当的情欲加以节制，自觉地按道德准则为人处世。

2. 反求诸己

《论语·卫灵公》中强调："君子求诸己，小人求诸人。"意思是，君子善于从自己身上找原因，小人则是从别人身上找原因。《孟子·离娄上》中同样强调："行有不得者，皆反求诸己。"其意思是，凡事行动没有得到预期的结果，都应该反过来检查一下自己。

3. 自胜者强

"知人者智，自知者明。胜人者有力，自胜者强。知足者富，强行者有志，不失其所者久，死而不亡者寿。"这是《道德经》第三十三章中的精彩论述。

个人修养不仅要有自知之明，还要有信心，要敢于战胜自己。西方管理学中的"乔哈里窗口"理论也告诉我们：自胜者才是真正的强者。

4. 厚德载物

《易经》中说："地势坤，君子以厚德载物。"意思是，大地地势至顺极厚而顺承天道，强调君子应效仿天地，以深厚的德行来包容万物。

作为管理者要有宽广的胸怀，做到厚德载物，有容乃大。中国春秋五霸之一楚庄王"灭烛绝缨"的故事正说明了这一点。

四、中国传统管理思想中的人际管理

1. 己所不欲，勿施于人

这一点是中国传统管理思想中处理人际关系的重要原则和标准。子贡问曰："有一言而可以终身行之者乎？"子曰："其恕乎！己所不欲，勿施于人。"西方管理思想中的"同理心"正是对应了"恕"。

2. 己欲立而立人，己欲达而达人

子贡曰："如有博施于民而能济众，何如？可谓仁乎？"子曰："何事于仁，必也圣乎！

尧舜其犹病诸！夫仁者，己欲立而立人，己欲达而达人。能近取譬，可谓仁之方也已。"

对子贡提出的假设，孔子给予了高度认可。因为在孔子的心中"仁犹如甘霖，普降人间；犹如好雨，博施村野。"孔子极力推崇尧舜盛世，认为那是一个"天下为公"的时代，是人人向往的理想时期。随着时代的发展，生产力得到了极大提高，古人的物质享受与后代的物质享受相比，是不可同日而语的。

但是，人类除了创造和积累物质财富外，还需要建设自己的精神家园，而人类的精神家园并不完全取决于物质财富的数量和质量。孔子的学说，作为一种理想，是完全符合人类的精神需求的。

自己有切身利益，别人也有切身利益。仁者会从自己的切身利益出发，去感受别人的切身利益。在实际行为中，能将二者结合起来，甚至将别人的利益视为高于自己的利益，那就是"仁"。如果将自己的利益放在首位，甚至牺牲别人的利益而换取自己的利益，那就是"不仁"。

3. 益者三友，损者三友

孔子曰："益者三友，损者三友。友直，友谅，友多闻，益矣。友便辟，友善柔，友便佞，损矣。"孔子说的是，有益的交友有三种，有害的交友有三种。同正直的人交友，同诚信的人交友，同见闻广博的人交友，这是有益的。同惯于走邪道的人交友，同善于阿谀奉承的人交友，同惯于花言巧语的人交友，这是有害的。

五、中国传统管理思想中的团队管理

1. 上下同欲者胜

"上下同欲者胜"是《孙子兵法》中重要的军事思想，其中认为，只有全军上下树立一个共同的目标，才能取得战争的胜利。千百年来，对任何组织来说，"上下同欲"都是其领导人梦寐以求的最高境界，本质上就是共同愿景的建立问题。

2. 莫贵于人

中国古代军事家孙膑提出，问于天地之间，莫贵于人。这说明了中国传统文化中孕育着非常深厚的"以人为本"的管理思想。学习先哲们的思想精髓，可以为企业开展人本管理，有效地建立识才、用才、任才机制，更好地为发挥员工的积极性、主动性和创造性提供强大的文化支撑基础。

3. 无为而治

"无为而治"是道家最基本的价值主张。老子认为，圣人追求"我无为而民自化，我好静而民自正，我无事而民自富，我无欲而民自朴"的境界。"无为而治"是一种高明的管理艺术，能够在企业中形成浑然天成的向心力，各在其位的秩序感，并然有序的分工协作，使管理工作能够取得显著的成效。

在企业中"无为而治"是指领导者在管理系统化的基础上，不对管理活动做过多过细的干预。这种过多过细的干预往往会起到反向或负向的作用。高层管理者不干涉日常管理，要聚焦战略，要"抽身谋大计"，正所谓"在其位谋其政"。

六、中国传统管理思想中的权变管理

1. 事异则备变

韩非子说:"事因于世,而备适于世。"强调情况因时代不同会发生变化,而措施一定要适合当时的情况。由于"世异则事异",管理者应该做到"事异则备变",即时代不同了,情况就不同了;情况不同了,措施就要随之做出改变。

2. 悬权而动

《孙子兵法》全书共 13 篇,贯穿始终的思想就是因变制变、因变制胜。对竞争越来越激烈的市场环境以及越来越复杂的管理情境,管理者要善于因地制宜、因时制宜、因事制宜、因人制宜地实施管理行为。

坦南鲍姆和施密特提出的"领导行为连续体理论"和我国提倡的"悬权而动"是不谋而合的。

3. 与时俱进

荀子强调:"权不可预设,变不可先图,与时迁移,随物变化。"在当今这个充满变化的时代"与时俱进"显得更有价值。过去的管理思维不适用于当今的时代,管理者一定要有与时俱进的管理思想,不断更新观念、更新思想,心态要调整、要开放、要拥抱时代、拥抱变化。

七、中国传统管理思想中的战略管理

1. 求之于势

孙子曰:"故善战者,求之于势,不责于人,故能择人而任势。"任势有三层含义:其一,识势,即洞悉事物发展的态势;其二,顺势,即顺势而为,而不是逆势而动;其三,造势,即在条件成熟的情况下,变被动为主动,创造出一种对自己有利的态势。

2. 出奇制胜

在战场上,出奇制胜是一支军队扭转战局的关键;在竞争中,出奇制胜则是企业实现跨越式大发展的契机。企业在天时、地利、人和全都具备的前提下,完全可以打破常规,在与竞争对手角逐的过程中,以全新的方式开展市场竞争。管理学中所说的"蓝海战略"和"红海战略"就是很好的印证。

3. 不战而屈人之兵

孙子提出:"百战百胜,非善之善者也;不战而屈人之兵,善之善者也。""不战而屈人之兵"的策略强调增强企业对竞争对手的威慑力,企业通过不断地增强实力,使竞争对手不敢轻易向自己发起进攻,或者让竞争对手不得不屈服于自己。

八、中国传统管理思想中的危机管理

1. 居安思危,防患于未然

《易经》指出:"安而不忘危,存而不忘亡,治而不忘乱",告诫管理者在安定的时候一定不要忘记危险,在生存的时候一定不要忘记灭亡,在国家大治的时候一定不要忘记发生动乱的可能性。管理者应该做到"未雨绸缪",做好危机防范管理。

2. 福祸相依，化危为机

危机带来的机会包括以下两个方面：

一方面，危机的爆发使企业认识到自己的不足，如果能扬长避短，就可以有效地克服自己的弱点。已经发生的危机可以看作给企业的警示，避免今后再次爆发危机。

另一方面，危机的爆发往往使企业成为公众瞩目的焦点。如果企业的危机处理措施得当，就可以使企业化险为夷，转危为安，坏事变好事，提升企业形象，形成新的发展机遇。以危为机是危机管理中的最高境界。

3. 亡羊补牢，为时未晚

"亡羊补牢"是危机出现后的一种应对态度。中国传统管理思想中对于危机的管理有一套相对系统的观点，当今时代危机频发，由于自媒体的兴起，信息传播的速度大大加快，管理者要关注危机，即使危机发生了，也要切记"亡羊补牢，为时未晚"。

九、中国传统管理思想中的企业社会责任思想

1. 独善其身，兼济天下

"穷则独善其身，达则兼济天下"是说，君子在贫困之时，要注重自己的品德修养，洁身自好；在显达之时，则要让天下都受益，并走上善道。企业在发展过程中也要遵循这一指导原则，不但要遵纪守法，在功成名就后，还要具备担当意识，有"兼济天下"的胸怀，时刻不忘回馈社会，让更多的人得到关爱。管理学中的"企业社会责任的金字塔理论"也揭示了这个道理。

2. 北宋张载的"横渠四句"

"为天地立心，为生民立命，为往圣继绝学，为万世开太平。"这四句话，是北宋张载一生为学的归宿，也是其思想的精髓所在，冯友兰先生称其为"横渠四句"。

习近平总书记在知识分子、劳动模范、青年代表和哲学社会科学工作座谈会等场合，多次提及"横渠四句"。"横渠四句"所蕴含的思想内容非常丰富：它阐明了知识分子的使命意识和责任担当，为读书人指明了实现人生价值的重要途径；它也是当代中国企业努力追求的精神指引和实践归宿。

"为天地立心"关注的是为社会建立一套以"仁""礼"等为核心的价值系统；"为生民立命"关注的是天下苍生的安身立命问题；"为往圣继绝学"关注的是对先贤智慧的传播；"为万世开太平"关注的是万世的太平基业，强调整个社会的永续发展。"横渠四句"体现了个人对社会的一种贡献，也体现了企业的一种社会责任。

现代企业管理思想与传统管理思想有非常多的相似相近之处，为了更好地学习管理和提高管理水平，管理者要更多地关注中国传统文化，要对5000年传统文化有自信心，要在这样一个巨大的知识宝库中不断汲取有益的力量、有价值的思想，从而逐步提升管理素质，逐步改进日常管理技能。

当今世界，国与国之间的较量，越来越多地体现在文化软实力的较量上。文化软实力在某种程度上已成为衡量一个国家综合国力和国际话语权、规则制定权的关键因素。在这样的形势下，要在世界上有所作为，首先要坚定并增强文化自信。文化自信来自哪里？博大精深的中华优秀传统文化就是我们最深厚的软实力，就是我们文化自信的坚实根基和突出优势。

中华优秀传统文化中蕴含着"仁义""和合""和平""均等"等思想，承载着"大道之行也，天下为公"的社会理想，"天下兴亡，匹夫有责"的爱国理念，"以和为贵，和而不同"的处世哲学，"天人合一，道法自然"的生命境界，"革故鼎新，与时俱进"的改革精神，"己所不欲，勿施于人"的道德规范，"天行健，君子以自强不息"的奋进精神，"言必信，行必果"的行为规范，"正心诚意，修齐治平"的心性修养等，这些思想容易被不同国家、不同民族理解和接受。建立在中华优秀传统文化基础上的软实力，更具长久的影响力、感染力和穿透力。

中国创造：无人驾驶

第一章　汽车服务企业的管理概述

【学习目标与要求】

1. 了解企业的职能、目标与责任。
2. 掌握企业组织变革与创新。
3. 了解现代企业制度的特征及作用。
4. 掌握汽车服务企业的特点及管理任务。

【素质培养目标】

1. 培养大局意识。
2. 培养责任意识。

【学习重点】

1. 掌握企业组织变革与创新。
2. 掌握汽车服务企业的特点及管理任务。

【学习难点】

掌握汽车服务企业的特点及管理任务。

【案例引入】

跨国并购视角下，吉利整合式创新"逆袭"之路

浙江吉利控股集团有限公司（以下简称吉利）是一家以汽车及汽车零部件生产经营为主要产业的大型民营企业集团，始创于1986年，历经30多年的创业创新，不但"逆袭"

跻身汽车行业创新领军者前列，而且通过整合式创新发展成为涵盖出行服务、线上科技创新、金融服务、教育、体育等在内的全球性集团，现资产总值超过3100亿元。吉利多年来专注实业、技术创新和人才培养，1997年进入汽车行业后，快速成长为中国经济型轿车的主力品牌，并在2003年进入全国汽车"3+6"行列，继而于2012年跻身《财富》世界500强，之后快速攀升至2018年的第267名，是2018年唯一入选世界500强的中国民营车企。

卓越的企业离不开杰出的领导人，李书福正是吉利的优秀"领航员"。李书福于1963年出生在一个农村家庭，是典型的"浙商"，敢冒险且目标远大。1982年，李书福拿着父亲给的120元钱做起了照相生意，赚到第一桶金。但在后来的发展中，遭遇了几次失败，李书福因此感到自己的知识不足，先后到深圳、上海等地的大学进修。后来，李书福认识到自己在做实业方面更有优势，这奠定了吉利专注实业创新的基础。从此，吉利开始纳新吐故，多维度打造管理核心能力。

2010年3月28日，福特以18亿美元的价格将沃尔沃汽车出售给了吉利控股集团。2010年7月，中国和欧盟正式同意该交易。吉利收购沃尔沃汽车（以下简称沃尔沃）成为当时涉及金额最大的中国车企海外收购案。

并购之后，吉利和沃尔沃开始克服重重困难，品牌和技术是吉利的短板，市场和规模是沃尔沃的软肋。通过人才整合、管理整合、文化整合和市场整合4个维度的探索，吉利将自己对本土市场的熟稔嫁接到沃尔沃上，把沃尔沃在技术、研发和质量管理方面的经验嫁接到吉利上，实现优势互补，既尊重各品牌的独立性，又重视协同发展。这样的并购整合模式最终促成了吉利收购沃尔沃后"1+1＞2"的重大成效，吉利也由此成为真正意义上的首家中国汽车跨国公司。

一、人才整合

人才整合归根结底是基于价值认同的高创造力团队打造。吉利人才整合的具体做法如下。

第一，提高吉利管理层的文化整合能力。吉利挑选出一批优秀的高层管理者，以身作则，能者居上，任人唯贤，吸引和影响沃尔沃员工对吉利文化的认同。吉利并不限于在内部选任高管，还在海外招聘一些具有国际视野的海归人才。这种具有国际视野的复合型人才，极大地提升了整合团队的素质和跨文化创新能力。第二，健全优化沟通机制，打造以解决技术与市场难题为驱动的团队合作文化。吉利与沃尔沃完成并购之后就成为一个团队，相互沟通和理解是解决潜在矛盾的有效手段，也是管理层人才整合的关键。第三，通过跨文化培训打造包容多元基础上的人才文化。"吉利日"、浙江（吉利）交响乐团等跨文化交流和培训活动有效促进了并购后的人才交流与融合。

二、管理整合

如何构建一个科学的组织结构，实现沃尔沃与吉利的有效融合，是并购后一直出现在李书福脑海中的问题。沃尔沃应该独立经营，还是依赖总公司指导经营？李书福最终给出了答案——"吉利是吉利，沃尔沃是沃尔沃，两者是兄弟关系，不是父子关系"。

李书福2010年曾说："吉利造车才13年，沃尔沃造车83年了，我们怎么去指导人家，所以我们不派一个人去。"借用"一国两制"的治理思维，李书福提出"一企两制沃人治沃"的方案，即吉利和沃尔沃分别独立运作，是两个不同定位的品牌，管理团队是分开的，只有李书福身兼两家公司的董事长，起协调作用，让两个品牌避免冲突和重复，这样一方面保持了沃尔沃全球品牌的豪华高端形象，另一方面吉利则继续立足于大众化品牌形象。吉利公开招聘了CEO、CFO，组成了新的经营管理团队，李书福把很多欧洲企业家请到董事会里面，建成了一个"豪华"董事会，然后充分赋权，由董事会给经营管理团队制定经营方向、年度经营目标和对应的激励政策。

从吉利的发展与组织变革历程来看，在"一企两制"探索中沉淀下来的以全球视野、本土战略、相对独立、协同共创为特色的整合思维，成为吉利后续一系列创新举措的重要行动逻辑。

三、文化整合

如何应对文化差异？在国际并购中，一直存在着"七七"规律，即70%的并购未达到商业预期，70%的原因是文化因素。沃尔沃有一套适应本国的成熟企业文化和管理机制，合并之后，是吉利顺从沃尔沃，还是让沃尔沃融入中国文化？最终，李书福以全球型包容文化建设，实现了求同存异、协同共创。

四、市场整合

由于两个品牌不同的市场定位，吉利收购沃尔沃汽车后采取了双方独立运作的市场整合模式。沃尔沃汽车在巩固稳定现有欧美成熟市场的同时，积极开拓以中国为代表的新兴市场，在收购后很快便扭亏为盈；吉利汽车则借着沃尔沃汽车的先进经验和市场成熟度开始大幅进入欧洲市场。沃尔沃汽车2014年销售46.6万辆汽车，同比增长近10%，中国首次成为其最大的单一市场（其次是瑞典和美国）。此后，沃尔沃销量连年创新高，2018年全年销量642 253辆，同比增长12.4%，首次突破60万辆大关。

我们从吉利并购沃尔沃的整合创新案例可以看出，整个过程涉及了人才、管理、文化和市场等多个维度的整合。并购后的制度和文化创新带来的管理核心能力只是一个方面，更重要的是管理核心能力进一步赋能并购后双方的技术创新。而技术核心能力是吉利创新逆袭的核心动力所在，吉利和沃尔沃全方位的整合是吸收能力到核心能力进阶的体现，这进一步促进了吉利整体能力的跃升。

第一节　企业与企业管理的职能

一、企业的职能、目标与责任

（一）企业的职能

企业是以获取盈利为目的的，其运用各种生产要素（如土地、劳动力、资本、技术、信息等）依法从事生产、流通和服务等满足社会需要的经济活动，实行自主经营、自负盈亏、独立核算、自我约束的法人实体和市场竞争主体。企业应具有以下6个方面的职能。

1. 满足客户需求

企业首先应发现、分析和确定客户需求，从而设法满足其需求。企业不仅要满足客户

明确的需求，还要满足客户潜在的需求，甚至还要创造客户需求。企业只有满足客户需求，才能吸引和留住客户，获得利润，保持生存和发展。客户的消费品位会不断发生变化，他们会对企业的产品和服务感到不满或要求其改变。如果企业不能满足客户不断变化的要求或不能维护客户利益，就会失去对客户的吸引力和客户对企业的忠诚度，企业就难以生存。

2. 不断提高产品和服务的质量

在现代市场经济条件下，企业之间的竞争日益激烈，而产品和服务的质量是主要的竞争手段。随着物质生活水平的不断提高，人们对产品和服务的质量要求也不断提高。企业只有保证和不断提高产品和服务质量，才能保持和提高在市场竞争中的有利地位。

3. 不断进行技术创新

只有进行技术创新，企业才能进行技术改造和新产品开发，持续改进产品和服务质量，推动企业科技进步，从而推动国家科技进步。企业是国家科技创新的主体，是推动国家科技进步的主要力量。

4. 不断提高管理水平

只有不断提高管理水平，企业才能优化和合理使用资源，提高资源利用效率，使企业和利益相关者受益。只有提高管理水平，适应外部环境的变化，企业才能获得和提高收益。

5. 注重职业健康安全和环境保护工作

企业必须遵守国家有关劳动保护、劳动安全和环境保护方面的法律法规，采取有效的劳动卫生和防治污染的技术与管理措施，改善劳动条件，做到安全生产和文明生产，保证职工身心健康，切实防治污染，维护社会利益。

6. 承担必要的社会责任

社会责任是企业追求的有利于社会长远目标的一种义务，它超越了法律和经济对企业要求的义务。现代企业并非只对出资者负责，让出资者获得投资回报，还应对社会负责，承担必要的社会责任。

（二）企业的目标

企业不仅是一个经济组织，还是一个社会组织。因此，企业具有经济目标和社会目标。

1. 企业的经济目标

企业的经济目标就是通过生产经营活动获取利润，争取利润的最大化。利润是通过销售产品或服务得到的收入扣除生产经营过程中的各种消耗以后的剩余。企业没有利润，就无法购买原材料和零部件，不能进行新产品研发和技术创新，不能支付员工薪酬和组织培训，不能维持简单再生产和进行扩大再生产等。因此，没有利润，企业就不能生存和发展。当然，企业目标不是简单地追求利润，而是以经济效益为追求目标，即以尽量少的资源投入，获得尽量多的利润，追求资源的利用效率。

2. 企业的社会目标

企业是为生产和提供人们所需的某种产品或服务而存在的。因此，从外部来看，企业的目标就是满足社会需要。社会需要是多方面的、综合性的。企业满足社会需要的能力是有限的，生产并提供商品或服务只是满足社会需要的一个方面。企业向国家纳税，在一定意义上可以被认为是为了满足社会成员的共同需要。企业还必须同社会其他成员一起共同设法解决面临的各类社会问题，如就业问题、环境保护问题等。

3. 经济目标和社会目标的关系

实际上，企业的社会目标和经济目标两者并非相互排斥的，而是互为条件、相互补充的。首先，利润是企业满足社会需要程度的标志；其次，利润是企业满足或更好地满足社会需要的一个重要前提；最后，满足社会需要是企业生存和发展的重要条件。因此，获取利润与满足社会需要是相辅相成的。只有满足社会需要，企业才能取得利润。同时，只有取得利润，企业才能更好地满足社会需要。

企业在努力追求自身利润最大化的同时，还必须满足社会需要，具有明确的社会责任和公德意识。企业如果一味地追求经济效益，视本企业的经济利益高于一切，不顾对环境的破坏、对自然资源的掠取、对社会和谐关系的损害，不惜一切地损害他人和社会利益，甚至生产、销售假冒伪劣产品，置他人的健康和生命安全于不顾，那么这样的企业会被消费者唾弃，会受到社会舆论的谴责乃至法律的制裁，最终将会被社会淘汰。

（三）企业的责任

作为一种经济和社会组织，企业要满足不同利益相关者的需要，承担相应的责任。这些利益相关者主要包括政府、投资者、消费者、供应商、员工、同业竞争者、社区、新闻媒体等。

1. 政府

企业作为独立的经济组织，拥有生产经营的自主权，正常的生产经营活动不受政府的干预。但是，企业要对政府承担责任，包括遵守法律法规，接受政府有关部门的指导、监督等，依法合理纳税，支持城市建设和社会发展，根据国家发展规划和产业发展计划，结合市场需求，制定本企业的发展计划和经营目标，为国家政治、经济和社会的稳定与繁荣做出贡献。

2. 投资者

一般来说，独资企业、合资企业的投资者就是经营者，投资者的利益就是企业的利益。除独资企业、合资企业外，还存在大量公司制企业。公司制企业的经营权和所有权是分离的。对投资者或股东来说，企业的责任就是要使投资者获得投资回报，收回投资并使其增值，即要保证股东收益最大化，提高投资收益率和股票价值。

3. 消费者

消费者是企业利润的来源，企业通过对消费者需求的创造、发现和满足来获得相应的报酬。如果产品积压、滞销，企业的经营活动就难以正常开展。对消费者来说，企业的责任就是诚实守信，给消费者提供质优价廉的产品和服务，尊重和维护消费者的合法权益，不断提高消费者的满意度和忠诚度。

4. 供应商

供应商是为企业生产经营活动提供资源性支持的外部机构或组织。广义的供应商不仅包括企业生产活动所需的原材料、零部件和设备的供应者，还包括在企业价值链各环节为企业提供资本、技术及劳务等投入要素的供应者。企业需要银行等金融机构保证持续的资金供给，需要高校、科研机构及其他社会机构提供技术创新资源，需要人才市场满足人才需求。企业对供应商的责任就是遵守供货合同或融资协议、合作协议，公平交易，与供应商形成一种平等互利、长期合作的关系。如果做不到这一点，不仅供应商的经营活动会受到影响，企业的信誉也会受到损害。

5. 员工

企业离不开员工，员工是企业发展的支柱，因此企业不能忽视对员工的责任。企业对员工的责任主要表现在以下几个方面：履行劳动合同，保障员工的基本权利，提高员工的工作能力，将员工岗位配置、薪酬、培训、奖惩、晋升、福利等人力资源政策做到客观公正，为员工提供良好的工作条件和职业发展空间等。

6. 同业竞争者

企业在生产经营过程中为了抢占有限的市场，必然会在原材料、人才、技术、资金、客户等方面与竞争者竞争。为了形成良好的竞争环境，保证市场经济的健康发展，企业与竞争者之间的竞争必须遵守公认的商业道德，按公平、公正及相应的市场规则有序进行，坚决抵制不正当的竞争行为。

7. 社区

企业对社区的责任主要包括5个方面：①采取措施控制生产过程中的污染，保持环境清洁，为社区居民提供良好的生活场所；②积极参与环保公益活动，与政府、环保组织等携手参与环境的治理和改善；③对社会的长远发展负责，有效利用资源，厉行节约，反对浪费；④对保障社会就业负责，为社会提供尽可能多的就业机会；⑤积极参与本地社团组织及慈善公益活动，为增加社会福利尽力尽责。

8. 新闻媒体

对于新闻媒体，企业的责任是保证提供的信息准确、及时，维护新闻传播的真实性、客观性和实效性，并自觉接受社会舆论的监督。在互联网时代，新闻传播方式突破了传统的报纸、杂志、广播、电视等载体，出现了门户网站、企业网站、微信、微博、直播等互联网传播方式。这些新出现的新闻传播方式速度快、渠道多、来源广，企业更应认真负责、严格把关，不能传播虚假信息，欺骗和误导大众。

企业履行对利益相关者的责任，会在短期内增加企业的支出，如慈善捐助和其他非营利性的活动，从而减少了企业的利润，因而对企业的生产经营活动产生了一定的压力。但从长远来看，企业履行这些责任会促使企业更加融洽地处理与各利益相关者之间的关系，更加便利地获取社会资本，从而增强企业的盈利能力和竞争能力。

企业和各利益相关者有着密切的关系，为了维系和改善与各利益相关者之间的关系，企业有必要在履行经济和法律义务的基础上担负伦理责任和慈善责任，在生产经营过程中讲公德、诚实守信、重质量、公平竞争、合法经营，发挥资本优势，开展慈善活动。只有这样，企业才能逐渐在社会上树立良好的形象，拥有广阔的市场发展空间，从而不断发展壮大。

二、企业管理的职能

企业管理是指在一定的内外部环境下，由企业管理者依照一定的原则、原理和方法，对企业的人、财、物、信息等生产要素进行计划、组织、领导和控制，以实现经济目标和社会目标的过程。企业管理的职能主要包括计划职能、组织职能、领导职能和控制职能等。

（一）计划职能

计划职能是企业管理的首要职能。计划职能是指管理者通过调查研究，预测企业未来的发展、确定生产经营活动的目标和明确为实现目标所采取的行动。因此，计划职能就是确定企业做什么（目标）和怎么做（行动方案）的过程。企业管理的计划职能有助于企业管理者清楚地了解应当如何分配各种资源。

1. 计划的作用

1）计划有利于协调企业的各项工作以实现目标。管理者在制定计划之后，要根据计划分派任务，确定下级的权力和责任，要促使企业中全体人员的行动方向趋于一致，从而形成一种组织化行为，以保证实现计划目标。反之，计划工作的缺失则会导致企业员工或部门之间互相扯皮。

2）计划是降低企业风险的主要手段。当今世界正处于急剧变化中，如经济转型、技术进步、人们的价值观念等在不断变化。计划是预测这种变化并且设法消除变化对企业造成的不良影响的一种有效的手段。企业管理者未雨绸缪，预测未来的变化，评价变化的影响并做出相应的反应，可以减少计划工作的不确定性，使企业积极应变，降低企业风险。

3）计划是提高经济效益的有效方法。计划工作的一项重要任务就是要使未来的企业经营活动均衡发展。制定科学的详细计划，可以提高企业的管理效率，消除不必要的活动带来的资源浪费，避免以后的活动由于缺乏判断依据而造成损失。此外，计划工作还有助于用最短的时间完成工作，减少迟滞和等待时间，减少盲目行动带来的浪费，从而提高经济效益。

4）计划是管理者进行控制的依据。计划包括树立目标和制定标准，这有利于管理中的控制。只有企业员工清楚应达到什么样的目标，才能知道是否需要采取必要的控制手段。

一般来说，正式的计划通常带来较高的企业绩效，但企业绩效的高低还受计划本身的质量、执行程度、外部环境的变化、计划的灵活性和连续性的影响。

2. 计划的类型

按计划的层次划分，可把计划分为战略计划与运营计划。

（1）战略计划 战略计划是指应用于整个企业，为企业设定总目标，并且依据环境对企业进行定位的计划。战略计划是由企业高层管理者制定的，涉及企业长远发展目标。战略计划的特点是长期性，一个战略计划可以决定在相当长的时间内企业资源的运用方向。它的涉及面很广，相关因素较多。这些因素的关系既复杂又不明确，因此战略计划要有较大的弹性。战略计划还应考虑许多无法定量化的因素，必须借助于定性分析和推理判断才能对它们有所认识。

在复杂多变的环境中，企业的高层管理者一方面要制定长远的战略计划，确定企业的发展方向；另一方面要时刻关注环境的变化，对企业战略计划进行修正。

（2）运营计划 运营计划是由企业中层或基层管理者制定的，是规定总体目标如何实现的细节计划，是如何实现战略计划的具体计划。运营计划根据战略计划确定计划期间的预算、利润、销售量、产量和其他更为具体的目标，确定工作流程，划分合理的工作单位，分派任务和资源，以及确定权力和责任。

战略计划和运营计划在时间、范围、目的等方面是不同的。战略计划考虑的是企业几年，甚至几十年的发展规划；运营计划考虑的时间周期一般在一年以内。战略计划的范围比较广，涉及企业的各个方面；运营计划局限在一定范围内，只关注某一具体职能或工作，如

研发计划、生产计划、营销计划、财务计划、人力资源计划等。战略计划是服务于企业发展总体目标的，运营计划是为实现某一细分目标而制定的。

3. 计划制定的方法

传统的计划制定方法是由企业最高层管理者在计划部门的辅助下确定的，一些专业的计划人员负责制定各种各样的企业计划。计划由企业的最高层管理者制定出来，然后按照企业的组织层次逐级向下分解。专业的计划人员的优势是可以减轻高层管理者制定计划的负担，协调各种计划的关系，提供计划工具和技术，提供超越业务经理的更加广阔的视野。这种计划制定方法是从企业的整体绩效考虑的，有助于使企业的计划更完备、更具有系统性和协调性。但是这种计划制定方法往往由于没有与计划执行者进行沟通，导致计划可能因缺乏客观依据而无法实施，或者因缺乏执行者的理解和支持而不能有效实施。

随着现代化经营理念的发展，一些企业改变了传统的计划制定方法，在计划制定过程中，让更多的企业成员参与其中。按照这种方法，计划不是单向地由企业的计划部门制定，经过企业高层管理者批准，要求各级管理者去执行，而是听取企业各个相关部门人员的意见和建议。例如，销售经理参与制定市场开拓和销售增长方面的计划，运营经理参与制定降低成本和提高质量的计划。这种计划方法使计划不再是纸上谈兵，不仅可以提高计划的质量，还可以提高计划的可接受程度和计划的实施效果。

一些企业还采用目标管理方法进行计划和管理。目标管理是指企业的主管人员和员工一起确定目标，在工作中实行"自我控制"并努力达到目标的一种管理制度或方法。目标管理有以下两个显著特点：一是强调以目标为中心的管理，企业目标是企业行为的导向，同时也是任务完成情况的考核依据；二是目标管理强调以人为中心，通过工作的目的性、管理者的自我表现控制、个人的创造性来进行管理，强调由管理者共同参与目标的确定和体系的建立。

如今，企业的环境处于不断变化之中，不确定性越来越明显。因此，企业管理者要学会在动态环境中有效制定计划。首先，企业管理者应该制定具体、但有弹性的计划；其次，企业应动态地制定计划并评估计划对企业绩效的影响，进而不断改进计划工作，以提高计划的质量、提升企业的绩效；最后，企业组织结构应尽可能扁平化，因为扁平化的组织结构意味着允许直接面对问题的较低管理层级的管理者和员工参与设定目标和制定方案，使计划更加有效和可行。

（二）组织职能

组织职能就是根据实现企业目标的需要，决定如何对企业的活动和资源进行组合。具体来说，组织职能包括以下几个方面的工作。

1. 工作专业化

工作专业化和劳动分工是同一概念。它是指一项完整的任务不再由一个人独立完成，而是分解成几个步骤，一个人单独完成一个步骤。现代的流水线生产就是劳动分工的产物，每个工人做着简单化、标准化的工作，它极大地提高了劳动效率。

工作专业化的优点主要是可以提高效率，但它会由于工作内容重复、单一，使员工感到厌倦、疲劳，从而导致生产率下降、产品质量下降和员工缺勤率上升。为弥补这一缺陷，一些企业通过岗位轮换、工作丰富化和扩大化，让员工独立完成一项完整的任务，或组成工作

小组进行工作协调，以提高员工的成就感，激发员工的工作热情。

2. 工作部门化

工作部门化即通过归并将同类人员放在一个部门统一指挥，以利于协作。部门划分一般依据工作职能、提供的产品或服务、顾客要求、地区分布或者生产流程等进行。具体采用何种方式划分部门，应以有利于企业的目标实现为标准。

3. 明确职权与职责

企业内各个部门的管理者，都应明确职权与职责。职权是指管理职位所固有的发布命令和希望命令得到执行的一种权力。职权可以向下授予给下属管理人员，同时规定他们在限定的范围内行使这种权力，即授权。在授权的时候，应该授予相应的职责。也就是说，一个人得到某种权力，他也就承担了一种相应的责任。这种完成任务的义务就是职责。每个下属应该而且只能向一个上级主管直接负责，即遵循统一指挥原则。否则，下属就可能面对来自多个主管的有冲突的要求或优先处理要求，从而无所适从。

企业管理者要根据所完成的任务选择合适的人选进行授权；要敢于授权、善于授权；要使下属有信心接受下放的职权，同时要信任下属，允许下属犯错误；要清楚如何确保职权得到合理使用和恰当地使用控制方法，防止下属滥用职权；要既会适时授权，又会适时收权。

4. 确定管理幅度与管理层次

管理幅度是指一名管理人员直接有效地指挥下属人员的数量。管理幅度的大小取决于很多因素。一般而言，高层管理人员由于要处理大量复杂的问题，管理幅度应小一些，基层管理人员的管理幅度则可以大一些。管理层次是指企业职责内部纵向管理系统所划分的等级数。

管理幅度和管理层次的关系是：在企业人数不变的情况下，管理幅度越大，则管理层次越少；反之，管理幅度越小，则管理层次越多。管理层次越多，用于管理方面的精力和资源也就越多，因为管理人员和协助管理人员的工作人员增多了，协调各部门活动的需要增加了。目前，企业的管理趋势是减少管理层次，增加管理幅度，使组织扁平化，以提高信息沟通、决策与执行的效率，并减少管理费用。

（三）领导职能

领导职能是指管理者利用企业所赋予的职权和自身拥有的影响力对被管理者施加影响，使其愿意接受管理者所赋予的任务，并积极去实现或完成的过程。当管理者指挥和激励下属、协调各方利益、解决各方的冲突、影响工作中的个体或团队、选择最有效的沟通渠道、处理员工的工作行为、推动和实施组织变革时，就是在履行领导职能。

具体来说，领导职能主要包括指挥、协调、激励、沟通、变革等方面的工作。

1. 指挥

指挥就是管理者带领和指导下属完成企业的各项工作。在企业的生产经营活动中，需要管理者高瞻远瞩、头脑清晰地分析企业所处的环境和形势，指明企业各项活动的目标和实现的途径，并身体力行地为实现目标而全力工作。管理者不是站在员工后面去推动、督促，而是要作为带头人来率领他们前进，鼓舞他们去奋力实现企业的目标。管理者只有站在员工的前面，用自己的行动带领员工为实现企业目标而努力奋斗，才能真正起到指挥作用。

2. 协调

协调是指管理者调节企业的各项生产经营活动，使各部门能建立良好的配合关系，不发生矛盾，起到互补的作用，以有效地实现企业的目标。协调可分为纵向协调与横向协调、内部协调与外部协调。纵向协调是指对上下级管理人员之间、职能部门之间的协调，而横向协调则是指对同级各单位、各部门之间活动的协调。内部协调是指企业内部各部门之间进行的协调，而外部协调则是指企业与其他单位之间进行的协调。做好协调工作，关键在于使全体员工对企业生产经营活动的目标、方针、政策、计划和规章制度都能清楚地了解，树立全局观念，注重企业整体利益，互相协作、支持和配合，克服本位主义。

3. 激励

任何企业都由具有不同要求、欲望和态度的个人组成，企业成员的个人目标与企业目标不可能完全一致。当人们遇到困难、挫折和不幸时，或者物质与精神的需求得不到满足时，工作热情就会受到影响。因此，管理者要努力调动员工的积极性，使他们保持高昂的士气，自觉地为企业做出贡献，这便是激励工作。

激励要求管理者在确定企业目标时，要充分考虑员工的需要，把企业生产经营活动的目标与员工的个人利益尽可能地结合起来，激发员工的工作动机，鼓励员工为实现企业目标而努力。为此，企业要采用多种激励方式，激发员工的主动性、积极性和创造性，以完成各自的工作任务，实现个人业绩目标、所在部门的目标和企业目标。激励的方式应该是将物质激励和精神激励相结合，主要包括目标和理想、改善工作环境、薪酬福利、培训和成长机会、职务晋升、绩效奖励、授权和参与管理、员工持股计划、工作计划和安排、个人和集体荣誉、企业文化建设等。

4. 沟通

沟通就是信息的传递和被理解。企业的管理过程，也就是沟通过程。沟通在企业管理中具有以下5个方面的重要作用：①沟通是协调各企业要素并使之成为一个整体的凝聚剂；②沟通使高层管理者的决策及时传达给各个层次的管理者，并得到正确理解和有效贯彻执行；③沟通是企业与外部建立联系的桥梁；④沟通使基层管理者和员工的许多建设性意见及时反馈至高层管理者，不因中间管理者理解上的偏差而有所保留，使高层管理者的决策更合理、有效；⑤沟通使员工充分理解企业的各项规章制度，使他们能遵守制度、正确行动，从而保持企业的统一性。

为了实现有效的沟通，企业应做到以下几点：①减少管理层级，缩短信息传递链，减少信息传递中的"漏斗"现象，保证信息畅通无阻和完整；②营造一种相互信任和开放的氛围，鼓励员工之间开诚布公地与他人交流，减少员工之间的不信任，从而提高企业内部的沟通效率；③管理信息流，采取措施避免发生信息过载；④尽量开发并使用正式的多种信息沟通渠道，以尽量保持对企业的适当控制，保证沟通信息的规范性、严肃性和准确性。

5. 变革

企业的变革是指企业根据内外部环境的变化，及时对企业中的要素（如管理理念、工作方式、组织结构、人员配备、企业文化及技术等）进行调整、改进和革新的过程。企业内外部环境的变化、企业资源的不断整合与变动，都给企业带来了机遇与挑战。这就要求企业管理者时刻关注和推动企业的变革。

企业变革的关键在于企业高管层面的战略管理以及对变革阻力的清醒认识，并有能力克服这些阻力，有效推动变革，达到预期的结果。企业变革的中坚力量是企业的中层管理者，他们对变革的认知程度、参与热情和参与质量，在很大程度上决定了企业变革的成功与否。

（四）控制职能

企业管理的控制职能，就是检查、监督企业生产经营活动的实际进行情况，考察实际情况与原定计划的差异，分析产生差异的原因，采取必要的纠偏措施，确保企业目标顺利达成的过程。控制与计划的关系紧密，计划为控制提供依据，控制是计划实施的保证。

1. 控制的作用

（1）应对企业环境的变化 在企业实现目标的过程中，各种环境因素都可能发生变化，如消费者行为的改变、市场新竞争者的出现、新材料和新产品的出现、新法律法规的公布实施和国内外经济形势的改变等。这些环境因素的变化使企业原来建立的目标无法实现，企业需要建立一个控制系统来帮助管理者监督、预测对生产经营活动有重大影响的环境变化，从而制定相应的对策，做出积极的反应。

（2）预防管理者的失误 企业的各项工作都是在管理者的领导或指挥下完成的，而管理者在完成工作过程中，可能由于个人能力的限制或个人动机、个性的影响等，犯各种错误。因此，需要有一个控制系统来减少这些错误的发生，并及时纠正已发生的错误或失误，以避免错误或失误可能带来的严重后果，做到防微杜渐。

（3）体现授权中的责任 管理者在授权过程中所承担的责任并不因授权而解除或减少，因此在授权的过程中应建立一个控制系统以控制工作的进程。要使被授权的下属负责，就必须让他们确切地知道自己的职责是什么、绩效是如何考核的，以及评估过程中的绩效标准是什么。如果没有一个有效的控制系统，管理者就无法检查下属的工作进程和结果。

（4）保证计划的落实 在企业管理系统中，人、财、物、信息等生产要素的组合关系是多种多样的，受时空变化和环境变化影响很大，内部运行和结构有时变化也很大，加上组织关系错综复杂，随机因素很多，预测不可能完全准确，制定出的计划在执行过程中可能会出现偏差，在管理过程中还会发生产生新的计划、新的目标和新的控制标准的情况。因此，控制可以保证计划有效落实。

2. 控制的对象

控制的对象或者控制的内容实际反映了控制过程中管理者控制的焦点和中心所在，一般来说对象可以分为人员、财务、作业、信息和绩效 5 类。

（1）人员 本质上对任何对象的控制，最终都可以落实到对人的行为的控制。对人的行为的控制方法包括两类：一是直接巡视、观察员工行为，发现问题，现场解决；二是对员工行为进行系统评价，找出行为出现偏差的原因，寻求系统解决方案。

（2）财务 财务控制主要包括保证会计信息的准确性、定期审核财务会计报告、保证财务目标的实现等几个方面的工作。

（3）作业 所谓作业，是指从劳动力、资金、原材料等投入资源到产出成品或服务的转换过程。典型的作业控制包括：生产控制，监督生产活动以保证其按计划进行；采购控制，以尽可能低的价格按所需的质量和数量采购物品；质量控制，监督企业所提供的产品或服务的质量，以满足预定的标准；维护控制，对企业生产所使用的设备质量加以控制，保证生产顺利进行。

（4）信息 对信息的控制就是要建立一整套运转有效的信息系统，满足企业内部对各类信息的获取、加工、传递和存储要求。企业应该开发出一种信息管理系统，使它能在正确的时间、以正确的数量、为正确的人提供正确的信息。

（5）绩效 企业绩效是一系列反映企业效能的指标体系，但是如何衡量，进而更好地促进企业目标的实现，始终是企业高层管理者面临的难题。显然单一的利润、生产率、产量指标、员工士气指标都不足以全面衡量企业的绩效，合理的方法是通过一套较为完整的指标体系加以衡量。例如，平衡计分法，它主要从股东、顾客、员工和业务流程4个方面来构建衡量企业绩效的指标。

3. 控制的类型

按照控制过程的不同阶段划分，控制工作可以分为前馈控制、现场控制和反馈控制3类。

（1）前馈控制 前馈控制就是事先控制，防患于未然，主要是对企业的输入环节进行控制，如招聘员工时严格筛选、原材料进厂时严格检查质量是否合格等。

（2）现场控制 现场控制是发生在活动进行过程中的控制，如生产工人在每道工序完成后检查所加工的零件的质量是否合格等。在活动进行中予以控制，管理者可以在发生重大偏差前及时发现并解决问题，这类控制方法主要被基层主管人员采用。最常见的现场控制是由主管人员通过深入现场亲自监督检查、指挥和控制下属来实现的。

（3）反馈控制 反馈控制是活动结束之后所进行的控制，如产品生产后进行质量检验，合格后才可以出厂。反馈控制为管理者提供了关于计划执行的效果如何的真实信息。如果反馈显示绩效标准与实际绩效之间只有很小的偏差，就说明计划的目的达到了；如果偏差很大，管理者就应该利用这一信息及时采取纠正措施，也可以借此制定更有效的新计划。

4. 有效控制的特征

有效控制应具有以下特征。

（1）精确性 控制系统提供的信息只有做到客观、精确，才能使管理者根据此信息做出正确的决策。

（2）及时性 有效的控制系统必须及时提供信息，如发现偏差，则迅速采取措施加以纠正。

（3）经济性 将控制活动所需费用同控制所产生的结果进行比较，当通过控制获得的价值大于所需费用时才实施控制。

（4）灵活性 控制系统应该具有足够的灵活性以适应各种情况的变化，或利用各种新的机会。

（5）易于理解 管理者要尽可能地去设计一种让人们容易理解、容易掌握的控制方法或系统。

（6）标准合理 控制的标准必须是合理的且能达到的。

（7）战略性 管理者应该控制那些对企业有战略性影响的因素，控制的重点应该放在容易出现偏差的地方，或者放在偏差造成的危害较大的地方。

（8）指导性　有效的控制不仅可以指出偏差，而且应揭示哪些环节发生了偏差、应由谁负责，并纠正这种偏差。

计划、组织、领导和控制这4项企业管理的基本职能分别回答了一个企业要做什么、如何做、怎样做得更好以及做得怎么样4个基本问题。这4项基本职能是相互联系、相互制约的。计划是组织、领导和控制的依据和前提，而组织、领导和控制又是有效管理的重要手段，是计划得以实现的保证。

企业管理过程体现了连续性，从计划开始，到组织、领导和控制，同时控制的结果会产生新的计划，进而开始了新一轮管理活动。不过，管理职能更多地体现为一种交融和渗透。这些职能既相互区别又相互联系，管理者往往同时执行上述几种职能。

第二节　企业的组织结构

一、企业的组织设计

（一）企业的组织设计的内涵和要求

组织设计是现代企业的组织工作中最重要、最核心的一个环节，着眼于建立一种有效的组织架构，在此基础上，对企业成员在实现目标过程中的分工合作关系做出正式、规范的安排。企业的组织设计的根本目的就是形成实现企业目标所需要的正式组织体系。一般而言，企业的组织设计基本要求有以下几项。

1. 以企业战略目标为导向

战略目标是企业在一个较长时间内要达到的经营成果指标。战略目标是企业的最高目标，企业的一切工作都必须围绕着战略目标的实现来开展，组织设计也不例外，必须服从战略目标的要求，并为战略目标服务。

2. 符合本企业的业务特征

每一个企业都有自己的特征，从企业规模、所属行业、业务内容、技术条件，到人员整体素质和管理水平各有不同。因此，企业的组织结构设计必须"因地制宜"，使组织结构能够适应企业的业务要求。

3. 建立精简高效的组织

作为营利性组织，生产过程中的低成本是企业追求的目标。精简高效是指组织在确保任务按期保质、保量完成的前提下，将部门和人员数量降到最低。企业只有做到了精简高效，才能具有市场竞争力。

4. 有利于员工能力的发挥

在企业实际运营中，员工能力的发挥，是企业绩效的基础，只有员工能力得到最大的发挥，企业才能获得理想的经济效益。对此，组织结构的设计必须以人为中心，致力于员工能力的发挥和潜在能力的挖掘。

（二）企业的组织设计的主要内容

1. 设计业务职能

设计业务职能即以业务职能分析为核心，研究和确定组织的职能结构，为组织管理的层

次设计提供依据。组织业务职能设计的基本任务有两项：一是勾画组织的总任务和职能特征；二是对组织职能进行分解。

2. 设计所辖部门

部门是对企业内部各种职能加以分类后所形成的专业化的管理单位。企业部门设计的任务有两项：一是确定本企业应该设置哪些部门；二是规定这些部门之间的相互关系，使组织形成一个有机的整体。

3. 设计管理层次

组织管理是通过人员的层级化来实现的，由于不同企业的管理幅度有所不同，企业的管理层级也不能相同。在企业人员规模一定的情况下，管理层级应当随着管理幅度的加大而减少。管理层级设计的结果必须符合企业经营管理的要求。

4. 设计职权能力

职权是指管理职位所固有的发布命令和希望命令得到执行的一种权利。可以理解为：企业各个部门、各种职务的工作人员在职责范围内影响他人或集体行为的支配力。企业职权设计要正确处理组织内纵向和横向两个方面的职权关系，将不同类型的职权合理分配到各个层次和部门，建立起高度协调的职权结构。

5. 设计协作关系

企业系统的有效运转，需要部门、岗位之间的密切合作。这种工作上的横向关系包含双方的权利和责任。企业内部横向关系设计师为了解决专业化分工与协作之间的矛盾问题，以达到在专业化分工基础上的良好协作，实现企业的整体功能。

6. 设计组织规则

现代组织是借助一系列统一的规章制度来进行管理的。企业管理规范化离不开行之有效的规则，它用文件的形式规定了组织活动的内容、程序和方法。这些内容规则包括企业的条例、章程、制度、标准、方法等多项内容。

（三）企业的组织设计的程序

从工作内容上看，企业的组织设计是一项复杂的系统工程，涉及企业组织系统的方方面面，主要包括内部分工的确定、各种岗位的确定、职务责任与权力的确定、上下级领导关系的确定，以及部门之间横向合作关系的确定等。一般而言，现代企业组织设计工作的步骤主要包括以下几个方面。

1. 确定企业目标

企业目标是企业组织设计的出发点。任何组织形式都是企业实现一定目标的工具。没有明确的目标，组织就失去了存在的意义。因此，组织设计的第一步，就是要在综合分析企业外部环境和内部条件的基础上，合理确定企业的总目标及各种具体的派生目标。

2. 确定业务内容

根据企业目标的要求，确定为实现企业目标必须进行的工作，并按其性质适当分类，如经营决策、生产制造、产品开发、质量管理、市场管理、财务会计和人力资源管理等，同时明确规定各项工作的范围和内容。在此基础上，进行业务流程的总设计。

3. 确定基本架构

根据企业规模、技术特点、外部环境、员工素质及各类工作量的大小，参照同类企业组织设计的经验和教训，确定应设定多少级组织管理层次，需要设置哪些单位和部门，并把性质相同或相近的业务工作交由适当的单位、部门负责，形成层次化、部门化结构。

4. 确定权责范围

根据企业具体任务的要求，明确规定各部门及其负责人工作绩效的评价标准，明确相关业务工作必须承担的责任。同时，根据业务协作的具体要求，规定出各部门及其负责人相应的职权。对现代企业来说，确定部门与人员的职责范围，是各项工作有序开展的基础。

5. 确定领导关系

企业是一种层级制组织，实行的是自上而下分级监督、指挥的领导模式。确定领导关系，就是确定每一个部门的上级和下级，从而形成一条权力链，以实现整个企业统一指挥的要求。对企业管理人员来说，确定领导关系，也就确立了责任关系，有利于防范塞责行为。

6. 确定组织运营系统

确定组织运营系统是企业组织设计的最后一步，即通过确定各部门之间的关系，以及它们在信息沟通和协作方面的原则和方法，把构成组织的实体连接起来，形成一个能够协调运作、有效实现企业目标的组织运营系统。建立科学、高效的组织运营系统，是现代企业组织设计的最高目标。

二、企业的组织结构与选择

长期以来，随着企业管理实践和组织理论的发展，人们创造并规范出许多组织结构形式，典型的是直线制、职能制、直线职能制和事业部制等。其中，直线制和职能制是早期人们在企业规模较小、产品品种单一、管理简单的情况下所采用的组织结构形式，现在已较少使用。在经济全球化和知识化的发展背景下，要求现代企业的组织结构必须处理好3个方面的关系，即集权与分权的关系、动态与稳定的关系、单一与多样的关系。为此，20世纪70年代，美国经济学家、诺贝尔经济学奖获得者奥利弗·威廉姆森（Oliver Williamson）创新性地将现代企业的组织结构归纳为3种类型，即U形结构、H形结构和M形结构，并认为其他组织结构都是这3种基本类型的组合。20世纪90年代，瑞典经济学家斯蒂芬·赫德兰（Stefan Hedlund）提出了一种新的组织结构类型，即N形结构。

（一）U形组织结构

U形组织结构（Unit Structure）是按照企业的商业功能（如生产、营销和财务等）来进行组织划分的。每一个组织单元均不能独立完成商业活动，而需要其他组织单元的配合。同时，各单元的功能通过企业最高领导——总经理来协调，这意味着总经理要接收并处理来自各组织单元的信息。

U形组织结构是一种中央集权式的组织结构，企业的一切决策都来自企业的最高领导者，适用于针对一种产品或一个地区的市场及单一系列产品的生产。在现代企业发展的早期，公司的规模一般不大，经营活动也比较简单，采用U形组织结构便于实现管理上的控制，而且能够发挥分工和专业化的优势。但随着组织规模扩大化和经营活动复杂化，U形组织结构的管理效率逐渐降低。这主要有3个原因：一是作为最高协调人的总经理难以承受过多的信息负担，决策失误因此而增加；二是总经理受限于日常决策和协调活动，无暇顾及企业的战略研究和规划；三是总经理往往曾经是某一部门的负责人，这可能导致总经理过于偏重自己所熟悉的岗位职能而忽略其他职能。

（二）H形组织结构

H形组织结构（Holding Company）实际上就是控股公司结构，是指一家企业拥有较多数量的不相关联的产业单元。其中，每个产业单元都是一个利润中心或投资中心（每个产业单元均是U形组织结构），企业最高领导者对整个企业的盈亏负责，其作用在于评价每个产业单元的绩效、配置企业资金、平衡资产组合，以及决策并购和实施多元化经营。由于H形组织结构的企业拥有下属产业单元的股权，企业领导者能比外部投资者更容易获得产业单元的信息，从而提高决策的质量。

（三）M形组织结构

M形组织结构（Multidivisional Structure）被称为事业部制或多部门制。在M形组织结构中，各事业部（或分支公司）一般按照产品或区域来设立，实行独立核算、自负盈亏的运营模式，是独立的利润中心。在企业的权责划分上，企业总部负责经营方针的制定和控制，按照集中政策、分散经营、集中决策、分散管理原则对事业部（或分支公司）进行有效的管理。M形组织结构实现了集权与分权的有效结合，有利于企业高层摆脱繁杂的日常行政事务，专心致力于整个企业的战略决策谋划。

（四）N形组织结构

N形组织结构（Network Organization）即网络型结构，它将诸多独立的经营单位组成彼此有紧密的横向和纵向联系的企业网络，各成员单位拥有很大的权力和责任，具有较大的灵活性和快速的市场反应能力。在M形组织结构中，由于事业部所从事的业务差异性较大，它们各自为战，阻碍了知识、技能等重要资源在企业内的流动，客观上限制了事业部之间能力的再整合，影响到企业整体核心竞争力的形成和发挥。然而，在M形组织结构中，诸多独立的小规模经营单位的资源分配能力都是有限的，不能像事业部那样自给自足，在生产经营中必须依赖与其他单位的广泛合作。这种经营单位之间主动的、广泛的合作，为知识、技能等资源在企业内转移及企业能力的整合提供了重要的渠道。

三、企业的组织变革与创新的方向

组织变革是指组织面对外部环境和内部条件的变化，从而进行改革和调整的过程。一般而言，企业的组织变革反映了一定范围内政治、经济、社会和技术的变革。其中，政府政策的改变、社会的发展，要求企业承担更多的就业和环保责任。经济全球化和市场竞争加剧对企业产生的冲击、客户需求的多样化和个性化、技术的变迁尤其是信息技术的快速发展，对企业经营的各方面都会产生影响，进而引发组织变革。

组织的正常运行，既要符合组织所建立和完善的基本制度，又要求具有与之相适应的载体，即合理的组织形式。组织创新对现代企业来说是至关重要的，这是因为创新是企业发展的基础，是企业谋取竞争优势的利器，也是企业摆脱发展危机的途径。

1. 组织结构的扁平化

在信息时代，传统的企业层级结构之所以僵化、低效，一个重要的原因是它拥有庞大的中层。从经验上看，企业中层的膨胀不仅是传统技术条件下组织规模扩大的相应举措，也是组织各层次对增加下属、扩大管理控制权的客观要求。同时，在传统企业人员、技术和管理条件的限定下，组织的管理幅度往往难以扩大。然而，企业经过一定时期的发展后，层次繁多、部门林立、机构臃肿、人浮于事成了普遍的弊病，在很大程度上制约和影响着企业的健康运行和有效管理。

随着信息技术的发展，企业中层人员越来越不重要了。有了先进的信息技术手段，企业就不再需要大批的中层人员来处理、筛选、传递信息了。这样，大部分中层人员不仅成为企业发展的累赘，甚至会阻碍有效的信息流通，降低组织的运行效率。因此，减少企业组织的层级，削减中层人员就成为企业适应信息时代的必然选择。这种削减能使企业的高层管理者更接近生产和销售，减少信息传递的失真，增加组织的灵活性。

2. 组织结构的合作化

传统的企业组织设计的一个基本原则是分工和专业化。但是，我们必须看到，并非所有的分工都会带来生产效率的提高，而且过多与过细的分工还会导致组织生产的非效率。这种非效率主要表现为员工对单调工作的厌倦、工作的疲劳与压力、劣质品的出现、频繁旷工和高离职率等。此外，过度分工也使企业内部协调的成本越来越大，造成企业整体运转的低效率。

随着经济社会的发展，知识已经成为现代企业最重要的生产要素，产品与服务中的知识含量越来越高。现代企业的产品和服务越来越是一种合作的结果，而不是分工的结果。如果仍然采用细化分工的生产方式，同时要求各部门的生产充分反映产品与服务的统一性，必然需要很大的协调成本。

3. 组织结构的人本化

在企业组织结构设计与调整中，必须贯彻以人为中心的原则，充分考虑组织结构的形式是否能够改善和提升员工的满意度，能否促进员工之间的沟通和合作，会不会对企业内部的非正式组织产生负面的冲击等，从而将发挥人的作用放在第一位。

4. 组织结构的柔性化

组织结构的柔性化是指企业的组织富有弹性，能够满足临时性或随机性任务的要求。现代企业建立柔性化组织的目的是使组织能够快速、有效地围绕目标和任务，合理配置并充分利用各种资源，强化对市场环境动态变化的适应能力。柔性化的企业组织结构一般是指通过减少管理层次、简化职能管理机构、优化人力资源配置而建立起来的静态架构下的动态组织结构。在柔性化的企业组织结构下，具有不同知识和技能的人员分散在多层网状的组织中，加速了知识和信息的交流和共享。

从企业组织的实践看，一方面，组织结构的柔性化表现为集权化和分权化的统一。柔性化组织在进行分权的同时，要求通过特定的交流渠道，及时进行信息沟通和权限调整，以保证企业的战略目标与各项具体活动之间形成紧密的联系。另一方面，组织结构的柔性化还表现为稳定性和变革性的统一。为了满足组织结构稳定与发展的双重要求，可以将组织结构分为两个部分：一部分是完成经常性任务的结构，这部分组织结构比较稳定；另一部分是完成临时性任务的结构，这部分结构具有灵活性。

5. 组织结构的网络化

组织结构网络化是指借助于不断发展的网络技术，企业能够在更大的范围、更深层次与

其他组织或个人建立合作关系，通过契约形式构成产、供、销协作网络。在市场交易成本低于企业内部管理协调成本的情况下，企业倾向于以自己拥有的核心技术、核心能力和核心资源为依托，充分利用信息技术手段整合外部的各种优势资源，与原料供应、产品设计、生产制造、产品销售等方面具有优势的企业或个人密切合作，共同开展和完成商业活动。

现代的企业组织结构网络化，具有两个根本性的特点。一是用特殊的市场手段连接各个经营单位与企业总部。这种特殊的市场关系与一般的市场关系不同，一般的市场关系表现为不稳定的单一的商品买卖关系，而网络化组织结构中的市场关系则是以资本投放为基础，包括产权转移、人员流动和较为稳定的商品买卖关系在内的全方位的市场关系。二是在组织结构网络化的基础上形成了强大的虚拟功能。通过虚拟，企业可以获得诸如生产、物流和营销等方面的具体功能，实现了企业经营过程的虚拟化。

第三节 现代企业制度

企业制度是随着企业类型的变化逐步发展起来的一套运作模式，能够解决伴随企业类型的变化而产生的各种问题，以及调解企业运营过程中各利益相关方的矛盾。企业制度包含一系列规则，能够协调企业运营中各参与方的利益，其核心是制约各参与方之间的相互关系。因此，企业制度的类型是随着企业的发展逐步产生的，其演变伴随着技术创新，目的是适应全新的外部环境。

一、现代企业制度及其特征

现代企业制度典型的、占支配地位的形式是公司制度。公司制度是指现代市场经济条件下，以规范和完善的法人制度为主体，以有限责任制度为核心，以股份有限为重点的产权清晰、责权明确、政企分开、管理科学的一种新型企业制度。从企业发展史角度来看，建立现代企业制度是发展社会化大生产和市场经济的客观要求，也是企业变革的方向，更是企业制度的一种创新。现代企业制度具有以下主要特征。

（1）**具有独立法人资格** 公司的法人资格，从法律上赋予了公司独立地位，也就是说，公司是完全独立于出资者（股东）与经营管理人员的，是独立享有民事权利、具有民事行为能力的经济组织。出资者（股东）将个人财产投入公司后，就形成了公司财产，公司就能够以拥有的财产参与市场交易活动。

（2）**承担有限责任** 公司法人人格的独立性表现为企业财产与出资者（股东）的个人财产的相互独立，企业以拥有的全部财产对外承担有限责任，出资者（股东）以出资额为限对公司债务承担有限责任。公司的这一制度将出资者（股东）的其他财产与企业财产严格区分，有效降低了股东投资的风险，从而成为现代企业广泛吸收社会资本、扩张企业规模的基本前提。

（3）**企业存续时间长** 公司财产与出资者（股东）的个人财产相独立的这个特征，克服了业主制、合伙企业存续期间受限于出资者（股东）个人生命期限的缺陷，使公司的生命周期可以完全独立于自然人的有限寿命而长期存续。此外，公司的存续与股东个人的状态相分离，股东数量的变化不会对公司运营产生过大的影响。

（4）投资人撤资难　从产权角度看，出资者（股东）将个人财产投入企业后就不再对其拥有控制权，公司作为法人主体拥有对这一部分财产的占有、使用、收益与处分的权利。公司股东作为出资人，其财产一经投入企业便不能随意抽离。出资者（股东）以动产、土地使用权、知识产权、股权、债券等非货币财产作为出资的，必须依法办理财产权的转移手续。

（5）所有权与经营权相分离　随着企业经营环境的日益复杂化与管理技能的专业化，拥有专业的企业管理技能的人员成为企业的经营决策者，成为企业的实际控制人。作为企业实际拥有者的出资者（股东）对企业的经营决策参与程度越来越低，甚至很多中小股东根本不参与企业的实际运营，只是以获取股息的食利者身份而存在。

（6）股权可以自由流动　在股份有限公司，法人财产被分割成了等额股份，股东以实缴出资额换取对应股份。这些股份是作为股东的个人财产形式存在的，其所有权人享有物权，即占有、使用、收益与处分的权利。当股东对所投资的企业的经营决策有异议时，可以通过市场交易的方式转让股份，规避投资风险。

二、企业制度对经营管理的作用

（一）统一与规范作用

企业是由众多员工组成的集合体，如果没有一定的制度约束，员工的行动就没有统一的要求，成员之间和部门之间的协作就难以进行。如果说制度是集体对个人的一种约束，那么统一与规范就是制度约束的直接结果。企业对员工行为的统一与规范要求越高，越需要制度化管理。在市场经济条件下，企业通过制度，能够统一规范各部门与员工所涉及的业务行为，对外可以展示企业形象，对内可以确保企业整体功能的发挥。有了制度，企业上下统一按照制度的要求行事，协调成本会大大降低，产品和服务质量就有了保障，企业的形象也会在统一的规范中得到体现。

（二）保障与激励作用

从本质上看，企业制度是企业对全体员工的一种承诺，即员工的工作只要达到制度规定的要求，就能获得相应的待遇。这种制度形式的承诺，体现了企业对员工的一视同仁，使员工对投入与回报的关系有了稳定的预期，无须担忧领导失信。因此，企业制度体现了管理上的公平性，为员工提供了通过努力可以达到预期目标的保障。企业通过制度性承诺，保障了广大员工合理的利益要求，提高了员工对企业的满意度。

企业制度对员工的激励程度取决于两种基本判断：一是通过努力能够取得一定工作成绩的判断；二是员工取得一定工作成绩后获得奖赏的可能性判断。企业激励措施制度化显然能够强化员工的第二种判断，提高企业对员工的激励程度。同时，激励的制度化有助于消除某些激励措施中可能存在的不公平现象，促使员工积极参与制度的制定和完善，进而在工作中主动遵从制度要求。

（三）稳定与控制作用

企业制度具有稳定性的特征，从形成到变更一般会持续较长时间，不会朝令夕改、频繁变动。制度一旦形成，就意味着已经经过法定化程序，成为代表权威部门意志的一种普遍性要求。

从管理控制角度来看，企业制度是企业控制各部门与成员的行为，是实现企业目标的一种基本手段。相对于其他控制手段，制度控制具有事先控制、持续控制和自我控制的作用。

三、企业制度的基本内容

（一）企业产权制度

企业产权制度是指以产权为依托，对企业财产关系进行合理有效的组合与调节的制度安排。从法律角度来看，这个制度安排具体表现为建立在一定的生产资料所有制基础上，对财产占有、使用、收益和处分过程中所形成的各类产权主体的地位、权利责任、相互关系加以规范的法律制度。产权制度和所有制既有区别又有联系，所有制属于生产关系范畴，而产权制度则是实现生产力与生产关系相结合的重要机制。因此，一方面，产权制度不可能不受所有制的约束；另一方面，同一种所有制关系可以用多种产权关系来实现，在多种所有制共存的情况下更是如此。企业的产权制度一旦形成，便会具有特定的功能。具体而言，企业产权制度的主要功能表现为以下几个方面。

（1）**区界功能** 区界功能，即界定同一财产的不同产权主体之间、产权主体与非产权主体之间权利、义务区间的功能。界定了产权关系也就界定了产权主体参与商品生产与交换及利益分配的权利范围。因此，区界功能是产权制度的基本功能。产权制度的区界功能使企业的产权主体明确化，以及每一个产权主体的产权份额清晰化。同时，也确定了产权所有者对所投资企业的利益与责任。

（2）**激励功能** 激励功能，即因产权的确立而使产权主体产生积极行为的功能。在产权主体利益和责任明确界定的前提下，产权所有者可以使用产权来追求自身的经济利益，而且使这种经济利益不断地内在化。如果他人从其经济活动中获得较多不付费的益处，经济主体的积极性就会受到直接影响。所以，产权制度的任务之一就是使经济行为的外在性内在化，从而对产权主体产生强有力的欲望刺激。

（3）**约束功能** 约束功能，即产权制度对产权主体行为产生约束力的功能。明确的产权区界能够对产权主体产生强烈的刺激，同时必然会产生约束效应。这是同一事物的两个不可分割的方面。对企业来说，产权对出资人的约束能够使外部责任内在化，使产权主体活动的一些不利后果，从以前被社会或他人承担转变为由产权主体承担，进而促使企业的出资人关注企业的经营状况。

（4）**交易功能** 交易功能，即产权制度所确立的产权作为商品进行交换的行为规则的功能。在市场经济中，企业产权的实质是所有权，而出资人有选择获利方法的自由。出资人可以将属于自己的一部分产权（如股权、债券的收益权）作为市场交易的对象，在特定的市场交易活动中取得预期的经济利益。此外，合理的产权制度能够促进合理的产权交易，同时抵制不正当的交易行为。

从以上产权制度的基本功能可以看出，企业产权制度的运行最终会影响资源配置的效果。人们要判定一种产权制度是否有效，关键要看它是否能够优化资源配置的效果。实现企业资源的优化配置，一方面要提高资源的利用效率，这主要通过产权明晰来实现；另一方面要促进资源的合理流动，这主要通过产权交易来实现。对企业来说，合理的产权制度能够清晰界定各个产权主体及其责任，从而实现有效的激励和约束，同时确保企业资产能够合理地流动。

（二）企业管理制度

企业管理制度是指企业在管理思想、管理组织、管理人才、管理方法和管理手段等方面的安排，是企业管理工作的依据。现代企业的特征之一就是现代化的管理。科学、规范的管理制度是企业制度不可缺少的重要内容。具体地说，企业管理制度主要包括以下几个方面。

（1）生产管理制度　企业生产管理的任务是通过加强管理，以提高劳动生产率，不断降低生产成本。同时，生产管理力求生产过程的高效率与多品种相统一，满足现代社会复杂多样的需求。企业生产管理制度的内容主要包括生产计划的制定、生产工艺的布局、作业进度的安排、物质的采购、库存的控制、质量的保证、设备的维护等。这些方面的制度一般要求以管理文件的形式体现。

（2）营销管理制度　市场营销管理的任务就是识别与确定特定市场对产品和服务的需求，选择企业能够最好地为之服务的目标市场，并且综合运用各种营销手段，引导企业商品和服务尽快地流向目标消费者。企业营销管理制度的内容主要包括建立销售队伍、收集和处理市场信息、组织产品生产、确定销售价格、选择销售渠道、选择销售及促销方法，以及预算销售费用等。

（3）财务管理制度　企业财务管理的主要任务就在于建立与国际接轨的财务会计制度体系，通过财务管理，在保证企业长期稳定的基础上使企业的总价值达到最大。企业财务管理制度的内容主要包括资金管理制度、成本管理制度和利润管理制度。

（4）员工管理制度　企业员工管理的主要任务就在于有效地获得、开发、保持和利用人力资源，为各个部门提供训练有素、充满活力的员工，以提高企业的竞争力和绩效。从根本上看，现代企业经营管理的核心是以人为中心的管理。企业员工管理制度的内容主要包括生产制度、卫生制度、考勤制度、奖惩制度、安全制度等。

第四节　汽车服务企业的特点及管理任务

一、服务与汽车服务

1. 服务的概念与特点

（1）服务的概念　"服务"一词包含了非常广泛的内容。实际上，自从人们认识到服务的存在以来，对其界定和认识的争论就从未停止。

美国著名营销管理大师菲利普·科特勒于1983年提出：服务是一方向另一方提供的任何一项活动或利益，它本质上是无形的，不导致任何所有权的转移。

（2）服务的特点

1）服务的无形性。服务是产品，但与有形产品不同，它是无形的，是不可触摸的。例如，汽车使用者或消费者到汽车维修服务企业，并不是为了购买设备，而是去接受汽车检测故障、汽车维修和养护等服务；参加汽车俱乐部是为了享受由俱乐部提供的汽车救援、保险、牌证代理、专题汽车文化活动等服务。一项服务的好坏主要取决于它的一些不可触摸的特性，如热情、周到、专业、技能等。

2）服务的即时性。服务的生产过程和消费过程是同时发生的，必须有顾客接受，服务才能进行生产，消费过程的结束也就意味着服务生产过程的结束。因此，服务是无法储存的。由于服务的即时性，企业服务能力的设定就非常关键，服务能力的大小，服务的设施、设备，对企业的盈利能力具有很大的影响。如果服务能力不足，会带来机会损失；而服务能力过大，会浪费固定资产投入。由于服务的即时性，在服务生产过程中，顾客是参与其中的，服务的提供者与消费者之间的接触程度较高。因此，服务过程的质量控制对企业来说至关重要。服务业加强员工培训，提高其工作责任心和服务技能，是保证服务质量的关键。

3）服务的易进入性。从事服务业生产，相对于制造业来说，不需要太多的投资，进入门槛很低。这就意味着，如果某服务行业具有较强的吸引力，则新的竞争者会不断涌入。因此，服务业必须对潜在和现实的竞争行为保持足够的警觉。

4）服务的外部影响性。技术进步、政策法规等外部因素对服务业的影响很大。这些外部因素往往会改变服务企业的服务内容、服务提供方式及其规模结构。例如，过去的汽车维修业务，经验诊断和各种零件修复工艺是主要服务内容。随着汽车技术的电子化、精细化，维修服务中计算机诊断、换件修理已成为主要服务内容，专门的检测和拆装工具不可或缺。随着我国服务贸易领域对外开放进程的不断深入，以及国外汽车服务企业进入我国市场，汽车金融保险服务将逐渐成为汽车服务业新的竞争热点。所以，汽车服务企业必须保持对技术进步的高度敏感，只有不断更新服务内容，才能在竞争中立于不败之地。

2. 汽车服务

一般认为汽车服务是汽车的售后服务，尤其是汽车的维修保养服务。其实，汽车服务的范围很广，不仅是指售后服务，而且涵盖了汽车后市场服务，同时涵盖了汽车生产前的相关服务。概括起来说，汽车服务有狭义和广义之分。

狭义的汽车服务是指汽车从新车出厂进入销售流通领域，直至其使用寿命终止后回收报废各个环节涉及的全部技术和非技术的各类服务和支持性服务，如维修检测、汽车租赁、二手车交易等。

广义的汽车服务还可延伸到汽车生产领域的各种相关服务，如原材料供应、工厂保洁、产品外包装设计、新产品的试验测试、产品质量认证及新产品研发前的市场调研等，甚至还可延伸至使用环节的相关服务，如汽车运输服务、出租汽车运输服务等。

在汽车服务工程中，技术性服务属于机械电子工程范畴，而非技术性服务则属于管理工程范畴。汽车服务的各项内容是相互联系的，组成了一个有机的工程系统。由于汽车服务企业所涉及的工作都是服务性的工作，因此它属于第三产业。汽车属于高技术含量的产品，在整个寿命期内，都需要专业的技术人员提供专业的帮助。因此，汽车服务企业有良好的生存基础。据美国测算，1美元的汽车工业产值将会带来8美元的汽车后市场产值。因此，人们把汽车服务后市场称作汽车制造业价值链中的"第二桶金"。汽车服务业具有广阔的发展空间。

二、汽车服务企业

1. 汽车服务企业的概念

汽车服务企业是指为潜在和现实的汽车使用者或消费者提供服务的企业，主要包括从事汽车经销的企业和为汽车使用者及消费者提供备件、维修服务、保养服务及其他服务的企业。

2. 汽车服务企业的类型

汽车服务企业按照业务类型大致可分为：整车销售企业、配件销售企业、汽车维修服务企业、汽车改装及装饰美容服务企业、汽车租赁服务企业、汽车金融服务企业、汽车保险服务企业、汽车俱乐部等。

（1）**整车销售企业**　整车销售企业可分为新车销售和二手车交易企业。新车销售企业又分为单品种经营企业和多品种经营企业。

1）单品种经营企业。这类企业与某一品牌汽车生产商签订特许专营合同，受许可合同的制约，接受生产商的指导、监督、考核，只经营该品牌的汽车，并为该品牌汽车的使用者或消费者提供服务。汽车品牌专营店一般采用统一的店面设计和外观设计，一般是前店后厂的形式，具有整车销售（Sale）、配件供应（Spare Part）、维修服务（Service）和信息反馈（Survey）4项主要功能，所以也称"4S"店。这种企业专营某一品牌的汽车，集销售与服务于一体，且能得到汽车生产商在技术和商务上的支持，提供专业化的技术支持和服务，有利于为汽车消费者提供优质服务。这种经营形式适合经营市场保有量较大的汽车品牌和单车价格较高的汽车品牌。

2）多品种经销企业。多品种经销是指汽车经销商在同一卖场同时经销多个品牌的汽车。这种形式的优点是建店成本低，消费者在同一店内可以对多种不同品牌的汽车进行对比。但是它难以提供专业化的服务，增加了消费者的购买顾虑。这种经营形式适合经销生产厂商技术服务网络比较规范和完善的汽车品牌或市场保有量较少的汽车品牌。

3）二手车交易企业。二手车交易企业是指专门为旧车车主和旧车需求者提供交易，促成二手车交易的企业。旧车并不一定是车况差的车，主要是相对于一次交易来说需要办理过户手续的车辆。其主要业务为旧车回收、车辆评估、技术状况鉴定、旧车售卖或撮合交易、拟定合同、代办过户手续、必要的检测或维修等。

（2）**配件销售企业**

1）汽车配件销售企业，可以分为配件批发商（或代理商）和配件零售商两类。配件批发商（或代理商）主要从事配件及精品的批发业务，服务对象是配件零售商、各类汽车维修企业、装饰美容企业。配件零售商主要从事汽车配件及精品的零售业务，服务对象是车主。

2）汽车配件（含精品）连锁销售企业。连锁销售是经营汽车配件的若干企业在核心企业或总部的领导下，通过规范化经营实现规模效益的经营形式或组织方式。连锁系统像锁链似的分布在各地，形成强有力的销售网络，利用资本雄厚的特点，大批量进货、大量销售，具有很强的竞争力。这种形式在国内外汽车配件销售中广泛采用。

（3）**汽车维修服务企业**

1）综合汽车维修服务企业是指可以承担多种品牌汽车的维修技术支持和服务的企业。按照经营技术条件，维修企业可分为3类：一类维修服务企业，可以从事汽车大修、总成大修、一级和二级维护、车辆小修等综合维修业务；二类维修服务企业，可以从事汽车一级维护、二级维护和小修等维修服务业务；三类维修服务企业，只能从事专项修理业务，在我国这类维修企业占有很大的比例。

2）汽车特约维修站与汽车生产厂商签署特约维修合同，在某一地域负责某一品牌的汽车技术支持、维护、故障检测诊断和修理等服务业务。这种经营方式可以设在综合修理厂内，也可以独立设置。由于其拥有该品牌汽车的专业拆装和维修、检测诊断设备和工具，且能得到生产厂商强有力的技术和配件支持，才能实现规范化作业，保证维修质量。汽车特约维修站在我国已构成汽车生产厂商售后服务网络体系的主干。

3）汽车快修店。这类企业主要从事汽车生产厂商质量保修范围以外的汽车故障维修工作，一般是汽车保养、换件修理等无须专业诊断与作业设备的小修业务。它们分布在街头巷尾、公路两旁，随时随地为汽车消费者提供应急维修服务。它可以是综合维修服务企业、特约维修站的派出机构，也可以是独立维修服务企业，是汽车维修服务网络的重要补充。

4）连锁维修服务企业与连锁配件经销企业一样，是在核心企业或总部的领导和技术支持下，通过统一规范维修作业、批量化配件供应与销售，实现规模效益的经营形式或组织方式。连锁系统规范维修作业方式，统一价格，进而赢得消费者信赖，占领市场。

（4）汽车改装及装饰美容服务企业　这类企业从事的主要业务是在不改变汽车基本使用性能的前提下，根据消费者个性化的要求对汽车进行内部装饰、外部装饰、局部改装及汽车清洁养护。随着汽车的普及，消费者的汽车个性化需求体现得越来越明显，促进了这类企业的发展。

（5）汽车租赁服务企业　汽车租赁服务主要是为短期或临时性的汽车使用者提供各类用途的汽车，按使用时间或使用里程收取相应的费用。汽车租赁企业应为车辆办理上路行驶手续和证照，缴纳与车辆使用相关的各种税费和保险，承担汽车维修和维护费用，为短期或临时性汽车用户提供便利。车辆使用者除支付必要的租金外，仅承担汽车使用的直接费用，如燃油费、过路过桥费和停车费等。

（6）汽车金融服务企业　这类企业以资本经营和资本保值增值为目标，为汽车消费者提供资金融通服务：为客户提供资信调查与评估，提供贷款担保方式和方案，拟订贷款合同和还款计划，发放消费信贷，承担合理的金融风险等。

（7）汽车保险服务企业　汽车保险服务企业主要向汽车使用者或消费者提供汽车保险产品的合理设计，并提供定责、定损、理赔服务等。近年来还出现了一种新型的汽车保险服务企业——保险公估企业，以第三方的身份为汽车保险企业和汽车使用者或消费者提供客观公正的定责、定损意见。这种企业的诞生，有利于汽车保险市场的操作规范化，有利于平衡保险企业与汽车使用者或消费者之间的强弱关系，有利于提高汽车保险服务业的服务水平。

（8）汽车俱乐部　汽车俱乐部主要从事代办汽车年检年审，代理汽车保险理赔，汽车救援、维修，主题汽车文化活动等业务。它是以会员制形式，向加盟会员提供能够满足会员要求、与汽车相关的服务的企业。汽车俱乐部一般分为3种类型：①经营型俱乐部，为会员有偿提供所需的与汽车相关的服务；②文化娱乐型俱乐部，为会员提供一个文化娱乐、交友谈心、交流信息、切磋技艺的场所和环境；③综合型俱乐部，集前述两类俱乐部于一体。

实际上大型汽车服务企业往往涉及上述多种类型的综合经营状态。例如，"4S"店既从事整车销售、配件供应、汽车维修业务，又从事代办保险、汽车救援、旧车置换等业务；大型汽车维修服务企业则是由多个汽车销售、维修、配件经销企业构成的。本书所讲的汽车服务企业主要是汽车后市场整车销售和售后服务企业。

三、汽车服务企业的经营特点

尽管汽车服务企业的服务内容广泛，服务形式多种多样，但是其经营特点仍然具有许多共同特性。为做好汽车服务企业的管理工作，有必要了解这些特点。

1. 汽车服务企业的经营以客户为中心

汽车服务企业以潜在和现实的汽车使用者或消费者为服务对象，企业经营的所有活动都是以客户为中心开展的。特别是随着汽车市场中的买方市场特征越来越明显，汽车市场竞争越来越激烈，汽车使用者或消费者拥有越来越多的选择机会。汽车服务企业必须从客户需求角度出发确定自身经营目标和管理理念，以满足客户需求，最终实现企业利润最大化。汽车服务企业在生产经营过程中，客户参与程度较高，客户满意度成为考核企业经营优劣和管理水平高低的重要指标。因此，汽车服务企业都以提高客户满意度为重要的经营管理任务。

2. 汽车服务企业经营的波动性

汽车是价格比较昂贵的消费品，其供求关系必然受到国民经济波动的影响，消费人群、季节及节假日也是重要的影响因素。因此，汽车服务企业的经营活动表现出较为明显的波动性。例如，哈尔滨汽车市场常称的"金九银十"指的就是每年的九月至十月是汽车销售的黄金时段。这时，汽车销售服务企业进销存业务比较繁忙，汽车金融和保险服务企业的经营活动也相应达到高潮。每逢节假日，汽车使用需求急剧增加，汽车养护服务需求也相应增加，同时汽车租赁企业也会供不应求。另外，由于私家车消费人群的工作特点，使汽车维修服务企业每逢周末维修服务量急增。服务企业经营活动的波动性对企业管理提出的挑战是如何合理设计企业的服务能力，如有效地进行需求管理，采取各种措施使企业的服务能力与服务需求相适应。目前，国内许多汽车服务企业尝试通过客户关系管理工具、服务促销、异业联盟，以及快修连锁社区店的方式来提高经营管理水平。

3. 汽车服务企业经营的社会性

汽车既可作为私人消费品，又可作为运输生产工具，在经济生活中扮演重要角色。汽车服务企业涉及的服务门类广泛，汽车服务产业规模大，实现的经济利润高，汽车服务企业提供的就业机会多，社会效益良好。汽车服务企业与经济社会的方方面面联系密切，在国民经济中具有重要的地位与作用，同时易受外部环境变动的影响。因此，其经营活动表现出很强的社会性。这就要求汽车服务企业密切关注社会环境、技术环境、法律环境的变化，及时调整经营策略，完善与改进服务内容，以适应外部环境的变化。

四、汽车服务企业管理的任务

汽车服务企业管理的任务是按照汽车服务市场的客观规律，对企业的全部生产、销售、服务等经营活动进行计划、组织、指挥、协调和控制，使各汽车服务环节衔接、密切配合，使人、财、物等各因素得到合理配置、有效利用，以最小的投入，取得满意的产出，实现企业的经营目标。

汽车服务企业为实现经济效益，必须不断扩大汽车服务产品的市场占有率，并且提高客户满意度。市场占有率的提高，在产品同质化趋势日益明显的市场中，很大程度上取决于客户的满意度。所以，汽车服务企业必须将提高客户满意度作为企业最重要的任务之一。汽车服务企业的管理必须与提高客户满意度相适应。从某种意义上说，汽车服务企业管理的任务就是充分利用企业内部和外部的各种可利用的资源，对经营活动进行计划、组织、指挥、协调和控制，努力提高客户满意度、提高客户忠诚度，不断提高本企业产品的市场占有率，从而实现企业的最佳经济效益。

1. 市场占有率

市场占有率可用相对市场占有率和绝对市场占有率来表示，它是反映企业市场地位的一个指标。它可以表现为本企业销售新车或旧车的数量或销售额与同期市场总销售量或总销售额的比值关系，可以表现为本企业汽车维修服务台次或维修服务收入占同期市场总维修台次或总维修收入的比例，也可以表现为本企业承揽的汽车保险费收入与同期市场的汽车总保险费收入之比，可能表现为汽车俱乐部拥有的会员数量占同期该区域汽车消费者数量的百分比等。

2. 顾客满意度

在同质化竞争日趋明显的条件下，市场占有率的高低很大程度上取决于顾客满意度。满意是一种感觉状态，来源于一件产品（或一次服务）的绩效或产出与人们的期望进行的比较。顾客对产品或服务的期望来源于以往的经验、他人经验的影响，以及营销人员或竞争者的信息与承诺。绩效来源于整体顾客价值（由产品价值、服务价值、人员价值、形象价值构成）与整体顾客成本（由货币成本、时间成本、体力成本、精力成本）构成之间的差异。

因此，顾客满意可以定义为：某一顾客对某一产品（或服务）的可感知效果（或结果）与其期望值相比较后所形成的感觉状态。能否实现顾客满意取决于3个重要因素：顾客对产品（或服务）的先期期望；产品（或服务）的实际表现；产品（或服务）的表现与顾客期望的比较。如果可感知效果低于期望，顾客就会不满意；如果可感知效果与期望相匹配，顾客就满意。当然可感知效果超过期望，顾客就会高度满意、高兴或欣喜。

顾客满意度就是量化了的顾客满意。顾客满意度是指人们对所购买的产品（或服务）的满意程度，以及由此产生的决定他们今后是否继续购买（接受服务）的可能性。满意度的高低取决于购买（或服务）前期待与购买（或服务）后实际体验之间的关系，即企业要实现高的顾客满意度，必须从以下几方面来真正理解顾客需求：表达出来的需求、真正的需求、没有表达的需求、核心需求满足后的附加需求、秘密需求等。值得注意的是，对诸多需求满足的次序性、结构性并非是刚性的，而是受许多内外部因素的影响。因此，顾客需求的研究是汽车服务企业必须高度重视的工作。

所以，汽车服务企业经营战略必须以全面顾客满意为中心，企业经营成败的关键是能赢得市场和顾客。企业能做到让顾客全面满意、赢得顾客，就能争取到汽车服务市场份额，在激烈的竞争中获得胜利。

3. 顾客忠诚

顾客忠诚是指顾客在满意的基础上，进一步对某品牌或企业服务做出长期购买的行为，是顾客一种意识和行为的结合。顾客忠诚所表现的特征主要有以下 4 个方面。

1) 再次或大量购买同一企业该品牌的产品或服务。
2) 主动向亲朋好友和周围的人群推荐该品牌的产品或服务。
3) 几乎没有选择其他品牌的产品或服务的念头,能抵制其他品牌的促销诱惑。
4) 发现该品牌的产品或服务的某些缺陷,能以谅解的心情主动向企业反馈信息,求得解决,而且不影响再次购买。

高度忠诚的顾客是企业最宝贵的财富,更是企业服务最好的广告和宣传者。因此,建立顾客忠诚非常重要。强调顾客对企业贡献的帕累托认为:80% 的企业利润来自 20% 的忠诚消费者。美国的一家策略咨询公司调查分析认为:客户保持率上升 5%,利润可上升 25%~80%。开发一个顾客比维护一个顾客要多花 6 倍甚至更多的精力和费用。

对于汽车服务企业而言,顾客忠诚并不是其要求顾客对其做到忠诚,而是企业以卓越的服务理念,向顾客提供卓越的产品和卓越的服务从而感动顾客,使顾客成为企业的伙伴、朋友,顾客自愿做到对企业忠诚。这种忠诚关系最终可以达到双赢。

五、汽车服务企业的管理内容

根据汽车服务企业的经营特点,汽车服务企业的管理包含以下几个方面的内容。

1. 经营管理

经营管理是指为实现企业目标,使企业的内部生产技术等与企业外部环境达到动态平衡的一系列管理活动。它是一项战略性、决策性的管理,主要内容包括通过对外部经营环境的研究,确定适应外部环境的企业经营思想和方针,制定企业发展战略和目标,搞好企业经营决策、经营计划、市场营销、产品开发和技术创新等管理工作。

2. 服务管理

服务管理是指对服务的全过程进行管理。在服务竞争环境中,通过服务利润链分析,对服务产品进行生产管理、服务质量管理、设备管理、定额与成本管理、配件与原材料管理等,增加客户对服务的满意度,从而实现企业的目标。

3. 财务管理

财务管理是指企业再生产过程中对资金运作的管理,是对企业再生产过程以价值形态表现的全部活动。汽车服务企业的财务管理的主要内容包括资金的筹集、运用,资产的管理,收入、成本、利润的管理,分配的管理等。

4. 资源管理

企业资源包括人力资源、基础设施、工作环境、财务资源、供方与合作伙伴,以及知识信息与技术资源等。这里主要针对人力资源管理,是指在经济学与人本思想指导下,通过招聘、甄选、培训、报酬等管理形式对组织内外相关人力资源进行有效运用,从而满足组织当前及未来发展的需要,保证组织目标实现与成员发展最大化的一系列活动的总称。资源管理一般包括六大模块:人力资源规划、招聘与配置、培训与开发、绩效管理、薪酬福利管理、劳动关系管理等。

5. 信息管理

信息管理是指人类为了有效地开发和利用信息资源,以现代信息技术为手段,对信息资

源进行计划、组织、领导和控制的社会活动。信息管理就是人对信息资源和信息活动的管理。信息管理的过程包括信息收集、信息传输、信息加工和信息储存。信息管理是汽车服务企业管理的重要内容之一。汽车服务企业的信息主要包括产品质量信息、客户信息和外部环境信息等。

 课后习题

1. 名词解释：企业、现代企业制度、汽车服务企业、市场占有率、顾客满意度。
2. 简述企业组织变革和创新的方向。
3. 现代企业制度的特征及内容是什么？
4. 汽车服务企业的特点及管理任务是什么？

科技让通信更便捷

第二章　汽车服务企业的营销管理

【学习目标与要求】

  1. 了解市场营销的概念、市场营销观念，以及顾客满意、全面质量营销和市场营销管理的过程。
  2. 了解市场调查、市场需求与市场分析。
  3. 了解市场细分与目标市场定位。
  4. 掌握汽车服务市场营销策略。
  5. 掌握汽车服务企业的顾客满意营销战略。

【素质培养目标】

  1. 培养爱岗敬业精神。
  2. 培养团队协作能力。

【学习重点】

  1. 掌握汽车服务市场营销策略。
  2. 掌握汽车服务企业的顾客满意营销战略。

【学习难点】

  掌握汽车服务企业的顾客满意营销战略。

【案例引入】

上汽通用"7S"是真正的未来汽车服务理念吗

虽然是30年不遇的不景气，但2018年的车市"寒冬"，或许还只是一个开始。

"买车就是买服务。"现在不少消费者意识到，买车时不仅要看品牌、比配置、谈价格，更要看一个品牌的服务。从某种程度来说，服务甚至比产品更加重要。一款好车，不能仅仅体现在产品本身的硬件实力上，作为软件实力的售后服务，才是在未来数年的用车生活中一个品牌实力和价值的真正体现。

2019年3月12日上午，上海申江路1500号，一场发布会悄然揭示了未来中国车市的新形态。

在这次规模盛大的发布会上，除了产品与技术，最为重要的内容就是上汽通用正在打造"7S"模块化经销商服务体系。这已经不是上汽通用第一次改变中国的车市了，事实上，4S这一汽车销售模式也是由上汽通用率先引入的。从1998年开始，上汽通用就在国内首批引入了4S汽车营销模式。

经过近30年的发展，汽车市场已经发生了翻天覆地的变化，这一次上汽通用再次扮演了先行者，从传统的经销商新车销售、维修保养、纯正配件以及客户关怀服务的"4S"，进化为"7S模块化经销商服务体系"，如图2-1所示。从上汽通用总经理的表述来看，这7S模式将能承载更多契合消费者需求的消费体验以及个性化服务功能。

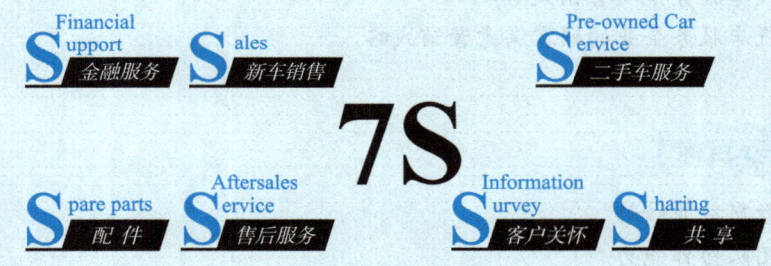

图2-1 7S模块化经销商服务体系

"7S"，表面上看起来是4S的延续与扩展，但其实绝非由简单的"4+3"而来，而是整个服务模式的革新和升级。

上汽通用"7S"的核心之一，是服务内涵的转变。如今，京东和天猫都已经在卖车，天猫的汽车自动贩卖机更是从线上开始向线下发展。以往4S模式是以经销商店面为核心的。然而，新一代的消费者更倾向于通过网络、视频了解汽车。如果难以吸引消费者"到店"，一切都是空谈——在这样的趋势之下，如果还停留在传统的4S模式，无异于"守株待兔"。"7S"正是要将营销流程扩大，聚焦于客户，以客户的需求和体验为中心展开服务。达成这一目标的重要手段包括线上与线下融合与新零售模式的打造。传统4S模式以线下服务为主，而7S模块化服务模式将线上与线下服务进行融合，形成线上与线下联动的服务体系。针对经销商各类服务所需的线上功能，将打造出功能丰富的线上平台。同时，还将通过社区互动、粉丝运营及异业合作等多样化形式，着力构建覆盖用户车生活的全新零售生态圈，满足新一代年轻用户的服务需求。

第二章 汽车服务企业的营销管理

用更通俗的语言来解读,上汽通用这套7S服务体系顺应了"新零售",更符合年轻一代消费者的消费习惯。对于年轻消费者来说,他们对车生活的要求其实很简单:便捷、可靠、高效。在7S的服务理念下,买车更方便,可以线上看车、选车。服务也更透明,全程监控,客户可以随时查阅自己的车辆维修服务动态。上汽通用要构建的,正是一个覆盖用户车生活的全新零售生态圈。

未来,上汽通用还将实现对创新业务的整合,甚至可能和包括网约车在内的其他外部供应商合作,实现更多元化的服务。

在此次发布会上,除了7S概念的横空出世,上汽通用还公布了全新的企业愿景:以创新的汽车产品和服务,引领智慧出行,成就美好生活。上汽通用汽车总经理表示:"新愿景是上汽通用汽车对成立22年来成功要素的总结,更是对当前汽车行业变革、对中国消费者需求变化的洞察和自我革新。它明确了上汽通用汽车将沿着以'电动化、网联化、智能化、共享化'趋势为指引的高质量发展道路,不断打造安全、环保、智能的产品和卓越服务,创造美好的出行体验。"

随着网联化和智能化技术的不断推进,上汽通用的"7S"或许将是这样一幅场景——通过3D全息投影和VR技术,我们可以足不出户就如同身临其境一般感受车型的外观、内饰,甚至来一场虚拟却又真实的试驾。轻点手指,金融服务列出最合理实惠的汽车贷款方案;确定订单,具备自动驾驶功能的新车将自动来到我们的家门口。维修保养,不需要占用我们的工作或休息时间,一切都真正"自动"进行。用户需求会不断产生变化,而互联网时代的服务理念也必将追随新的消费习惯和生活方式。上汽通用的"嗅觉"很灵敏,动作也很迅速。7S模块化经销商服务体系的推出,是上汽通用汽车从单纯产品、制造和销售为中心的业务模式向产品全生命周期客户体验及生活方式导向转变的重要里程碑。在未来的行业竞争中,服务体系的创新延展将是提升品牌忠诚度和用户黏性的关键,也将成为企业发展历程中的新机会点和新增长点。

第一节 市场营销概述

汽车服务企业的营销往往既包括服务营销,又包括产品营销。例如,汽车4S店营销既有汽车营销,又有汽车售后服务。服务营销和产品营销类似,作为整个市场营销理论体系的两个分支,都遵循市场营销规律。但服务营销专门研究服务市场营销的普遍规律和策略技巧,并在充分了解顾客需求的前提下,以顾客导向为理念,通过相互交换和承诺,以及与顾客建立互动关系来满足顾客对服务流程消费的需求。服务营销与传统市场营销的显著区别之一在于:服务营销的交换对象不是有形的产品,而是无形的服务。

一、市场营销的概念

市场营销有多种定义,菲利普·科特勒于1994年提出市场营销是个人和组织通过创造和同他人交换产品和价值以满足需求和欲望的一种社会管理过程;美国市场营销学会(American Marketing Association,AMA)于2013年提出市场营销是在创造、沟通、传播和交换产品过程中，为顾客、合作伙伴以及整个社会带来价值的一系列活动、过程和体系。这两种定义都是可行的，尤其是后者把顾客、合作伙伴，甚至整个社会放在了重要的位置，可以说是巨大的创新，有助于全社会的共赢和进步。

根据上述定义，理解市场和顾客的需求与欲望，并采取行动满足其需求和欲望，借此实现个人和组织的目标是市场营销的核心。市场营销首先是理解和满足顾客需求，其次才是通过满足顾客需求实现个人和组织的收入或盈利目标，因此市场营销需要正确处理好利己和利人的关系。应是先利人后利己，为顾客创造价值并建立顾客关系。市场营销过程模型如图2-2所示。

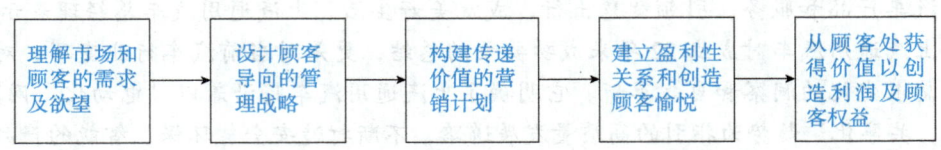

图 2-2 市场营销过程模型

二、市场营销观念

市场营销是个人和群体通过创造并同他人交换产品和价值以满足需求和欲望的一种社会管理过程。市场营销的主体是"人和群体"；目的是"满足需求和欲望"；手段是"交换"；载体是"产品"；本质是"社会管理过程"。所以市场营销涉及以下几个核心观念：欲望和需求、产品和效用、市场、市场营销。

1. 欲望和需求

欲望是指人希望得到更深层次需要的满足，如"吃讲营养、穿讲式样、住讲宽敞、行讲便利快捷"。人的欲望是无穷的，并受到外界环境的影响。需求是指针对特定产品或服务的欲望。当消费者有支付能力且愿意购买某种产品或服务时，欲望就形成了需求。市场营销就是关注人们的欲望和需求，并有效地满足它们。

2. 产品和效用

产品既包括有形产品，又包括没有物质形态的无形服务。消费者购买产品是因为它能够满足某些需要。产品能满足消费者需要的能力就是产品的效用，即产品对消费者具有效用。消费者购买产品需要支付一定的费用。消费者选择购买产品，就是在一定的费用支出下获得最大的效用。

3. 市场

现代市场营销理论认为，市场是由一切具有特定的欲望和需求并且愿意并能够以交换来满足此欲望和需求的潜在顾客组成的。从顾客的角度来定义市场，实际上是针对某种产品的购买者的集合，与此相对应的卖者的集合则构成了产业。

4. 市场营销

市场营销的目的就是更好地满足人们的需求和欲望。市场营销的主体是通过积极的活动，促进交易实现的人和群体，我们称为市场营销者。在营销活动中被动的一方称为目标公众。通常情况下，市场营销者是服务于最终用户，同时又面临竞争的企业。

三、市场营销与顾客满意

对于处于买方市场环境中的企业，顾客的选择范围非常大，选择机会较多。因此，企业应为顾客提供高质量的产品和优质的服务，以使顾客满意。否则，企业就可能失去市场。现代市场营销理论认为，顾客通常按照价值估价行事，他们追求价值的最大化，市场营销成功的关键就在于为顾客提供最大的让渡价值，保持顾客的满意水平。

顾客从产品中期望得到的价值包括产品价值、服务价值和形象价值等，它们构成了整体顾客价值。顾客购买产品（或服务）要花费成本，包括货币成本、时间成本、体力成本和精神成本。这些构成了整体顾客成本。整体顾客价值与整体顾客成本之差就是顾客让渡价值。顾客就是按照让渡价值最大化原则来决定购买产品的。企业进行营销，可以从改善绩效与期望两个方面入手，以适当的成本保持顾客合适的满意水平，建立顾客对企业以及产品的忠诚。因为顾客的期望、所设想的绩效以及满意水平是不断变化的。因此，企业也需要动态跟踪顾客这些方面的变化，并监视竞争对手，确定合适的营销对策。

四、全面质量营销

现代企业要想在竞争中立足，必须采取全面质量管理。通用电气公司董事长说："质量是我们保持顾客忠诚、抵御外国竞争的最好保证，同时也是保持企业稳定增长与收益的唯一途径。"质量是产品或服务满足顾客现实或潜在需要的特性集合。

全面质量营销以顾客需求为先导、以提高产品和服务质量为重点，通过全过程的营销努力来提高产品质量，驱动质量绩效，以实现顾客满意目标的一种新型营销理念。换句话说，全面质量营销就是通过全员和全过程的努力，为顾客提供高质量的产品、优质的服务，既向顾客传递生产质量，又向顾客传递营销质量，使顾客对产品以及企业提供的服务感到满意。

五、市场营销的管理过程

成功的现代企业是由市场导向和战略规划所驱动的。市场营销在企业的经营活动中占有重要位置，所以需要对市场营销过程进行管理。市场营销的管理过程如图2-3所示。

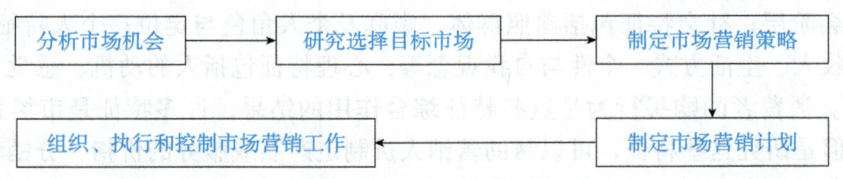

图2-3 市场营销的管理过程

企业需要研究消费者的需求情况和变化，通过研究营销环境和市场结构等来分析长期发展的机会，在调查分析市场机会的基础上，比较准确地预测既定市场的总规模、增长、利润率和风险情况，从而确定目标市场。选择了目标市场之后，企业就可以制定营销战略和计划，并组织、执行、评价和控制市场营销工作。

第二节 营销机会分析

一、市场调查

市场调查就是以商品或服务的购买者（个人或团体）和市场营销的组合要素为对象，运用科学的方法，收集、记录、整理和分析所有情报和信息资料，从而掌握市场现状及未来发展趋势的一种企业经营活动。市场调查的目的既可能是通过了解市场供求发展变化的历史和现状，为市场预测准备可用的资料，也可能是为了总结经验，或是为寻找目标市场而进行市场细分的调查研究。

产品或服务都是为了顾客购买和消费，市场营销的目的是满足消费者的需求和欲望。大多数产品和服务的最终购买者是个人或家庭，这就构成了消费者市场，如汽车进入家庭，无论汽车产品销售还是汽车相关服务的消费者都是个人或家庭，消费者市场的人口规模巨大。深入了解消费者需求和行为模式对做好营销工作至关重要。消费者在年龄、收入、教育水平和审美等方面存在巨大差异，因此他们购买的产品和服务以及购买方式可能千差万别，但是消费者的购买模式却有一定的规律可循。按照消费行为学的研究成果，消费者的购买行为应遵循刺激反应模式，如图2-4所示。

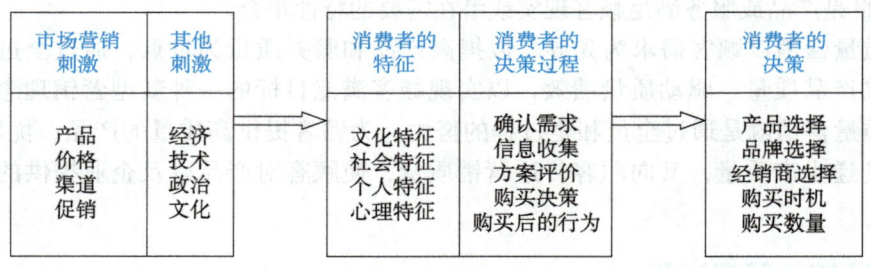

图2-4　消费者的购买行为模式

通过市场调查，对消费者的研究重点在于了解消费者的特征和购买决策过程。消费者的文化特征、社会特征、个人特征和心理特征影响消费者的行为。文化特征包括文化程度、亚文化以及社会阶层；社会特征包括参照群体、家庭及个人角色与定位；个人特征包括年龄、职业、经济收入、生活方式、个性与自我观念等；心理特征包括人的动机、感觉、学习以及信念与态度。消费者的购买行为是这些特征综合作用的结果，许多特征是市场营销人员无法改变的。但是研究这些特征，可以帮助营销人员制定产品或服务的价格、分销和促销的决策。了解消费者的需求和购买决策是制定有效的市场营销战略的基础。通过了解消费者如何经历确认需求、信息收集、方案评价、购买决策和购买后的行为等，市场营销人员可以更好地满足消费者的需求和欲望。

二、市场需求与分析预测

企业要研究并选择市场机会，需要对各种市场机会的规模、增长与盈利能力进行预测与评估。企业进行需求分析预测，一般先进行市场需求分析，然后在此基础上预测企业需求。产品的市场需求是指在特定的地理范围、特定时期、特定的市场营销环境、特定的市场营销计划的情况下，特定的消费者群体可能购买的总量。在其他条件既定的情况下，市场需求总量是行业市场营销费用的函数，营销费用越高，需求量越大。如果其他条件发生变化，例如经济繁荣或萧条，市场需求曲线会发生移动，相应的各种需求量也会发生变动。

企业进行销售预测分为3个步骤：首先是进行宏观经济预测，预测一定时间内国民经济的增长情况；其次是进行行业发展预测，预测行业的总体销售情况；最后是销售预测，确定企业产品或服务在行业中所占的市场份额，从而确定企业的营销策略。

1. 市场预测的概念与作用

所谓市场预测，就是指根据市场调查得到的有关市场经济活动的各种信息资料，运用一定的方法和数学模型，预测未来一定时期市场对产品（或服务）的需求量及变化趋势，为企业研究制定计划目标和经营决策提供客观依据的活动。

由此可见，市场预测在企业生产经营活动中起着重要作用：首先，市场预测是企业进行经营决策的前提条件；其次，市场预测是企业制定经营计划的重要依据，企业在制定计划时，除依据国家计划外，必须考虑市场的需求，随时根据市场需求的变化，调整市场经营计划，这就要求企业要经常进行市场预测；最后，市场预测可使企业更好地满足市场需求，提高竞争能力。市场的购买力、需求结构是不断变化的，企业必须对市场做出正确的预测，通过预测来掌握市场的变化规律，以适应市场需求来组织生产和改变经营方向。

2. 市场预测的分类

（1）按预测的性质划分

1）定性预测。定性预测的基本原理是以研究预测对象的发展规律为基本出发点，主要考虑各方面因素的变化，运用逻辑学的方法，来推断预测对象的未来发展趋势。在实际工作中，由于受各种因素的影响，人们有时不能全面掌握预测对象及其影响因素的统计资料，无法以定量的形式进行分析，只能凭借积累的经验、少量的数据和主观判断等，对事物的发展趋势和未来状态进行分析、假设、判断、推理、估计和评价。

2）定量预测。定量预测是在充分掌握大量、准确、系统数据资料的基础上，根据实际经验和具体情况，建立合适的数学模型，通过分析和计算推断出事物在未来可能发生的结果（用图表、数据表示）。定量预测是指依据事物过去和现在的统计资料和情况，分析研究其发展变化规律，对未来进行预测。但是影响事物的因素是多方面的，由于诸多因素变化的不可预见性，再加上有些因素无法用定量方式描述，建立数学模型时也不可能把所有的因素都考虑进去。因此，预测结果与实际有误差，不能认为定量预测的预测结果就能准确反映事物的发展趋势。实际上，定量预测的结果常常需要进行修正。

3）综合预测法。前面两种方法都有局限性，为了克服其缺点，在预测时，常常把许多方法结合起来运用，特别是把定性方法和定量方法结合运用，使之互相验证、互为补充，以提高预测的准确性。综合预测法，一方面可以对各种不同的预测结果进行对比分析，找出并消除其中的不确定因素；另一方面可以找出各相关事件相互影响的规律性，把它们结合起来进行分析，以提高预测结果的准确性。

(2) 按预测的期限划分

1) 长期预测。长期预测是指预测期限为 5 年以上的预测，属于战略预测或规划性预测，通常只能作为趋势估计。由于预测期限较长，且受未来不确定因素的影响较大，因此预测结果与实际发生的结果之间差距大，需要根据实际情况不断调整预测结果。

2) 中期预测。中期预测通常是指预测期限在 1 年以上 5 年以下的预测，属于战术预测。由于预测期限较短，对预测期内的各种影响因素考虑比较全面和准确，故预测误差相对较小。

3) 短期预测。短期预测一般是指预测期限为 1 周、1 月或 1 年之内的预测。一般来说，这种预测结果的准确性和可靠性都比较高。

预测结果的准确性和可靠性与预测期限有关。预测期限的长短，要依据预测对象的性质特点和具体要求，以及进行经营决策和制定战略的需要而定。

3. 汽车服务企业市场预测的内容

以汽车 4S 店和汽车维修服务企业为例，其市场预测一般包括以下几方面的内容。

（1）市场占有率预测　市场占有率是指一个汽车服务企业某品牌汽车的销售（技术服务）量或销售额与市场上同类品牌汽车的全部销售（技术服务）量或销售额之间的比率。它着重考虑的是产品或服务本身的特性和营销对销售量的影响。

（2）市场需求预测　预测汽车销售或服务市场的需求量以及发展趋势，包括对现在的和潜在的市场需求预测。

（3）资源预测　预测企业发展新的品牌或服务产品有无充足、可靠的资源。

（4）市场购买力预测　预测市场上现有购买力水平和潜在的购买力水平情况，并对消费者的消费倾向、消费结构、消费心理的变化进行分析预测。

（5）汽车生命周期预测　预测在市场发展过程中某品牌汽车处于生命周期的哪个阶段，以便采取相应的策略。

（6）新产品发展预测　预测由于新技术、新材料的运用所促使的新品牌汽车发展方向、新产品的结构变化等。

（7）价格变动趋势预测　价格对产品或服务项目供应与销售来说，是一个非常敏感的因素，通过预测价格涨落情况及发展趋势，有助于调整经营方式。

（8）库存预测　汽车零部件的库存是维修服务企业安排生产的重要依据。这里主要预测汽车零部件库存情况、竞争和销售情况以及生产安排情况。

（9）经营效果预测　经营效果预测主要是对本企业各种产品（服务）的经营效果以及改变经营策略后所取得的经营效果的预测。

第三节　市场细分与目标市场

一、市场细分

1. 市场细分的背景

消费者的需求各不相同，即使在同类产品上也表现为很大的差异性。此外，由于企业的资源、技术等条件各不相同，一个企业不可能在所有的市场上都取得成功，只有识别一部分顾客的详细需求，并集中为这一部分顾客提供优质产品和服务，才能获得顾客满意，保持企业的竞争优势。也就是说，企业必须对市场进行细分，并选择一部分市场作为自己的目标市场开展经营活动。这就是所谓的 STP 营销，即市场细分（Segmenting）、市场细分选择（Targeting）和市场定位（Positioning）。

目标市场营销能更好地识别市场营销机会，为每个目标市场提供适销对路的产品，可以通过市场营销组合策略的制定，将优势集中于目标市场上，而不是在大量的顾客身上分散资源，从而更好地实现顾客满意和企业盈利的目标。目标市场营销的步骤如图 2-5 所示。

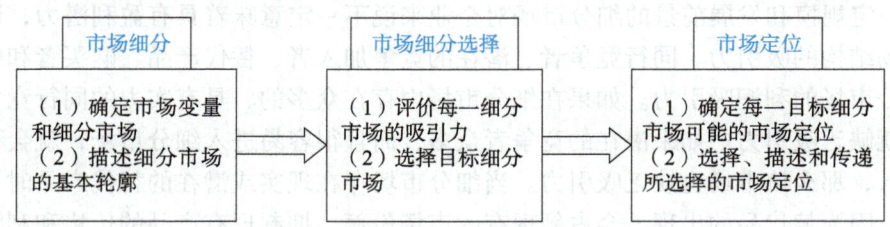

图 2-5　目标市场营销的步骤

2. 市场细分的概念

市场细分是指根据消费者购买行为的差异性，把消费者总体市场划分为许多类似购买群体的细分市场。它是通过寻找消费者特征或购买行为的相似处来划分市场的。

因此，市场细分不是从产品或服务出发的，而是从区别消费者的不同需求出发的。以消费者的需求差异作为出发点，根据消费者购买行为的差异性，把消费者总体市场划分为许多类似购买群体的细分市场，目的是使企业选择和确定目标市场，实施有效的市场营销组合，从而以最少的营销费用取得最佳的经营成果。

3. 市场细分的作用

（1）发现市场机会　企业通过市场细分，可以分析每一个细分市场消费者的偏好及需求，分析市场上各种品牌的产品满足消费者偏好的程度。凡是市场需求尚未满足，或者满足消费者偏好程度低的市场，都可能是企业营销的有利机会。

（2）确定目标市场　在市场细分的基础上，企业根据主客观条件，从中选择一个或几个市场，作为自己的目标市场，以便把人力、财力、物力、技术等集中到最为有利的市场上，从而占领市场，获取利润。

（3）采取适应性营销策略　市场细分有利于企业研究和掌握某个特定市场的特点，从而有针对性地采取相应的营销策略，如品牌策略、价格策略、广告策略、流通渠道策略等，以占领市场。

市场细分是企业发现商机、采取市场营销战略、提高市场占有率的基本手段。市场细分对汽车服务企业更有意义。因为汽车服务企业多为中小企业，资金少、资源薄弱、竞争优势不如大型企业，但是如果能通过市场细分分出一个或几个尚未被大企业注意和占领的市场，拾遗补阙，那么在激烈的市场竞争中同样能求得生存和发展。

二、目标市场的选择

目标市场的选择是指根据细分市场来确定企业的服务对象，首先要对各个细分市场进行评价，其次要从中选择目标市场。

1. 评价细分市场

企业在对细分市场进行评价时，需要考虑的因素有：细分市场的规模和发展前景、细分市场结构的吸引力、企业的目标和资源。

企业应选择有一定规模和发展前景的细分市场作为备选的目标市场。如果市场缺乏一定的规模，企业即使进入了该市场也很难盈利。缺乏发展前景的细分市场不值得进入，因为缺乏长期发展的机会。

具有一定规模和发展前景的细分市场对企业来说不一定意味着具有盈利潜力，还需要评价细分市场结构的吸引力。同行竞争者、潜在的竞争加入者、替代产品、购买者和供应商都会影响细分市场的利润吸引力。如果在细分市场内存在众多的、具有实力的同行竞争者，那么该市场就缺乏吸引力。如果潜在的竞争者众多，而且很容易进入细分市场，就会存在新的竞争者加入，那么该市场也缺乏吸引力。当细分市场存在现实或潜在的替代产品时，也会失去吸引力。因为替代品的出现，会占领现有的市场份额，抑制现有产品的价格和利润，使细分市场失去吸引力。购买者也会影响细分市场的吸引力，如果购买者势力强大或联合起来提高议价能力，则会限制该细分市场的吸引力。另外，供应商的议价能力也是影响细分市场吸引力的重要因素，供应商的垄断能力越强，细分市场的吸引力越小。

细分市场有一定的规模和发展前景，以及市场结构具有吸引力是企业选择目标市场的基础。但是，还要结合企业自身的目标和资源进行综合考虑，选择符合企业长远发展目标、具有充分资源保障的细分市场作为目标市场。

2. 选择目标市场

在对细分市场评价的基础上，企业有多种进入目标市场的模式可供选择，具体有以下5种基本模式。

（1）单一市场集中化　　这是最简单的模式，企业可选择一个细分市场。企业对目标市场采用集中营销策略，可以更清楚地了解目标市场的需求，树立良好的声誉，巩固在目标市场中的地位，并充分利用生产、销售的专业优势，取得较好的投资收益。但是，高度集中化也会带来较高的市场风险。

（2）选择性专业化　　这是企业有选择地进入几个细分市场的模式。这些细分市场都能符合企业的目标和资源条件，都具有吸引力，可以为企业带来利润，且市场之间相互影响较少。这种选择多个分散目标市场并分别专业化的策略可以减少企业的市场风险和经营风险。

（3）产品专业化　　这是企业同时向几个细分市场提供一种产品的模式。这种模式可以充分发挥产品生产的专业优势，可以提高质量、降低成本，从而提高企业的盈利能力。但是，这种策略会受到竞争者对目标市场的挑战，影响企业市场的稳固。

（4）市场专业化　　这是企业针对目标市场提供多种产品，满足顾客各种需求的模式。其优点是能满足顾客不同层次的需求，提高顾客的满意水平。但是由于市场比较集中，企业的经营和盈利受市场规模的限制较多。

（5）全面进入　　这种模式要求企业为所有顾客群提供他们所需要的全部产品。只有实力雄厚的大企业才能做到这一点，才适合采用这种策略。企业可以采用两种途径来全面进入整个市场。一是无差异营销，企业为整个市场提供一种产品，不考虑细分市场的差异。二是差异性营销，企业针对不同的细分市场提供不同的产品，采取不同的营销计划。实践证明，差异性营销往往更能扩大销售，但是也会带来经营成本的上升，包括产品改造成本、生产成本、管理成本、库存成本和促销成本等都会不同程度地提高。因此，企业为了取得最大效益，应该对差异性营销的程度进行慎重考虑。

三、市场定位

企业通过市场细分确定了目标市场后，由于服务于某一目标市场的企业不是一家，诸多企业各显其能，以图占有一定的市场份额，占有一席之地。因此，企业的产品（或服务）在进入市场之前，管理者需要调查研究市场上相互竞争的各个品牌各自所处的地位、各有什么特色、实力如何，从而考虑为自己的产品或服务确定一个适当的市场定位。

1. 市场定位的概念

市场定位是指确定目标市场后，企业将通过具体的营销方式，提供相应的产品或服务，在目标市场与竞争者相区别，从而树立企业的形象，取得有利的竞争地位。

市场定位常与产品（或服务）定位交替使用。市场定位是在目标市场上处理好企业与竞争对手的关系。产品（或服务）定位是在目标市场上确定自己的产品（或服务）的位置。产品定位是市场定位的主要内容。

2. 市场定位的方式

（1）对抗定位　对抗定位是指设计的产品或服务在目标顾客心中占有与在目标市场上占据支配地位的、最强的竞争对手相对立的特有位置。例如，各汽车厂商均在开发自己的SUV，相互对抗。

（2）避强定位　这是一种避免与强有力的竞争对手进行正面交锋的市场定位战略。其优点是，能够迅速在目标市场上站稳脚跟，并能在消费者和用户心中树立起自己的品牌形象。例如，汽车"品牌快修"业，不与"4S店"或综合修理厂拼技术，以服务及时、快捷占领市场。

（3）逆向定位　所谓逆向定位，即在定位时与竞争对手反其道而行。运用逆向定位策略取得成功的案例，首推世界广告发展史上的经典之作：德国大众汽车公司的甲壳虫汽车进军美国市场时采取的定位——"Think Small（想想还是小的好）"。

在1973年发生世界性的石油危机之前，美国底特律的汽车制造商们多年来一直强调更长、更大、更流线型、更豪华美观的定位策略。针对这种情况，甲壳虫车将美国的工薪阶层作为自己的目标市场，满足工薪阶层的购车欲望，推出小的更好、小的更实惠的市场定位宣传，迎合了消费者对经济、实惠、小巧车型的需求心理。

甲壳虫车正是凭借科学而准确的逆向定位，成功打入了美国这个汽车王国的市场。

（4）对竞争对手再定位　这是在顾客心中对竞争者进行再定位，改变竞争对手在顾客心中的形象，从而树立自己在顾客心中的形象的方法。例如，德国宝马汽车针对奔驰汽车的再定位是"最基本的座驾对最基本的行驶工具"，也就是乘坐舒适性对操控性（驾驶乐趣）。

第四节　汽车服务市场的营销策略

一、服务差别化

汽车服务企业要在竞争中保持优势，就必须与竞争对手有所区别，突出个性。企业要突出自己的服务产品和竞争对手的服务产品之间的差异性，主要有 4 种基本途径：产品差别化、服务差别化、人事差别化和形象差别化。

1. 产品差别化

一般来说，产品差异化主要表现在特征、性能、一致性、耐用性、可靠性、可修理性、款式和设计等方面。汽车作为耐用消费品，在设计、制造、使用和消费人群等方面具有较大的差异性。服务产品的特征是服务产品在满足基本服务需求基础上的补充特征，是企业实现服务产品差别化的有力工具，例如高端车的消费人群不但注重车辆品牌、安全性、可靠性，而且更注重技术服务环境、维修质量和及时性；低端车的消费人群注重的是车辆经济、省油、技术服务价格和质量。研究表明，产品的质量水平和盈利能力之间具有一定的相关性，质量水平越高，盈利能力越强。

2. 服务差别化

除了有形产品差别化以外，企业还应对服务实行差别化。在有形产品相差无几的情况下，竞争成功的关键在于服务的数量和质量。各品牌汽车的 4S 店，服务环境、服务设施、服务流程相似，但是能否留住服务对象，取决于服务的差异化。例如，雷诺汽车推出的"诺随行"，新车 3 年或 5 年内免费检查维护，免费维护期满后，又推出"4+1、8+2"（4 次机油机滤维护加 1 次三滤大维护）一次性购买维护服务，以让消费者心动的优惠价格留住服务对象。因此，通过提供差异化服务开展竞争很有效。

3. 人事差别化

在购买和消费产品（服务）的过程中，顾客常常与企业的有关人员打交道，人员的素质和修养是获得顾客信赖和满意的重要因素。因此，企业竞争归根结底是人才的竞争。企业可以通过激励、培训等手段，培养出比竞争对手的员工更优秀的员工，从而获得竞争优势。

4. 形象差别化

对于不同的企业形象，消费者会做出不同的反应。企业应建立区别于竞争对手的良好企业形象。企业或品牌的形象是企业的无形资产，能够给企业带来额外收益。

二、根据产品生命周期阶段制定相应的策略

和其他事物一样，产品也具有生命周期。一个产品从投入市场到退出市场，先后要经历导入、成长、成熟和衰退阶段。一般用 S 形的销售曲线反映产品生命周期的发展阶段，如图 2-6 所示。研究产品生命周期的目的在于制定适当的营销战略，针对产品生命周期的不同阶段，采取不同的服务营销战略。

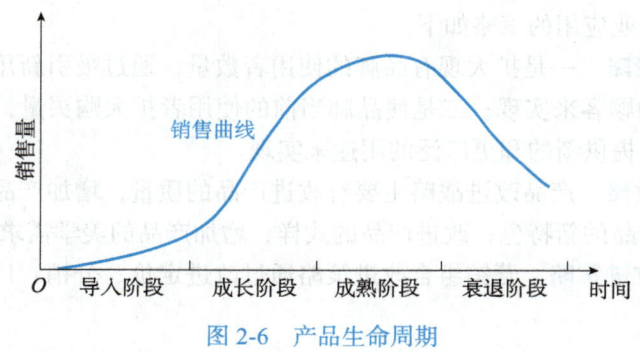

图 2-6　产品生命周期

1. 导入阶段

导入阶段销售量少而促销费用高，企业多数是亏本的，即使获利也甚微。由于处于新产品导入阶段，从需求来看，消费者主要是一部分高收入者；从供给来看，只有限的竞争者，产量都不大。如果只考虑价格和促销两个主要的营销变量，根据不同的组合，企业可以采取以下 4 种策略推出新产品。

1）高价格和高促销水平的策略。企业采用较高的价格，获得较高的毛利润，并通过高水平的促销活动加快市场渗透，树立品牌形象。企业采用这一策略的假设条件是潜在市场上大部分人还没有意识到该产品，知道它的人渴望得到并有支付能力，企业面临着潜在的竞争并想建立品牌。

2）高价格和低促销水平的策略。高价格是为了获得高毛利润，低水平的促销活动可以降低营销费用，从而保证在较长时间内获取大量利润。采用这一策略的假设条件是：市场规模有限，大多数人已经知道这种产品，购买者愿意出高价，竞争形势不太严峻。

3）低价格和高促销水平的策略。这种策略的目的是快速抢占市场、提高市场份额，通过占领市场、扩大生产和销售保证利润水平。采用这一策略的假设条件是：市场规模很大，人们不知道该产品，大多数购买者对价格敏感，潜在竞争很激烈，存在规模经济，单位产品生产成本下降。

4）低价格和低促销水平的策略。低价格有利于促进市场接受新产品，并通过降低促销成本增加利润。采用这一策略的假设条件是：市场规模大，该产品在市场上的知名度较高，市场对价格相当敏感，存在一些竞争者。

2. 成长阶段

成长阶段的标志是销售量迅速增长，产品价格不变或稍有下降，促销水平不变或略有提高，销售量快速上升销售费用占销售收入的比重下降，产品的单位制造成本大幅度下降，利润迅速增加。在成长阶段，企业的目的是尽可能长时间地维持市场成长。这一阶段应采取以下策略：改进产品质量和增加新产品的特色及式样，增加新产品，进入新的细分市场，扩大分销覆盖面并进入新的分销渠道，降低价格吸引新的购买者。

3. 成熟阶段

成熟阶段是销售增长率减缓，并最终下降的阶段。这一阶段相对较长，销售增长率的减缓导致行业生产能力过剩和竞争加剧。在成熟阶段，处于竞争优势地位的大企业通过高产低价获得利润，其他的小企业则处于填补市场空隙和拾遗补阙的地位，满足部分细分市场的需求。在成熟阶段，企业应用的策略如下。

（1）**市场改进策略**　一是扩大现有品牌的使用者数量，通过吸引新用户、进入新细分市场和争取竞争对手的顾客来实现；二是使品牌当前的使用者扩大购买量，可以通过提高使用频率、增加使用量、提供新的和更广泛的用途来实现。

（2）**产品改进战略**　产品改进战略主要有改进产品的质量，增加产品的功能特性；改进产品的特色，增加产品的新特色；改进产品的式样，增加产品的美学需求等。

（3）**营销组合改进策略**　营销组合改进策略通过改进定价、分销、广告、促销、服务等刺激销售。

4. 衰退阶段

由于技术进步、消费者需求变化或者竞争加剧，大多数产品要进入衰退阶段，导致生产能力过剩、降价竞争和利润减少。企业应及时察觉处于衰退阶段的产品，并根据情况采取坚持或退出的策略。

三、市场营销竞争策略

市场如同战场，企业既要全面了解自己，又要正确分析对手，根据自己所处的环境以及对手的策略制定对策，才能克敌制胜。根据企业在行业中所处的位置，即市场领导者、市场挑战者、市场追随者和市场补缺者等角色不同，应用不同的市场竞争策略。

1. 市场领导者策略

作为市场领导者，具有最大的市场份额，在制定价格、开发新产品、分销范围、促销力度等方面都具有领导地位。例如，一汽集团、东风集团和上汽集团等都是汽车行业的市场领导者。市场领导者要想长期保持领导地位，需要做好以下3个方面的工作。

（1）**开发整个市场**　市场领导者需要为产品寻找新用户，发现并推广产品的新用途或者扩大现有用户对产品的使用量。

（2）**保持现有市场份额**　要保持现有市场份额，市场领导者可以采用阵地防御、侧翼防御、以攻为守、反击防御、机动防御、退却防御等策略。

（3）**扩大市场份额**　研究表明，市场份额和盈利率具有较高的正相关关系，因此企业应追求市场份额的扩大以保持自己的领先地位。

2. 市场挑战者策略

作为市场上居于第二位、第三位的企业，可能会对市场领导者发起进攻，争取市场份额。大多数市场挑战者的策略目标是扩大市场份额，可以选择3种进攻的对象：一是攻击市场领导者，这会有很大的风险，但也存在很大的潜在收益；二是选择和自己规模相当，但是管理不善的企业作为进攻对象；三是进攻当地的小企业。常用的进攻策略有正面进攻、侧翼进攻、包围进攻、迂回进攻和游击进攻等。具体进攻时，企业可选用价格折扣策略、廉价产品策略、高价策略、产品繁衍策略、改进服务策略、分销策略、降低生产成本策略、密集广告策略等。

3. 市场追随者策略

市场中居于第二、第三位的企业，如果不是对市场领导者发起进攻，而是接受市场领导者的领先地位，就会处于追随者的地位。追随者既可以采取全面模仿领先者的策略，又可以采用有限模仿的策略以及改进者的策略。

4. 市场补缺者策略

对中小企业来说，既不能充当挑战者，又不能充当追随者，那么它们可以充当市场补缺者。市场补缺者针对较小的目标市场提供产品和服务，经营得好也可以取得可观的盈利。市场补缺者可以采用最终用户专业化、垂直专业化、顾客规模专业化、特殊顾客专业化、地理市场专业化、产品专业化、服务专业化、销售渠道专业化等方式来建立自己的优势。

四、服务策略

现代市场营销越来越重视产品的服务，在产品实体部分性能相似的情况下，若随同实体提供的服务有明显的差别，在用户看来就是两种不同的产品，其销售量也会不相同。因此，企业应采取多种形式，为用户提供多方面的服务，以增强产品的竞争力。

1. 产品服务的作用和内容

（1）产品服务的作用

1）企业通过服务可以直接面对用户，了解其需求，并使用户得到最大的心理满足，增加对企业的信任感。

2）可以保证产品达到和保持最佳运行状态，延长产品使用寿命，用户用得放心。

3）机电产品的技术服务已成为现代营销市场竞争的主要手段，没有技术服务做保证，产品就很难打开销路，如德国大众、日本丰田汽车，之所以能占领世界市场，就是因为它们在世界上各大小城市广设服务网点，为用户提供完善、全面的技术服务。

（2）产品服务的内容

1）售前服务是指在产品销售前，为用户提供的各种技术咨询，进行新产品知识介绍，协助用户做好产品选型，根据用户的需要提供各种技术资料等服务。

2）售中服务是指在产品销售过程中，根据用户的要求提供各种服务，包括送货上门、现场安装调试和技术指导、信用保证等服务。

3）售后服务是指在产品销售后，根据购销合同为用户提供各种技术培训、保障服务和维修技术服务，具体包括维护、索赔、检测、维修及零部件提供等。

2. 服务营销策略

（1）**服务网点策略**　现代市场营销中销售服务已成为促销的重要手段和购买条件，为此，企业要在产品销售比较集中的地区广设服务网点，开展技术服务，以满足用户对销售服务的要求，增强企业的信誉，扩大企业的影响。

（2）**流动技术服务策略**　根据销售档案记录，定期和不定期派人到各用户处走访、检查、技术咨询、排除故障、维修产品。这样不仅可以加强促销作用、扩大影响，而且可以反馈信息，及时改进工作，提高经济效益。

（3）**企业不提供维修服务策略**　销售较分散的地区，企业不专门设维修网点，将维修和技术服务工作委托当地维修企业去做，企业只提供技术支持。

五、价格策略

价格是市场营销组合中重要的因素之一，它在很大程度上影响着市场需求，影响着购买者的购买行为和企业的盈利水平。价格也是竞争的重要手段之一。

1. 影响产品定价的因素

1）企业可控因素包括成本费用、销售数量、资金周转速度、定价目标、资源条件、市场营销组合等。

2）企业不可控因素包括市场需求、需求价格弹性、市场竞争程度、行业结构、政策法规等。

2. 定价策略

定价既要有科学手段，又要研究消费者心理，基本定价策略包括以下几种。

（1）**撇油定价策略** 新产品上市，高定价，以获得高额利润（用"油层厚"来比喻），以后再逐步降价（用"撇去厚油层"来比喻），扩大销售。

（2）**心理定价策略** 利用消费者对价格数字的不同心理反应，选择消费者愿意接受的数字，同时让消费者产生便宜的感觉；利用消费者对商品品牌、商家品牌、产地品牌等的仰慕，对这类商品定价略高些，以显示档次。

（3）**差别定价策略** 同一商品在不同市场或同一市场对不同的购买者制定不同的价格。市场需求旺盛，价格就高些；市场疲软，价格就低些。

（4）**折扣定价策略** 企业根据不同的交易方式和交易数量、时间和条件，在基本价格的基础上灵活运用折扣价格，使消费者产生心理平衡和便宜感，扩大销售。

（5）**随行就市定价策略** 根据市场的通行价格，或行业习惯价格确定产品价格。这种策略适用于商品档次差别不大，市场竞争又非常激烈的情况。若定价高于通行价格，将会影响销售量，使原有市场份额被竞争对手夺去；若定价低于通行价格，会导致价格大战，加剧行业的恶性竞争。

（6）**渗透定价策略** 渗透定价策略即偏低定价策略。企业为占领市场，在产品投放市场初期，将价格定得低些，短期内减少一些利润，以便迅速打入市场、吸引消费者、抑制竞争者，待市场被控制后再逐步提价，并在较长时间内获得大量利润。其实质是"薄利多销、以量取胜"的策略。

（7）**相关产品组合定价策略** 在产品组合中，各种产品之间存在成本和需求的相互联系，产品定价的目标是使整个产品组合取得最大利润，因此需要对价格进行调整。价格制定比较复杂，常用的定价方法有产品线定价、选择品定价、补充品定价和分部定价等。另外，企业在调整价格时，要充分考虑竞争对手可能的反应，根据竞争对手的反应调整价格，并确定调整的幅度与策略。

六、品牌策略

品牌是商品生产者和经营者在其生产经营的商品或服务上所使用的可以认知的品牌标志。美国市场营销协会对品牌的定义是：品牌是一个名称、名词、标记、符号和设计，或者是它们的组合，目的是识别某个销售者或某类销售者的产品或劳务，并使之与竞争对手的产品或劳务区别开来。品牌是一种无限期的无形资产，优秀的品牌可以给企业带来超值利润，因此品牌是具有价值的。

1. 创名牌策略

名牌在消费者中享有广泛知名度，拥有同类产品（服务）所没有的"差别性"优势和较高市场占有率，是企业技术、文化、管理、产品质量、服务水平等综合实力的反映。它象征着财富，标志着身价，证明品质，积淀文化。创名牌是市场经济发展的必然要求，也是企业战略的目标。创立名牌产品（服务）应具有以下条件。

1）产品（服务）质量在同类产品（服务）中处于领先地位。

2）产品（服务）适应市场需求，具有高知名度、高市场占有率，生产（服务）能力达到合理的经济规模。

3）企业质量体系健全并有效运行。

4）企业具有先进的、可靠的生产技术条件和技术装备，具有强劲的产品开发能力。

5）服务体系健全，市场评价好，消费者满意。

6）连续几年在国家、行业或省级产品（服务）质量监督抽查中质量合格，无退货、索赔。

2. 品牌营销策略

企业可以采取的品牌营销策略有产品线扩展策略、品牌扩展策略、多品牌策略和新品牌策略等。

1）产品线扩展策略是指企业在现有产品类别中增加新的产品项目，并以同样的名称推出。例如，奥迪公司在推出传统的奥迪系列100的基础上推出了奥迪A4、奥迪A6和奥迪A8等系列车型。

2）品牌扩展策略是指以现有品牌名称推出新产品。例如，小米推出了手机、空调、电视机、汽车等产品。

3）多品牌策略是指企业在同一产品类别中增设多种品牌的策略。例如，大众汽车公司有奥迪、保时捷、斯柯达等不同的品牌。

4）新品牌策略就是当企业推出新的产品类别时，发现现有品牌可能不适合，使用现有品牌可能会损害现有产品的形象，而且对新产品也无好处。这时就需要为新的产品类别确定新的品牌名称，建立新的品牌。例如，奇瑞汽车在高端车领域拥有多个品牌，其中包括奇瑞捷豹路虎和EXEED星途。

七、促销策略

现代企业已经意识到不仅要提供优质的产品和服务、制定合理的价格、把产品分销到顾客手中，而且要利用各种手段与消费者交流与沟通，达到促销产品、实现企业目标的目的。促销策略包括广告、销售促进、公共关系以及人员推销4个方面。

1. 广告

广告是对目标顾客和公众进行直接说服性沟通的主要方式之一。广告是指以付费的方式对观念、商品或服务进行宣传展示和促销。广告是一种十分有效的信息传播方式。制定广告投放决策主要涉及以下5个方面：广告的目标、广告的费用、广告的信息、广告的媒体以及广告的效果评价。

（1）**广告的目标**　广告目标是提供信息、说服购买和提醒使用。信息性广告主要用于产品的市场开拓阶段，目标是建立初步的需求。说服性广告主要用来强化与竞争对手产品的差别，培养顾客对品牌的偏好。提醒性广告主要用于成熟的产品，目的是提醒消费者购买自己的产品。

（2）**广告的费用**　广告可以提高对产品的需求、增加销售，但同时广告带来了销售费用的增加。确定广告费用的多少应该考虑以下几个方面：产品的生命周期阶段、市场份额和消费者基础、竞争和干扰情况、广告的频率、产品替代性和市场特征。新产品的广告费用较多；已经有一定知名度的品牌的广告费用相对较少；市场份额较高的产品，单位广告费用较低。广告费用多少还取决于竞争对手的情况，竞争者投入的广告费用多、干扰就大，则本企业的广告费用也要增加，否则难以达到效果。

（3）广告的信息　广告要传递信息，必须引起目标受众的注意，才能达到沟通目标。广告信息决策涉及信息制作、信息评估与选择和信息表达。

（4）广告的媒体　广告决策包括确定广告所期望的送达率、频率和效果，选择媒体种类，选择特定的媒体载体，决定媒体的使用及地域分配。媒体种类有报纸、电视、广播、杂志、户外广告以及其他新媒体（如移动电话、互联网、触摸媒体）等。不同的媒体在效率和效果方面都有差异，企业应该根据广告的目标、预算、信息等因素来选择合适的媒体。

（5）广告的效果评价　广告效果是广告的最终目的，也是评价广告成功与失败的最终标准。广告效果的评价主要有两个方面：一是广告的沟通效果，二是广告的销售效果。可以通过市场调查分析来评价广告的沟通效果。广告的销售效果较难评价，可以通过分析历史资料和实验数据来做出大致的评估。

2. 销售促进

销售促进就是运用多种激励工具，刺激消费者更多、更快地购买某种产品或服务，如有奖销售、赠优惠券、减价、免费试用等。近年来，销售促进得到了较快的发展，用于销售促进经费的增长快于广告预算的增长。销售促进的主要决策如下。

（1）确定促销目标　针对消费者的促销目标有：鼓励大量购买、争取未使用者使用、从竞争者手中争取顾客。针对零售商的促销目标有：鼓励经营新产品、保持较高的存货水平、竞争性促销，以及建立零售商的品牌忠诚等。

（2）选择促销工具　应考虑市场类型、促销目标、竞争条件和成本效益等因素来选择合适的促销工具。

（3）制定促销方案　促销方案包括以下内容：刺激规模、参加者的条件、促销持续的时间、促销措施的途径、确定促销时机，以及制定促销总预算。

3. 公共关系

企业在生产经营过程中，会与各个方面发生一定的联系，如消费者、供应商、中间商、股东、金融机构、其他组织等，这些构成了企业的社会公众，其对企业实现目标有现实或潜在的影响。影响可能是积极的，也可能是消极的。因此，企业需要处理好与社会公众之间的关系，树立企业在社会公众中的良好形象。现代企业一般都设有专门的公共关系部门，负责处理公共关系事务。公共关系已经成为市场营销促销中的一种重要手段，发挥着重要作用。

公共关系的决策过程包括确定公共关系的目标、选择公关信息和工具、实施公关计划、对公关活动的结果进行评价等环节。

4. 人员推销

人员推销是指企业派出推销人员直接与顾客接触、洽谈、宣传商品，以达到推销目的的活动过程。人员推销作为一种促销方式，具有以下优势。

（1）具有很大的灵活性　人员推销过程中，买卖双方当面洽谈，容易形成一种直接而友好的相互关系。通过交谈和观察，推销员可以掌握顾客的购买动机，有针对性地从某个侧面介绍商品的特点和功能,抓住有利时机促成交易;可以根据顾客的态度和特点,有针对性地采取必要的协调行动,满足顾客需要;可以及时发现问题,进行解释,解除顾客的疑虑,使之产生信任感。

(2) **具有选择性和针对性** 在每次推销之前,可以选择具有较大购买可能的顾客进行推销,拟定具体的推销方案、策略和技巧,以提高推销成功率。这是广告所不及的。

(3) **具有完整性** 推销员的工作从寻找顾客开始,到接触、洽谈,最后达成交易。除此以外,推销员还可以承担其他营销任务,如安装、维修、了解顾客使用后的反应等。广告则不具有这种完整性。

(4) **具有公共关系的作用** 一个经验丰富的推销员为了达到推销目的,可以使买卖双方从单纯的买卖关系发展到建立深厚的友谊、彼此信任、彼此谅解。这种感情增进有助于推销工作的开展,实际上起到了公共关系的作用。

推销员还可以借助网络促销,通过网络传递商品和服务的存在性能功效及特征等信息。互联网虚拟市场的出现将所有的企业,无论大小,都推向一个统一的世界市场。

第五节 汽车服务企业的顾客满意营销战略

企业是以获取盈利为目的的经济组织,大部分企业是以这一定义为宗旨实施经营的。汽车服务企业怎样才能实现企业盈利呢?首先必须赢得顾客,企业运作要以满足顾客的需求为目的,以顾客的满意作为企业经营与发展的战略,而利润则是满足顾客需求后顾客满意的一个结果。

一、顾客满意营销战略思想

1. 顾客满意营销战略指导思想

市场营销学大师菲利普·科特勒在《市场营销管理》一书中指出:"企业的整个经营活动要以顾客满意度为指针,要从顾客角度,用顾客的观点而非企业利益的观点来分析考虑消费者的需求。"科特勒的观点成了现代市场营销观念的经典。从某种意义上说,只有使顾客感到满意的企业,才是不可战胜的。

因此,顾客满意战略的指导思想是:企业的全部经营活动都要从满足顾客的需要出发,从顾客的观点而不是从企业的观点来分析考虑消费者的需求,以提供满足顾客需要的产品或服务为企业的责任和义务。在产品(服务)功能及价格设定、分销与促销等环节建立和完善售后服务系统等方面,应以便利顾客为原则。顾客满意营销战略就是要站在顾客的立场上考虑和解决问题,以满足顾客需要、使顾客满意为企业的经营目的,要把顾客的需要和满意放到所有考虑因素之上。

2. 顾客满意营销战略的形成

顾客满意营销战略的产生,源于日益加剧的市场竞争。早期的企业竞争取决于产品的价格。随着技术的不断进步和技术市场的发展,同一行业的生产工艺水平日趋接近,企业之间竞争的技术差距逐渐缩小,产品或服务供大于求。企业竞争环境发生了变化,买方市场的特征逐渐明显,消费者的经验和消费心理素质也日趋成熟,消费者对产品和服务的需求已从"价廉物美"转向"满足需求"。因此,综合服务质量成了企业竞争的关键,靠优质服务使顾

客感到满意已成为诸多优秀企业的共识，以服务营销为手段提高顾客满意度已成为企业在竞争激烈的市场中的理性选择。

3. 顾客满意营销战略的 3R 理论

20 世纪 70 年代以来，市场份额（Profit Impact of Market Share，PIMS）一直是市场营销追求的目标。美国战略研究所认为：市场份额与利润有直接和重要的关系，即市场份额决定着企业利润，市场份额的扩张必然带来利润的增长。多年来，许多企业将市场份额作为指导经营和制定战略的首选，通过大力促销（大量的广告投入）来争夺用户，实现企业扩张市场份额的战略目标。但是，大量实践证明，有时提高市场占有率所付出的代价往往高于它所获得的收益。因为，大量营销调查表明，发展一名新顾客的费用是维系一名老顾客费用的 6 倍。拓展新顾客的费用过高往往会无情吞噬企业的利润，而且当企业的市场份额已达到一定水平时，若再进一步提高，其边际费用就会非常高，结果使企业得不偿失。

从 20 世纪 80 年代始，大量的研究与实践使人们认识到，以顾客满意（Customer Satisfaction，CS）作为标志的市场份额的质量，比市场份额的规模对利润有更大的影响。市场营销过程中一味地进行广告投入的做法应该被侧重于为顾客服务、使顾客满意的人际传播媒介所替代。

顾客满意营销战略 3R 理论，能大大降低企业的经营费用，提高企业的利润。

（1）留住（Retention）老顾客　满意的老顾客能最大限度地抵御竞争对手的降价诱惑。企业比较容易为满意的老顾客服务，相对于发展新顾客，费用大大降低。

（2）销售相关（Related Sales）新产品和新服务　满意的老顾客对企业新推出的产品和服务容易接受，在产品生命周期日益缩短和服务多样化的今天，此举尤显重要。任何企业只有不断推出新产品（服务），才能生存，而满意的老顾客往往是企业新产品的第一批试用人，他们的存在可大大节省企业开发新产品的营销费用。

（3）用户宣传（Referrals）　在购买决策过程中，为了降低自己感觉中的购买风险，用户往往会向亲友收集信息，听取亲友的意见，同时顾客购买、使用产品之后，总会情不自禁地将自己的感受告知他人。"满意"与"不满意"的顾客对企业招徕或是阻滞新顾客影响重大。精明的企业家总会巧妙利用"满意"的顾客作为"业余营销员"，为企业进行"口碑宣传"，从而带来大量的新顾客。

二、提高顾客满意水平

1. 要充分认识到顾客购买的是价值

怎样既能使顾客满意又能赚钱，也就是要满足顾客可以获利的需求，让顾客感觉钱花得值得。这里"钱"代表了价格，"值得"代表了顾客所享受到的服务的价值。关键在于要使顾客所享受到的服务价值高于或至少等于顾客所花费的总成本。

顾客购买的总价值由产品价值、服务价值、人员价值和形象价值构成，其中每一项价值因素的变化均对总价值产生影响。

（1）产品价值　产品价值是指由产品的功能、特性、品质、品种与式样等所产生的价值，是顾客需要的中心内容。汽车服务企业的产品价值就是车辆品牌及其服务。

（2）服务价值　服务价值是指伴随产品的出售，企业向顾客提供的各种附加服务，包括产品介绍、送货、安装、调试、维修、技术培训、产品保证等所产生的价值，在汽车技术服务中可以是修后回访、上门培训汽车维护知识、技术使用、质量保证等。

（3）人员价值　人员价值是指企业员工的经营思想、知识水平、业务能力、工作效益与质量、经营作风、应变能力等所产生的价值，如中级工、高级工、技师或高级技师、行业技术能手在服务中产生的差异。

（4）形象价值　形象价值是指企业及其产品（服务）在社会公众中形成的总体形象（品牌形象）所产生的价值，这是一种无形资产。

2. 不能忽视的顾客总成本

顾客购买的总成本不仅包括货币成本，而且包括时间成本、精力成本等非货币成本。

（1）货币成本　一般情况下顾客购买产品（服务）时首先要考虑的是货币成本的大小，这是构成顾客购买总成本大小的主要因素，表现出来就是产品或服务的价格。

（2）时间成本　时间成本是顾客为了得到该产品或享受该项服务所花费的所有时间。

（3）精力成本　精力成本是指顾客购买产品或服务时，在精神、体力方面的耗费与支出。

顾客总价值和顾客总成本之差就是顾客让渡价值。因此，企业在制定营销决策时，应综合考虑构成顾客总价值与顾客总成本的各项因素之间的相互关系，用较低的成本为顾客提供具有更多让渡价值的产品或服务。

不同顾客群对产品价值的期望与对各项成本的重视程度是不同的。例如，对于工作繁忙、收入较高的顾客而言，时间成本是最重要的因素；对于收入偏低的顾客而言，货币成本是他们在购买时首先考虑的因素。因此，企业应根据不同顾客群的需求特点，有针对性地设计顾客总价值、降低顾客总成本，提高顾客的满意水平。

因为，顾客让渡价值最大的产品或服务总是会成为顾客优先选购的对象。所以，企业要有针对性地设计和增加顾客让渡价值。当顾客让渡价值大于或等于零时，顾客就会感到获得了超值的享受或觉得"钱花得值得"，因而也就会感觉到满意。

顾客让渡价值的真谛就是，"值得的东西再贵也是便宜的，不值得的东西再便宜也是贵的"。

3. 产品与服务应永远超前于顾客预期

产品和服务要永远超前于顾客对它们的预期要求。这就要求：一方面，应把产品与服务标准提高到顾客现有预期之上，使顾客不仅仅是满意，而且是由衷地高兴；另一方面，要在顾客预期之前就引入新的服务形式，积极主动地为顾客服务，不仅向顾客提供他们想要的东西，而且要提供连他们自己都没有意识到会喜欢的东西。

4. 鼓励顾客抱怨，并为顾客提供反馈信息的机会

产品与服务的提供者应建立信息反馈机制，并千方百计地为顾客提供信息反馈的渠道。信息反馈机制可以解决顾客如何与生产商、销售商进行交流，以及用什么途径获取产品及服务信息的问题。企业也可以及时了解顾客对企业满意的程度，以及对企业的意见。企业还可以利用这种沟通的方式掌握顾客的相关信息，形成顾客数据库，以针对其特点更好地开展业务。这样就形成一个企业与顾客互动的过程，对提高顾客满意水平、促进企业的发展与进步具有重要意义。

企业还应积极鼓励顾客抱怨。没有抱怨并不意味着质量没有问题，也许顾客只是懒得说，或许是没有抱怨的渠道，最糟糕的就是顾客已对企业完全失去信心。因此，企业要注意倾听

所有顾客的抱怨。在处理顾客抱怨的过程中，尽量向顾客了解为什么产品或服务不能满足顾客的需要，顾客想要什么样的产品或服务。如果能得到这些信息，就意味着向理解顾客的需要和期望迈进了一步。同时，如果处理得当，还可以发展同顾客的关系。曾经抱怨过的顾客，在企业为其解决问题而做出努力后，可以转变为一个满意的顾客，甚至是忠诚的顾客。

5. 提高顾客让渡价值

顾客在购买产品或服务后是否满意，取决于与顾客的期望值相关联的产品或服务的功效。可以说，满意水平是可感知效果和期望值之间的函数。要提高顾客的满意水平，应从提高产品与服务的可感知效果入手。顾客让渡价值在某种意义上等价于可感知效果。因为，顾客在选购产品或服务时，往往从价值与成本两个方面进行考虑，从中选出价值最高、成本最低，即"顾客让渡价值"最大的产品或服务作为优先选购的对象。因此，提高顾客让渡价值是提高顾客满意水平的主要手段。提高顾客让渡价值有两个可供选择的途径，即尽力增加总的顾客价值或减少总的顾客成本。由于总的顾客成本不可能无限制地缩减，因而作用有限，所以更积极的方法是增加总的顾客价值。

（1）增加总的顾客价值

1）增加产品价值。产品或服务的开发设计应注重市场调研及客户需求的识别，应面向市场，以顾客需求为中心。企业通过市场调研，倾听顾客的声音，可以挖掘出顾客的潜在需求，进而结合自身情况进行市场细分，确定目标市场（即目标消费群），然后根据目标市场进行产品或服务的开发设计。重视产品的质量，质量是企业的生命。提高产品质量是提高产品价值、维护企业信誉的主要手段。企业应建立有效的质量保证体系，以满足顾客的需求和期望，并保护组织的利益。

2）提高服务价值。企业要注意服务的定位与服务差异化，在顾客心中创造出有别于竞争者的差异化优势。企业要为顾客提供全过程和全方位优质服务，做到细致、周到、充满人情味。全过程服务是从售前顾客产生消费欲望的那一刻起，到商品使用价值耗尽为止的整个过程，都对顾客细心呵护，使顾客与自己的品牌紧密相连，让顾客在每一个层面都感到完全满意。全方位服务是指为顾客提供所需的全面服务，也称保姆式服务，即将顾客当作婴儿一样细心呵护。

3）提高人员价值。企业员工直接决定着企业为顾客提供的产品与服务的质量，决定着顾客购买总价值的大小。员工的技能、顾客导向和服务精神对顾客理解企业、购买产品或服务是相当关键的。企业每个员工的态度、精神面貌、服务等都代表着企业的形象，都直接或间接地影响顾客满意。那些得到了热情、全面、耐心、细致服务的顾客，将会对企业所提供的产品或服务留下良好印象，有可能再次购买并向其他人推荐。可以说，与顾客的真实接触瞬间是顾客满意实现的关键。

4）提高形象价值。良好的企业形象具有财务价值、市场价值和人力资源价值，因此必须做好企业形象管理。企业形象通过产品质量水平、品牌特征和服务3个方面表现出来。运用这3个要素营建并保持良好的顾客关系，关键是在同所有与企业有关的人员交往过程中表现出一致性。做好企业形象管理，还需要妥善处理危机事件，维护企业形象。一旦危及企业形象的事件发生时，一定要妥善处理，尽量减少负面影响。

（2）降低总的顾客成本

1）降低货币成本。顾客总成本中最主要的成本就是价格，低价高质的产品是赢得顾客的基本手段。企业要想赢得市场，必须严格控制成本，对本企业产品或服务的各个环节进行成本控制，设身处地地以顾客的目光来看待成本的高低和价格的可接受度。

2）降低时间成本。首先，通过各种有效渠道发布产品信息，减少顾客搜集信息所需的时间，使顾客可以轻易地获得选购产品或服务前所需的资讯。其次，维修技术服务要尽量缩短停厂维修周期，减少配件材料缺货现象，降低顾客的时间成本，提高顾客所获得的让渡价值。

3）降低精力成本。企业可以通过加大宣传力度，使顾客容易得到所需的产品资料，减少在搜寻信息方面花费的精力；合理布局服务网点，使顾客可以就近得到服务；为顾客提供一条龙服务，最大限度地减少需要顾客完成的工作，减少顾客精力的付出。

三、汽车服务企业的顾客满意营销战略的实施

汽车服务企业的顾客满意营销战略，是指为了使汽车消费者能完全满意企业的产品或服务，综合而客观地测定消费者的满意程度，并根据调查分析结果，使企业作为一个整体来改善产品、服务及企业文化的一种经营战略，也是建立顾客服务至上，使顾客感到百分之百满意，从而效益倍增的战略系统。

汽车服务企业的顾客满意战略中的"顾客"一词涉及内容十分广泛：一是指服务企业的内部顾客，即企业的内部成员，包括企业的员工和股东；二是指服务企业的外部顾客，即凡是购买和可能购买本企业的产品或服务的个人和团体。具体来说，就是指每一位汽车消费者。因此，实施顾客满意战略的企业所面临的顾客关系不仅有汽车服务企业与消费者之间的关系，还包括企业与员工的关系。所以，顾客满意战略是一种广义的以顾客为中心的全方位顾客满意经营战略。实施本战略应注意以下几个方面。

1. 确立"顾客第一"的观念

企业实施顾客满意战略，推行顾客满意营销，首先必须确立"顾客第一"的观念。坚持"顾客第一"的原则，是市场经济的本质要求，也是市场经济条件下企业争取顾客信赖，掌握市场主动权的法宝。现代汽车服务企业生产经营的目的是为社会大众服务，为顾客服务，不断满足各个层次消费者的需要。

"顾客第一"和"利润第一"曾是互相对立的两种经营观念。随着市场经济的发展、买方市场的形成、市场发育的完善和营销观念的深入，人们意识到"顾客第一"和"利润第一"实际是统一的。任何一个企业都是以追求经济效益为最终目的的。然而，如何才能实现自己的利润目标，从根本上说，就是必须首先满足顾客的需求、愿望和利益。所以，企业在生产经营活动的每一个环节，都必须眼里有顾客，心中有顾客，全心全意地为顾客服务，最大限度地让顾客满意。这样，才能使企业在激烈的市场竞争中站稳脚跟，进入"义利合一"的境界，才能得到持久的发展。

2. 树立"顾客总是对的"的意识

在企业与顾客这种特定的关系中，只要顾客的"错"不会构成企业重大的经济损失，就要将"对"让给顾客。这是企业顾客满意意识的重要表现。"得理也让人"，既是顾客满意经营观念对员工服务行为的一种要求，又是员工素质乃至企业素质的一种反映。所以，顾客满意经营观念要求员工必须遵循3条原则：一是应该站在顾客的角度考虑问题使顾客满意并成

为可靠的回头客；二是不应把对产品或服务有意见的顾客看成"麻烦顾客"，应设法消除他们的不满，获得他们的好感；三是应该牢记，同顾客发生任何争吵或争论，企业绝不会是胜利者，因为会失去顾客，也就意味着失去利润。

因此，汽车服务企业在处理与顾客的关系时，必须有"顾客总是对的"的意识。这是建立良好的顾客关系的关键所在。尤其是在处理与顾客的纠纷时，无论企业的普通员工，还是企业的管理者，都应时刻提醒自己必须遵循上述3条黄金准则，站在顾客的立场上，想顾客之所想，急顾客之所急，从而对自己提出更高的要求。实际上"顾客总是对的"并不意味着顾客在事实上的绝对正确，而是意味着顾客得到了绝对的尊重。顾客品尝到了"上帝"滋味的时候，就是企业提升知名度和美誉度的时候，也就是企业能拥有更多的忠诚顾客、更大的市场，发展壮大的时候。

3. 建立"员工也是上帝"的思想

顾客是"上帝"，已成为汽车服务企业的口头禅。然而，从顾客满意战略的观点来看，员工也是"上帝"。企业只有重视员工，员工才会把顾客放到第一位。一个不满意的员工决不会使他所服务的顾客得到满意的感受。实质上，员工至上与顾客至上并不矛盾，在顾客满意理论中，它们是统一的、相辅相成的，共同的目标都是使顾客满意。一个企业只有做到善待员工，员工才会善待顾客，满意的员工能够创造满意的顾客。

因此，现代汽车服务企业要想使汽车消费者百分之百满意，首先必须从满足员工求知的欲望、发挥才能、享有权利和实现自我价值等需要出发，关心、爱护和尊重员工，调动员工的积极性，激发员工的主人翁精神和奉献精神，使他们真正成为推进企业顾客满意战略、创造顾客满意的主力军。企业必须用希望员工对待顾客的态度和方法来对待员工。

课后习题

1. 名词解释：市场营销、STP策略、市场定位、全面质量营销。
2. 汽车服务市场的营销策略有哪些？
3. 以4S店为例，汽车服务企业市场预测的内容是什么？
4. 汽车服务企业要在竞争中保持优势，需要怎么做？
5. 实施顾客满意营销战略应注意哪几个方面的问题？
6. 顾客满意营销战略3R理论的内容是什么？

第三章　汽车服务企业的生产与技术管理

【学习目标与要求】

1. 了解汽车服务经营计划的编制。
2. 了解汽车维护修理的工艺组织。
3. 了解汽车服务技术管理。
4. 掌握汽车服务经营计划的内容。
5. 掌握汽车维修服务生产管理程序。

【素质培养目标】

1. 培养工匠精神。
2. 培养安全意识。
3. 培养责任意识。

【学习重点】

1. 掌握汽车服务经营计划的内容。
2. 掌握汽车维修服务生产管理程序。

【学习难点】

掌握汽车维修服务生产管理程序。

汽车服务企业管理

【案例引入】

一汽大众的"飞检"

一汽大众的奥迪品牌在售后服务方面有一套严格的标准,大到保养维修,小到如何接听客户的电话都有详尽的规定。经销商必须经过严格培训,并在服务的各个环节完全执行这套标准。

"飞检"是一汽大众通过在用户的车辆上预设故障,送到受检经销商处进行保养维修,以检查经销商的服务技术水平和营销质量是否符合这套标准服务流程。由于这种检查非常突然,事先不向经销商透露任何测试信息,与体育界的"飞检"有异曲同工之妙,因此被称为"飞检"。"飞检"共设近30个检查项目,分为七大类,包括从预约到跟踪回访等各个环节,细化到了不可思议的地步。例如,用户打来电话,服务人员要在规定时间之内接起电话,倾听用户表述,提醒用户送车时的注意事项,交车时为用户做详细交代,并在规定时间内回访等。

全部保养维修过程结束之后,一套事前设计好的问卷将交由用户填写。用户对经销商以上各大类、各环节的服务进行评价;维修保养质量则通过检查预设故障的完成情况来评定。检查结果出来后,一汽大众会与经销商进行沟通,指出经销商在服务方面存在的问题,并要求经销商及时改善解决。

"飞检"是世界汽车行业先进的管理方法之一,能够科学、客观地找出售后服务工作中的薄弱环节,并有的放矢地解决问题,有效地提高服务质量和顾客满意度。

第一节 汽车服务经营计划

汽车服务经营计划是针对本企业的整车销售、配件销售、车辆维修、汽车美容、汽车租赁等汽车服务经营项目制定的计划。它是汽车服务企业服务经营的纲领性文件,是企业发展可行性的综合性计划。

一、汽车服务经营计划的特点和作用

1. 汽车服务经营计划的特点

1)汽车服务经营计划是一种纲领性、决策性计划。企业要按照国家有关政策,采用科学的方法,进行市场调研、市场预测,从长远目标出发,进行科学的市场分析,做出科学的决策及实施方案。经营计划在企业管理中有着纲领性、决策性的职能,关系着企业战略目标的具体实现。

2)汽车服务经营计划是一种开发性计划。企业要根据汽车服务行业的特点,从满足市场需求、取得好的经济效益出发,使企业在市场经济下持续稳定地发展,在市场竞争中立于不败之地,不断地开发市场、开发新产品、扩大服务领域或范围。因此,汽车服务经营计划不但要考虑当前汽车服务的进展,而且必须有新市场、新产品(服务)的开发及与其相适应的技术革新、技术培训、设备更新等方面的内容。这是汽车服务经营计划与其他行业经营计划不同的一个特点。

3）汽车服务经营计划是管理性计划。企业的经营计划是全企业性的，企业的一切生产经营活动都要纳入经营计划中，包括整车销售、配件销售、车辆维修等。经营计划的贯彻实施是全员的，企业各个职能部门都应有自己的生产目标和经济责任，并要分解到每个基层部门，落实到每个员工，明确考核目标和经济责任。经营计划的管理也是全过程的，从确定生产经营方针开始，通过编制经营计划，下达计划目标参数、逐级逐项分解落实完成措施，检查与控制计划完成过程，反馈执行信息、考核、评价经济活动，到下期计划的经济预测与资料汇集等各个阶段，形成闭环控制，使计划贯穿于生产经营的全过程。

4）汽车服务经营计划是一种业务沟通、协调运作计划。汽车服务经营计划除了作为企业内部目标管理的工具外，也是与供应商进行业务沟通、协调运作的基础性文件。供应商据此安排相应的汽车及配件的生产与物流计划，协调整体性的市场运作。在一定场合，经双方确定的经营计划还是一份双方合作的法律文件，可作为汽车厂商向汽车销售服务企业提供返利和财务支持的依据。

2. 汽车服务经营计划的作用

1）汽车服务经营计划能克服市场变化和不确定性因素带来的经营困难，使汽车服务经营做到有备无患。市场总是变化的，企业的任何经营活动都必须适应市场的变化。只有制定了经营计划，一旦遇到市场变化，企业才可以按照计划及时做出调整，最终达到汽车服务经营目的。

2）汽车服务经营计划能达到汽车服务经营上的经济合理。计划工作能以明确的目标代替不协调的分散活动，以和谐的汽车服务项目、工作流程组织汽车服务，以深思熟虑的决策代替仓促、草率的判断。这样，能使汽车服务企业生产经营管理的各个环节和谐一致、提高效率、降低消耗，实现汽车服务经营上的经济合理。

3）汽车服务经营计划能将注意力集中在汽车服务经营目标上。市场总是充满诱惑，各种机会不断出现，没有经营计划的指导，汽车服务企业的生产经营活动很容易因受到外界的影响而偏离目标。反之，在企业整体经营计划指导下，可使各层次、各部门的工作围绕计划目标开展，避免工作的盲目性，保证汽车服务企业整体生产经营目标的完成。

4）汽车服务经营计划便于进行经营控制工作。有了经营计划，便于制定分项目标和标准，使汽车服务工作落实到人。同时，管理者也有了既定的目标和检查依据，以此检查汽车服务活动进行的情况，及时发现问题并加以纠正。

二、汽车服务经营计划的分类和主要任务

1. 汽车服务经营计划的分类

汽车服务经营计划的分类方法有很多，从不同的角度可以把经营计划分为以下几种。

1）按计划期限，可以将汽车服务经营计划分为汽车服务长期计划、中期计划和短期计划。一般视5年以上的计划为长期计划、3年左右的计划为中期计划、年度计划为短期计划。

汽车服务长期计划与短期计划是相互联系的。长期计划是年度计划编制的依据，年度计划是编制季度计划、月计划的依据。年度计划、月计划又是长期计划的补充。

2）按计划用途，可将汽车服务经营计划分为汽车服务战略性计划（长期经营计划）和汽车服务战术性计划。

3）按计划包含的内容，可将汽车服务经营计划分为单项计划和综合计划。把各个单项计划有机地联结在一起构成了综合计划。

4）按汽车服务经营的内容，可将汽车服务经营计划分为整车销售计划、配件销售计划、维修服务计划、美容服务计划、汽车俱乐部服务计划等。

究竟需要制定什么计划，每个汽车服务企业的经营规律、经营项目和汽车服务环境不同，做出的选择也会不同。

2. 汽车服务经营计划的主要任务

1）在科学预测的基础上确定汽车服务企业的发展方向、发展规模和发展速度，以长期计划保证战略目标的实现，以短期计划保证日常汽车服务活动的进行。

2）系统地进行技术经济分析，并做出正确的决策，以获取最大的经济效益，特别是要把市场的变化与汽车服务企业的生产活动联系起来。

3）通过计划的综合平衡将企业的人力、物力、财力统一起来，在动态经济活动中保持它们之间的适当比例，发现其中的薄弱环节，迅速弥补，使汽车服务企业运行处于良性循环之中。

三、汽车服务经营计划的内容

汽车服务经营计划作为未来一个经营周期中进行管理和绩效考核的纲领性文件，主要包括汽车服务计划、汽车销售计划、汽车服务项目市场推广计划、汽车维修服务计划、汽车服务项目投资计划、汽车服务项目开发计划、汽车服务技术改造计划和汽车服务经营财务计划等。

1. 汽车服务计划

汽车服务计划中包括根据预测的本年度市场情况和销售计划，计算下一年度辖区内汽车服务企业代理品牌车辆的保有数量，可以根据这些数据推算下一年度的汽车服务总台次、工时和汽车配件消耗的总数量。汽车服务计划示例见表3-1。

表3-1 汽车服务计划示例

序号	项目	实际			预测	
		2021年	2022年	2023年	2024年	2025年
1	当地城市轿车保有量					
2	企业服务范围内轿车保有量					
3	当地城市同档轿车总保有量					
4	企业服务范围内同档轿车保有量					
5	当地城市同本品牌轿车保有量					
6	企业服务范围内本品牌轿车保有量					
7	本品牌汽车维修用户档案数					
8	本品牌汽车维修服务占的市场份额（%）					
9	本品牌汽车年维修台次					
10	本品牌汽车年维修总产值（元）					
11	本品牌汽车年钣金维修总产值（元）					
12	本品牌汽车年实际累加维修时间（h）					

(续)

序号	项目	实际			预测	
		2021 年	2022 年	2023 年	2024 年	2025 年
13	本品牌汽车年维修累计工时总收入（元）					
14	本品牌汽车年配件总收入（元）					
15	单辆本品牌汽车年配件消耗（元）					
16	本品牌汽配件年对外销售收入（元）					

2. 汽车销售计划

汽车销售计划主要是根据近几年本地汽车市场上本品牌车辆的销售情况和市场发展预期，在考虑竞争对手商务政策与市场举措的条件下，合理确定未来一段时间内（通常是一年）企业整车、汽车美容等延伸产品的销售计划，并做出按月和按车型划分的详细分布计划。具体包括销售数量、销售额、交货期限以及销售收入。汽车销售计划示例见表3-2。

表 3-2 汽车销售计划示例

品种	1月		2月		3月		…		10月		11月		12月		比例	平衡	合计
	计划	比例（%）	计划	比例（%）	计划	比例（%）	计划	比例（%）	计划	比例（%）	计划	比例（%）	计划	比例（%）			
车型1																	
车型2																	
…																	
月计划																	

3. 汽车服务项目市场推广计划

汽车服务企业为了扩大市场影响，挖掘潜在客户，提高已有客户对本企业的认知，提高汽车销售与汽车服务市场份额，需要开展系统、多样的汽车服务项目市场推广活动。

汽车服务企业为销售车辆可以选择的市场推广活动有平面广告、电视广告、广播广告、路牌广告、车展等。汽车服务项目的市场推广计划示例见表3-3。

表 3-3 汽车服务项目的市场推广计划示例　　　　　　　　（单位 次）

	1月	2月	3月	4月	5月	6月	7月	8月	9月	10月	11月	12月	备注
平面广告													
电视广告													
广播广告													
路牌广告													
车展													
赞助													
客户活动													
媒体活动													
推介活动													
公关活动													
服务活动													
其他													
合计													

4. 汽车维修服务计划

汽车维修服务计划主要是根据销售计划，计算下一年在本企业服务范围内的各品牌汽车的保有量，以及以往这些汽车维修的统计数据，确定汽车维修服务总台次、工时和配件消耗等计划。汽车维修服务计划示例见表3-4。

表3-4 汽车维修服务计划示例

序号	项目	实际			预测	
		2021 年	2022 年	2023 年	2024 年	2025 年
1	整个城市汽车保有量					
2	企业服务范围内汽车保有量					
3	整个城市某品牌汽车保有量					
4	企业服务范围内某品牌汽车保有量					
5	某品牌汽车维修用户档案数					
6	某品牌汽车维修服务占的市场份额（%）					
7	某品牌汽车年维修台次					
8	某品牌汽车年维修总产值（元）					
9	某品牌汽车年钣金维修总产值（元）					
10	某品牌汽车年实际累加维修时间（h）					
11	某品牌汽车年累计工时总收入（元）					
12	单台次某品牌汽车年配件消耗（元）					

5. 汽车服务项目投资计划

汽车服务项目投资计划包括未来年度内的新增汽车服务项目投资、新增设备投资、新增流动资金，以及其他新增资金（如新增人员工资等成本）。如果有新增项目投资，还需要制定汽车服务项目进度计划。其中，新增汽车服务项目投资是指新增或开发的汽车服务项目投资，包括场地装修、汽车服务启动资金等；新增设备投资是根据汽车服务企业的业务发展规划，先确定设备是否能满足正常运作的需要，如不能满足，再考虑增加设备，并增加设备投资；新增流动资金是根据企业业务发展规划和现金流量图，估算出需要新增的流动资金，一般包括增加销量、库存、配件所需要的资金。汽车服务企业年度投资计划示例见表3-5。

表3-5 汽车服务企业年度投资计划示例

投资项目名称	投资原因	投资金额	预计收益	备注
汽车服务项目一				
汽车服务项目二				
…				
合计				
填表人		审核人		审核日期

6. 汽车服务项目开发计划

汽车服务项目开发计划是指对旧的汽车服务项目升级换代、增加新的汽车服务项目等做出的安排，如增加发动机电控冷却系统、双离合器自动变速器、主动控制悬架的维修服务项目计划。汽车服务项目开发是汽车服务企业生存与发展的重要环节。

7. 汽车服务技术改造计划

汽车服务技术改造计划包括汽车服务技术改造目的、技术改造重点、技术改造措施和技术改造资金等多方面，目的是增强服务企业的环境适应能力，提高服务能力和质量。

8. 汽车服务经营财务计划

汽车服务经营财务计划是企业所有业务收入与费用开支的汇总。收入包括新车销售收入、二手车业务收入、汽车维修收入、汽车配件收入、衍生业务收入以及其他收入等。开支包括人工费用、营销费用、办公费用，以及其他维修业务正常运作的开支费用。据此估算出汽车服务企业下一年的销售收入及资金支出情况，分析利润率、投资收益率，确定计划细节及其可行性，并根据现金流量做好时间的合理利用，取得资金的最大收益。

四、汽车服务经营计划的编制

1. 编制经营计划的目的

1）服从上级领导部门统一计划的要求，按汽车服务项目类别、数量和质量等保证完成其安排的计划性任务。

2）积极开展汽车服务市场调查与分析预测，扩大汽车服务市场的销售范围，努力开发适销对路的产品和服务，满足社会需求。

3）指导汽车服务企业的经营活动。汽车服务企业通过制定计划，对本企业的生产技术、产品发展、场所改造、产品销售、财务成本、职工教育、生活福利等各方面活动进行科学核算和协调，实现较好的经济效益和社会效益。

4）应用经营决策、技术经济分析等科学管理方法，完善目标值体系，对汽车服务企业经营活动进行目标管理。

5）全员参与，组织群众、动员群众，争取完成和超额完成经营计划的任务。

2. 编制经营计划应遵循的原则

由于汽车服务经营计划的重要性和复杂性，编制时必须坚持正确的指导思想，且应注意以下原则。

（1）**关键性原则** 目标明确，重点解决关键性问题。在总体经营目标中，必须突出具有全面性的主要问题，不能只注重全面、主次不分、力量分散，造成关键问题得不到解决、企业的资源不能有效利用，达不到好的生产经营效果。

（2）**强制性与灵活性原则** 企业制定出的经营计划必须严格执行，不允许轻易改变或废除，但发现计划与现实发生偏差，进而影响经济效益时，就必须及时调整和修订。在制定生产经营方针、市场开拓、协作定点、技术改造、投资方向等方面，企业要对外部环境和内部条件进行慎重、科学的分析，充分发挥本企业的优势，体现出应对生产经营环境变化的灵活性。

（3）**系统性原则** 经营计划由多种不同形式的计划组成，而分计划的编制所依据的条件和影响因素不同，因而多种计划之间有可能产生矛盾和不协调。这就要求企业要分解整体目标，使各项计划之间相互协调、相互配合、相互促进，形成一个有机整体。

（4）**现实性和鼓励性原则** 企业要以平均先进定额为依据，实事求是、量力而行、留有余地，所制定的经营计划必须能够保证经过主观努力是可以达到和按期完成的。另外，计划要能调动和激发职工的积极性，即计划必须与职工的物质利益紧密结合，使职工关心计划的实现，把实现企业生产成果、创造最佳经济效益变成激发职工创造性劳动的强大动力。

（5）连续性原则　企业的生产经营活动是连续不断地进行的，前期计划的执行情况及分析是编制当期计划的依据。因此，近期计划的编制要考虑为未来计划提供条件，短期计划的编制要成为实现长期计划的组成部分。任何分割过去、现在和未来，提出不切实际的指标或者急功近利不顾长远利益的经营计划都是不可取的。

（6）经济利益原则　企业要处理好国家、企业、个人三者的关系，推行企业内经济责任制，明确责、权、利，在发展生产的基础上，逐步提高职工福利水平。

3. 编制经营计划的程序

（1）准备阶段　企业在这一阶段的主要工作就是全面调查内外部情况，收集与企业有关的外部、内部和汽车服务行业发展趋势的资料。

（2）确定企业经营目标　企业在这一阶段的主要工作是依据准备阶段提供的各类资料，结合企业的各项有关技术经济定额，确定经营目标，计算经济效益，提出各专业计划草案。经营目标是计划的核心，在确立专业计划时，必须保证所定目标先进合理、积极可靠并有实现余地。

（3）拟订经营计划方案　企业的经营计划是由一系列紧密相连、互为依据的专业计划组成的。例如，企业的利润计划决定销售计划，销售计划决定维修服务计划，维修服务计划决定物资供应计划、劳动工资计划和成本计划，最终决定利润计划。因此，经营计划中各项专业计划的编制不能单独、孤立地进行，而要按照编制经营计划的统一部署和计划编制程序。

年度经营计划的编制过程实际上是综合平衡的过程。综合平衡是企业进行年度经营计划编制的一个重要手段，也是管理计划的基本方法。对于一个汽车4S企业来说，在编制计划过程中除了各专业计划要做到项目、进度、资金、工作量和指标之间的平衡和上下左右的相互衔接外，企业领导和综合计划部门还要重点做好以下平衡：确保以企业经济效益为中心，做好利润计划、整车及配件销售计划与汽车维修计划之间的平衡；确保以企业维修服务任务为中心，做好营销计划、物资供应计划、辅助经营计划之间的平衡；确保以增收节支为中心，做好生产费用计划、成本计划和资金计划的平衡。

年度经营计划的平衡是一项复杂的工作，不但要贯穿编制计划的全过程，而且在执行过程中还要根据企业生产经营活动的变化，在动态中寻求新的平衡，确保企业经营目标的全面实现和取得良好的经济效益。

企业在编制计划的初期，要组织全体职工，特别是有一定的管理经验的职工，集思广益，多方征集意见，通过比较筛选、集中精力研究后，提出计划方案。经初步评价后，企业要选出最接近企业现状、符合经营目标要求的方案，供最终评价和决策使用。

（4）最终评价与决策　企业在这一阶段的主要工作是利用科学的决策方法和手段，针对提交的经营计划进行全面评价，最终制定企业的年度经营计划。

五、汽车服务经营计划的实施和控制

1. 经营计划的实施

经营计划经企业领导审批后要下达到计划的制定部门认真贯彻执行，保证优质、高效、低耗、安全、均衡地完成计划任务。

1）根据年度经营计划编制落实季度经营计划和月作业计划。短期计划的编制要考虑环境和条件的变化，以及上期计划的执行情况，采用滚动计划方法，既要坚持计划的严肃性，又要注意执行中的灵活性。

2）运用企业内部经济责任制和经济核算制等经济办法，落实好经营计划中的各项计划指标和工作任务。把每个部门、每个生产单位和每个职工所担负的经济责任和自己的经济利益联系起来，促进企业经营计划的实现。

3）开展多种形式的劳动竞赛、合理化建议和技术革新活动，激发企业职工的创新精神、竞争意识和主人翁责任感，并以此作为完成和超额完成企业经营计划的强大精神动力。

2. 经营计划的控制

经营计划的执行过程同时也是控制过程。经营计划的控制就是企业所属各部门，对照计划指标等与实际执行结果进行检查、对比和分析，发现偏差，查明原因，采取措施，加以纠正。经营计划控制的形式有日常检查、定期检查和专题检查等。

经营计划的执行和控制一般采用目标控制与企业内部经济责任制相结合的方法。目标控制就是在完成任务的过程中进行严格监督、检查，及时掌握实际完成情况，并采取措施解决存在的问题，保证目标的实现。企业内部经济责任制是指将经济目标分配到部门，直至员工个人。其中目标控制的程序如下。

1）制定目标控制标准。目标控制标准大体可分为数量控制标准、质量控制标准、程序控制标准、进度控制标准和消耗控制标准等。

2）搜集、整理有关任务完成情况的数据。为了取得这些数据，企业要建立健全各种定额和原始数据记录制度，经过整理后的数据要及时向各有关方传递，并及时反馈信息。

3）定期检查和评价。检查可采取多种形式，按检查的内容可分为自检、专项定期检查、重点检查和对某一部门的全面检查等，并针对每一项检查做出相应的评价。

4）采取措施解决任务完成过程中的问题，保证目标的实现。

5）采用生产经营日报、经营月报、统计公报、经营简报等多种形式，在一定范围内公布和通报。定期召开生产经营活动的评价和分析会议，对任务完成情况进行评审，评审结果作为经济责任制考核和奖励的依据。

第二节 汽车维修服务的生产组织与管理

汽车维修服务企业要使车辆维修工作多、快、好、省地进行，需要根据本企业的实际情况，合理地组织维护或修理工艺中的各项生产作业，使之协调进行。

汽车维修工艺是指利用维修生产设备或工具，按一定的要求维护或修理汽车的方法。这些方法是在维修车辆的长期实践中积累起来的，也是经过理论总结后的操作技术经验。

一、汽车维修服务的生产管理概述

1. 汽车维修服务的生产管理原则

（1）以维修质量为导向　根据汽车维修服务的特点，汽车维修服务企业的技术性与服务性贯穿于修复流程的始终，因而汽车维修的质量既包含产品质量又包含服务质量。汽车维修服务企业向用户提供的产品是一种技术性的支持与服务，因此维修质量与服务质量密不可分、相辅相成。汽车维修服务企业全面、系统、持续地追求维修产品质量至关重要，维修管理工作的出发点之一就是保证向用户提供合格的汽车维修服务产品，并且不断改进、提高维修质量。

（2）以企业利益为导向　汽车维修服务企业的维修工作不但要追求用户的满意和社会效益，而且要追求企业利益的最大化。这也是企业的发展要求。汽车维修服务企业要实现效益，必须在生产管理中注重维修效率；注重合理的派工调度，避免窝工现象；注重各工种、各工序的合理衔接；注重工位的充分利用。

2. 汽车维修服务的生产管理模式

随着汽车保有量的迅速增长，汽车维修服务企业不断增多，汽车维修市场的竞争日益激烈。许多汽车维修服务企业为了争取客户，提高用户满意度，向用户提供各种便利性服务。但是便利性服务不是汽车维修的核心服务，汽车维修服务企业向用户提供的故障检查、修理等服务才是核心服务。因此汽车维修服务企业在实际工作中，要有较好的管理模式对维修服务工作进行管理。汽车维修服务的生产管理模式包括传统管理模式和团队式管理模式两种。

（1）传统管理模式　传统管理模式是从机械制造业维修车间的管理模式中演化来的。在这种模式下，维修企业的部门设置、部门内部的岗位设置、人员岗位分工比较细致。前台业务接待员与维修车间的任务传递是通过车间调度员来实现的，即前台业务接待员将待修车辆以及任务委托书（或维修合同）交由车间调度员，再由车间调度员根据任务委托书（或维修合同）以及车间生产情况开具派工单。车间调度员是车间的控制中心。维修生产中的维修进度、各维修工序的衔接均由车间调度员来进行统一协调、控制。技术主管负责制定和实施维修质量、培训、工具/资料等相关技术管理制度和工作流程。质检员负责对维修车辆的中间检验、竣工检验，以及维修质量检查、监督、记录工作。试车员负责承修车辆的道路实验工作。传统管理模式下的组织结构如图3-1所示。

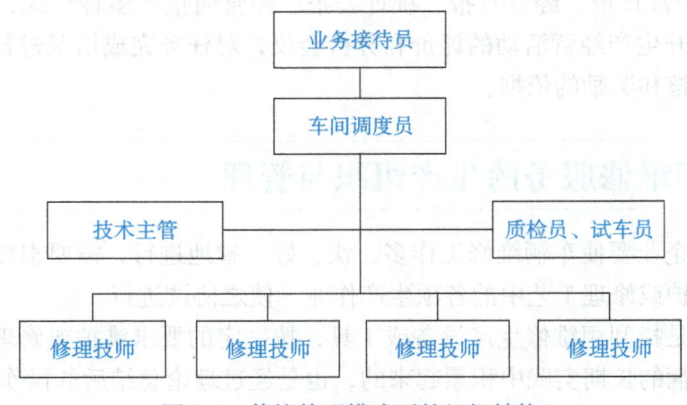

图3-1　传统管理模式下的组织结构

（2）团队式管理模式　团队式管理模式就是将维修人员分成几个班组，由一名业务接待员带领一个班组组成一个维修团队。每个维修团队就像一个组织严密的小型维修企业，整个维修企业的生产组织由这样的若干个维修团队组成。在团队式管理模式中，业务接待员不但负责与用户接触的一系列工作（预约、接车检查、开任务委托书或维修合同、结算交车、跟踪回访等工作），还负责维修生产派工、维修进度控制、各维修工序的衔接等生产管理工作。在这种模式中，取消了车间调度员岗位，由业务接待员（该维修团队的管理者）直接对维修团队进行生产管理。为了简化派工手续，业务接待员可直接向维修人员下达任务委托书（或维修合同）进行派工，而不需要另开派工单。在维修生产中，维修进度、各维修工序的衔接由业务接待员来统一协调、控制。技术主管负责制定和实施维修质量、培训、工具/资料等相关技术管理制度和工作流程。质检员负责对维修车辆的中间检验、竣工检验，以及维修质量的检查、监督、记录工作。试车员负责承修车辆的道路实验工作。

在团队式管理模式中，业务接待员的工作比较复杂，因此要求业务接待员具有较高的综合素质。一般要求业务接待员具备下列几种基本素质。

1) 业务接待员素质：能够接待用户，处理用户的问题；热情大方、彬彬有礼，处理特殊问题的应变能力强。

2) 维修技术素质：能够熟练驾驶车辆进行试车，并有一定的维修技术功底，对所维修的主要车型熟悉，能够进行初步的故障诊断与检验。

3) 计算机操作能力：应熟练操作计算机管理软件、办公软件。

4) 生产管理能力：应具备与维修人员的沟通、指挥调度能力。

团队式管理模式下的组织结构如图 3-2 所示。

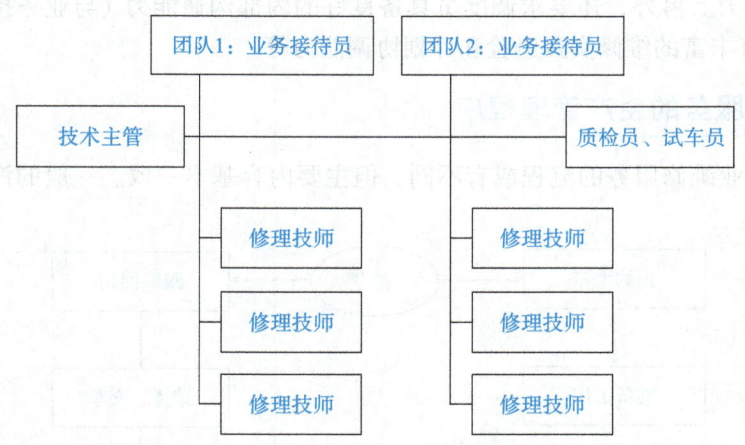

图 3-2　团队式管理模式下的组织结构

（3）两种生产管理模式的比较

1) 与用户沟通方面。在传统管理模式中，业务接待员与维修人员一般没有直接接触，维修作业指令通过车间调度员发出，维修进度、技术质量信息也是由车间调度员反馈，因此信息传递渠道比较长，信息传递效率低、准确率也较低。在团队式管理模式中，业务接待员既与用户沟通，又与维修人员直接联系。这样，既能及时将用户的要求和意见传达给维修人员，又能及时将维修生产进度、技术质量信息反馈给用户。因此，在用户沟通方面团队式管理模式有一定的优势。

2）保证维修质量方面。在两种管理模式中，维修车间都需要配备技术主管、质检员和试车员，也都需要实施三级检验制度（维修技师自检、维修团队成员互检、质检员中间过程检验和终检）。在团队式管理模式中，由于业务接待员的技术素质较高，加上从用户到维修车间的信息传递较为通畅，因此相比于传统管理模式更有助于提高维修质量。

3）维修服务效率方面。维修服务效率包括业务接待效率和维修作业效率两个方面。在团队式管理模式中，如果用户进厂时间比较集中，业务接待员不仅要接待客户，还要处理维修团队的管理工作，容易出现顾前不顾后的现象，影响接待效率和维修作业效率，造成用户等待时间长的问题或维修团队出现窝工的现象。在传统管理模式中，接待和维修工作由业务接待员和车间调度员分管，当业务较为集中时，不容易出现混乱。其中，调度员的调度工作会直接影响维修作业的效率。

4）维修车间的内部合作方面。团队式管理模式更加注重团队精神，有利于团队内部人员之间的密切合作。这种模式中维修人员之间的横向联系比较密切，如果有问题可以直接由业务接待员进行协调。传统管理模式只是要求维修人员完成派工单的任务指令即可，维修人员之间的横向合作较少。

5）人员素质要求方面。团队式管理模式中业务接待员不但充当接待的角色，而且要负责团队的生产管理，充当维修调度员的角色，因此对其综合素质要求较高。一名好的业务接待员不但要懂得接待客户，具备汽车维修经验、故障诊断技能，还要具备生产管理、指挥调度能力。在传统管理模式中，业务接待员不需要具备生产管理能力，但要求调度员要具备较好的生产管理能力。另外，还要求调度员具备良好的内部沟通能力（与业务接待员、维修人员及时沟通），有丰富的维修实践经验和计划协调能力等。

二、汽车维修服务的生产管理程序

汽车服务企业维修服务的流程或有不同，但主要内容基本一致。一般的汽车维修服务流程如图3-3所示。

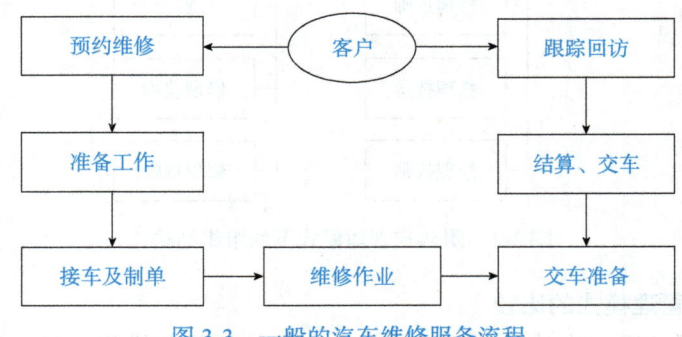

图3-3 一般的汽车维修服务流程

1. 预约维修

汽车服务企业通过预约维修知道客户需要何种维修，客户也可以借此了解企业的维修生产情况和收费情况。如维修车间是否可以安排工位、维修工人，专用工具、资料是否齐全可用，相应的配件是否有现货或何时到货，维修项目的工时费和材料费等。如果预约人员对以上情况很清楚，那么同客户做预约就会得心应手，也会显得非常专业，同客户的沟通交流就

很顺畅。如果预约人员当时不清楚情况，就需要及时了解清楚情况之后再同客户进行确认。切不可不清楚情况就盲目预约，以免到时无法践行约定，给客户造成时间损失，引起客户抱怨，影响企业信誉。另外，预约人员代表汽车维修服务企业的形象，电话沟通交流技巧也是一门艺术，因此预约人员需要进行专门的电话培训。

预约人员同客户预约好之后应当及时做好记录汇总，以便有据可查。企业要更好地推广预约维修工作，除了大力宣传预约给客户带来的好处外，还可以对能够准时践行约定的客户在维修费用上给予适当的优惠或赠送纪念品进行鼓励。当然，企业必须履行自己的承诺，所有预约工作必须做到位，否则会打击客户对预约的积极性，导致推广预约维修困难。

2. 准备工作

为了在客户到来后能够很快地如约开展车辆维修，预约人员同客户做好预约之后应及时通知业务接待员（预约人员可能就是业务接待员），以便在客户到来之前做好必要的准备工作。在停车位、车间工位、维修人员、技术资料、专用工具、配件、辅料等方面都应该准备齐全，以免到时影响维修工作效率和质量。准备工作属于流程中的内部环节，与客户并无直接的接触。业务接待员需要及时通知维修车间与配件部门做好相应的准备工作。维修车间、配件部门也应对业务接待员的工作给予积极配合。如果这些工作不能够在客户到来之前做好，比如维修所需配件未采购到，那么应及时通知客户取消这次预约并请客户谅解。但是，这一切工作都应当在客户到来之前完成。如果可能，业务接待员还应提前准备好任务委托书（或维修合同）。

3. 接车及制单

接车处理属于服务流程中与客户接触的环节，业务接待员将与客户进行沟通交流，因此业务接待员应当注重形象与礼仪并善于与客户进行有效的沟通，体现出对客户的关注与尊重，体现出高水平的业务素质。客户如约来修车，发现一切工作准备就绪，业务接待员在等待他的光临。这样客户肯定会有一个比较好的心情，而这恰恰是客户再一次对企业建立信任的良好开端。在接车处理环节最主要的两项工作是同客户签订维修合同和填写接车检查单。

（1）维修合同（或任务委托书）　维修合同是客户委托维修企业进行车辆维修的合同文本。维修合同的主要内容有客户信息、车辆信息、维修企业信息、维修作业任务信息、附加信息和客户签字。客户信息包括客户名称、联系方式等；车辆信息包括牌照号、车型、颜色、底盘号、发动机号、上牌日期、行驶里程等；维修企业信息包括企业名称、联系方式，以便客户联系；维修作业信息包括进厂时间、预计完工时间、维修项目、工时费、预计配件材料费；附加信息是指客户是否自带配件、客户是否带走旧件等，这些都需要同客户做一个准确的约定。客户签字意味着对维修项目、有关费用、时间的认可。

维修合同一般至少两联，其中一联交付客户，可作为客户提车时的凭证，以证明客户曾经将该车交付维修企业维修，在客户结算提车时收回。另一联维修企业内部使用，也可兼做维修车间内部派工以及维修人员领取配件材料的依据。

进厂车辆如果只是进行一般的维护，可以直接同客户签订维修合同。进厂车辆如果要进行故障修理，业务接待员应对客户车辆进行技术性检查和初步故障诊断，验证故障是否同预约中描述的一样，必要时和客户一起试车亲自验证；根据故障现象判定故障原因，必要时还要请技术人员进行仪器检测和会诊，拟定维修方案，估算修理工时费和材料费，预计完工时

间，打印好维修合同，请客户签字认可。业务接待员在同客户签订维修合同时，应当向客户解释清楚维修合同的内容，特别是维修项目、估算修理工时费、材料费和预计完工时间。

（2）填写接车检查单　客户将车辆交给业务接待员去安排维修，要离开一段时间。为避免提车时产生误会或纠纷，业务接待员应与客户共同对车辆进行检查验证，填写接车检查单。检查验证的内容主要包括车辆外观是否有划痕，内饰是否有脏污，随车工具、附件是否齐全，车内是否有贵重物品等。

4. 维修作业

当业务接待员同客户签订好维修合同（或任务委托书）后，所承修的车辆也从客户手中接过来了，车辆维修的派工由此开始。业务接待员传递给维修车间的作业指令是通过维修合同或派工单来实现的。比较简单的方式是维修接待员将维修合同随同承修车辆直接交由所带领的维修团队进行维修，这是团队式生产管理模式。比较精细化的方式是业务接待员将维修合同随同承修车辆直接交由车间主任或车间调度员，再由车间主任或车间调度员依据维修合同的内容开具维修作业派工单，将派工单随同承修车辆交由维修人员进行维修，这是传统的生产管理模式。这两种生产管理模式各有特点。至于维修企业采用哪种模式，可根据企业的实际情况来定。为保证维修的效率和质量，企业应注意以下几个方面的工作。

1）维修人员接到维修合同或派工单后，应当及时、全面、准确地完成维修项目，不应超范围进行维修。如果发现维修项目与车辆的实际情况不完全相符，需要增加、减少或调整维修项目时，应及时通知业务接待员，由业务接待员估算相关维修费用、完工时间，取得客户同意后方可更改维修项目，并办理签字手续。

2）由于新车型、新技术不断出现，对维修人员的综合技术素质要求越来越高。维修人员应当具备比较丰富的汽车理论知识与实践经验，受过专业培训并取得维修资格后方可上岗。在常规维护检查作业时，维修人员应当严格按照维护检查技术规范进行，更换、添加、检查、紧固等有关项目应做到仔细全面、准确到位，最后填写维护检查单。在故障修理作业中应当按照维修手册以及有关操作程序进行检修，并使用相关监测仪器和专用工具，不能凭老经验、土办法、走捷径违规作业。

3）维修人员在作业过程中应当爱惜客户的车辆，注意车辆的防护与清洁卫生。如果有可能则需要给车辆加上翼子板护垫、座椅护套、方向盘护套、脚垫等防护用具。

4）在进行维修作业时，维修人员应当注意文明生产、文明维修，做到零件、工具、油水"三不落地"，随时保持维修现场的整洁，维护维修企业的良好形象。

5. 交车准备

维修作业结束后，为将车辆交付给客户，有必要做一系列准备工作。这些准备工作包括质量检验、车辆清洁、准备旧件、完工审查、通知客户取车等。

（1）质量检验　虽然汽车的维修质量是维修出来的而不是检验出来的，但是质量检验有助于发现维修过程中的失误和验证维修的效果。质量检验是对维修人员考核的基础依据。质量检验是维修服务流程中的关键环节。维修人员将车辆维修完毕后，需要由持证上岗的质检员进行检验并填写质量检验记录。如果涉及转向系统、制动系统、传动系统、悬架系统等行车安全的维修项目必须交由试车员进行试车并填写试车记录。在必要时，还要上汽车综合性能检测线检测，确保维修质量。

（2）**车辆清洁**　客户的车辆维修完毕之后，应该进行必要的车内外清洁，以保证车辆交付给客户时是一辆维修完好、内外清洁、符合客户要求的车辆。

（3）**准备旧件**　如果维修合同中显示客户需要将旧件带走，维修人员则应将旧件擦拭干净、包装好，放在车上或放在客户指定的位置，并通知业务接待员。

（4）**完工审查**　承修车辆的所有维修项目结束并经过检验合格之后，业务接待员就可以进行完工审查了。完工审查的主要工作是核对维修项目、工时费、配件材料数量，以及核对材料费是否与估算的相符，完工时间是否与预计的相符，故障是否完全排除，车辆是否清洁，旧件是否准备好。

（5）**通知客户取车**　当所有工作准备就绪，业务接待员则可以通知客户取车。

6. 结算、交车

结算、交车环节是服务流程中与客户接触的环节，由业务接待员来完成。客户到来之后，不应让客户长时间的等待，应及时打印出结算单。结算单是客户结算修理费用的依据。结算单包括以下内容：客户信息、车辆信息、维修企业信息、维修项目及费用信息、客户签字等。客户信息包括客户名称、联系方式等；车辆信息包括牌照号、车型、底盘号、发动机号、上牌日期、行驶里程等；维修企业信息包括企业名称、地址、邮编、开户银行、账号、税号、联系方式等信息，以便客户联系；维修项目及费用信息包括进厂时间，结算时间，维修项目及工时费，使用配件材料的配件号、名称、数量、单价、总价等。客户签字意味着客户对维修项目以及费用的认可。结算单一般一式两联，客户将一联带走，另一联由维修企业的财务部门留存。财务人员负责办理收款、开发票、开出门证等手续。结算应准确高效，避免耽误客户的时间。在业务接待员同客户办理结算交车手续时，应做两项解释，即结算单内容解释和维修过程解释，以尊重客户的知情权，消除客户的疑虑，让客户明白消费，提高客户满意度。

（1）**结算单内容解释**　业务接待员应主动向客户解释清楚结算单上的有关内容，特别是维修项目工时费用和配件材料费用。如果实际费用与估算的费用有较大的差异，应该对客户有一个合理且令人满意的解释。

（2）**维修过程解释**　若是常规维护，业务接待员应给客户一份维护周期单，告诉客户下次维护的时间或里程、同时在车辆维护手册上做好记录。如果是故障维修，业务接待员应告诉客户故障原因、维修过程和有关注意事项。在完成车辆维修的相关手续后，业务接待员应亲自将客户送出门，并提醒客户下次维护时间和车辆下次应维修的项目。

7. 跟踪回访

当客户提车离开后，维修企业应在一周之内进行跟踪回访。跟踪回访的目的不但是体现对客户的关心，更是了解维修质量、客户接待、收费情况、维修的时效性等方面的反馈意见，以利于维修企业发现不足、改进工作。

跟踪回访是维修服务流程中的最后一个环节，属于与客户接触环节，一般通过电话访问的方式进行。一般较大的维修企业由专职回访人员来做这项工作，小型维修企业可由客户顾问兼职来做。

回访人员应做好回访记录，作为质量分析和客户满意度分析的依据。回访人员在回访时如果发现客户有强烈的抱怨，应及时向服务经理汇报，在1天内研究对策以使客户满意。随

着汽车维修市场规模的不断发展，汽车维修企业的不断增多，市场竞争越来越激烈。许多维修企业为了争取客户、提高客户满意度，可以向客户提供各种便利性服务，如预约服务、24h救援服务、免费洗车服务、上门修车服务、替换车服务、代办车辆年检服务和保险服务等。但是维修质量的保证仍然是汽车维修服务企业管理的主要内容。因此，企业在维修生产管理中应当遵循以客户满意、维修质量好和企业效益高为导向的原则。

一般说来，客户对维修有下列期望。

1）维修企业要全面准确地实现业务接待员对客户的承诺；等待的时间尽量短，能很快地进入维修环节；维修速度要快、效率要高。

2）维修人员的工作质量要尽善尽美，达到零缺陷；车辆维修之后要安全可靠、不再返工、让人放心；在维护时全面仔细检查车辆，能得到必要的提醒；车辆的故障能够一次性彻底排除。

3）维修费用要与预算的费用基本一致，不要有太大出入。

4）服务态度要好，要主动、热情、友好，不要弄脏车辆等。

当客户得到的结果与期望不一样时就会失望、不满意甚至抱怨、投诉。全体员工应了解客户的期望，树立让客户满意、确保维修质量的思想观念，并贯彻落实到具体的维修管理工作中去。

汽车维修服务企业的技术性与服务性贯穿于维修服务流程的始终，因而汽车维修服务企业的质量既包含产品质量又包含服务质量。汽车维修服务企业向客户提供的产品是一种技术性的支持与服务，因此维修质量与服务质量密不可分、相辅相成。汽车维修服务企业全面、系统、持续地追求维修产品质量至关重要。维修车间管理工作的出发点之一就是保证向客户提供合格的汽车维修服务产品，并不断改进、提高维修质量水平。

汽车维修服务企业不但要追求用户的满意和社会效益，而且要追求经济利益的最大化。这也正是企业的发展要求。汽车维修服务企业的经济效益与业务接待有直接关系，而整个工作是在维修车间实现的，维修车间的管理工作也必然以经济效益为导向。这就要求生产管理工作注重维修效率，合理地派工调度，避免窝工现象发生，注重工位的充分利用。

第三节　汽车服务技术管理

汽车服务技术管理是对汽车服务企业生产中的全部技术活动进行计划、组织、协调、控制、激励等方面的管理工作的总称。

汽车服务企业的基本生产活动是为维持和恢复汽车技术状况，延长其使用寿命而进行的维护修理等服务活动。对汽车维修服务企业来说，从汽车维修服务的接车，到对汽车进行基本测试、故障诊断、维护、调整、修理、竣工检验等一系列作业，以及对这一系列作业所制定的生产工艺、机具设备的使用与管理等，都是在一定的技术要求或技术标准、规章制度的控制下进行的，具有一定的技术性。随着市场经济的发展，科学技术的发展和管理体制改革的不断深入，汽车服务企业之间的竞争不断加剧，科学技术作为第一生产力，在汽车服务企业的生产中越来越显示出它的巨大作用。

一、汽车服务技术管理概述

1. 汽车服务技术管理的任务

1）开发、应用新技术，发掘新市场。这是汽车服务技术管理的首要任务，是企业生存与发展的关键。只有不断发现、利用新产品、新材料、新工艺、新装备，才能使技术不断进步，以适应市场需求的变化，寻求服务市场的新空间。

2）提高技术水平，增强企业竞争力。企业的技术基础包括为生产产品提供技术条件的生产设施和机具设备等，是随着技术进步而不断更新的。企业技术管理的重要任务就是有计划地对企业进行技术革新、技术改造和机具设备更新，不断提高企业掌握新技术的能力。

3）提供技术支持，确保正常生产。必须及时提供必要的技术条件和保证，包括良好的设备和工具，科学的设计程序和工艺、工作程序，健全的技术规程和标准等。这是企业生产正常进行的基本条件，是企业技术管理的主要任务。

2. 汽车服务技术管理的主要内容

汽车服务技术管理的主要内容根据企业服务范围的不同而有差异，对于汽车服务企业中的销售、维修企业来说主要包括以下几点。

1）科研与技术开发管理。开展汽车服务技术研究活动，积极开发汽车服务新技术、新设备，不断满足汽车服务需求，开拓汽车服务新市场。

2）市场调查、市场预测工作。

3）汽车营销策略、方案等的制定。

4）机具设备管理。无论是为新产品研制、投产，还是为保证现有产品质量，都少不了机具设备、工具。机具设备管理包括全厂机具设备的检查、维护、修理、改造与更新，以及各种工具的购置、发放和储存等。

5）基础技术管理。基础技术管理是指围绕汽车服务企业正常经营活动进行的技术管理的基础工作，包括标准化管理、计量管理、技术档案管理等。

3. 汽车服务技术管理的措施

1）通过建立汽车服务技术管理体系，开展汽车服务技术工作。汽车服务企业各部门的汽车服务技术关联性较大，应建立汽车服务企业的技术部门，或在其汽车服务企业领导下的、以各部门为分中心的技术体系，各部门下的班数和员工根据自己的汽车服务工作，开展技术工作。例如，汽车销售、发动机或底盘维修班组分别运用相应的技术进行工作，并对外交流。这有利于汽车服务水平和质量的提高，也有利于企业拓展和深化汽车服务经营项目。

2）通过汽车服务技术培训、研究，提高汽车服务技术水平。在员工入职时，企业要对他们的汽车服务技术水平进行考核，以提高汽车服务技术水平的起点。员工入职后，企业要通过汽车服务技术培训、研究，提高汽车服务技术水平和技术响应能力，如参加汽车生产厂家技术培训、企业内部技术培训、个人先进技术推广会等。当外出培训费用较高、费时较多时，企业可采用由点到面的技术推广方法，即先培训一人，再请其推广技术，让大家共同受益。企业鼓励员工参加技术职称和技术等级评定，获取职称证书和技术等级证书，这对员工个人和企业都有利。

3）通过购置、开发设备，提高设备水平。购置新的汽车服务设备，是提高汽车服务企业设备技术水平最快的方法。在此基础上，企业可以开展使用新设备的技术熟练和改进活动，引导员工改进、开发汽车服务设施，发明适合本企业的专用汽车服务设备；倡导申请国家专利，保护汽车服务技术成果。

4）通过汽车服务技术资料管理，提高汽车服务技术水平。国家关于车辆方面的技术法规、汽车使用和维护说明书、维修记录、维护记录、汽车服务技术培训资料等，要作为汽车服务技术资料保管好，供员工查阅，以提高汽车服务技术水平。

二、科研工作与技术开发及其开发方式

汽车服务企业科研工作的主要内容包括生产技术和经济技术两类。汽车服务企业应从自身发展和竞争的角度选择与生产经营发展有密切关系的课题进行研究，坚持为本企业的生产发展服务，做到既出成果又培养人才。同时重视本行业科技发展趋势，积极做好科技信息的收集、整理。分析、研究工作可以为企业制定生产科技发展规划提供准确可靠的依据和切实可行的建议。

1. 科研工作

目前，汽车维修服务企业可以从以下几个方面开展科研工作。

1）市场经济下，汽车服务企业的经营模式与方法研究。
2）汽车运用技术的研究。
3）汽车维修新材料、新工艺的研究与开发。
4）新型汽车服务设备的研究与开发。
5）车辆科学评价方法与手段的研究。

2. 技术开发

技术开发的宏观概念是指科学技术成果转化为生产力的全过程；微观概念是指针对企业中第一次应用或出现的新技术所进行的一系列活动，即通常所说的技术应用与革新。目前，汽车维修服务企业的技术开发与管理，主要有以下几个方面的工作。

1）新型设备和工具的开发。生产设备和工具是企业生产的必要手段，是现代化大生产的重要物质基础。

2）新型生产工艺和操作技术的开发。生产工艺和操作技术是指在生产过程中，劳动者借助一定的设备、工具，作用于一定的劳动对象的综合技术作业方法。它包括用先进的工艺代替旧的工艺，以迅速提高劳动生产率，缩短生产周期，节约和合理使用生产要素，提高产品和服务的质量及经济效益等。

3）能源和原材料的开发。能源开发旨在提高能源利用效率，实现不断节约能源的目标。开发原材料，目的在于实现原材料的综合利用，减少原材料消耗，或发展经济合理的新型原材料等。

4）环境保护及劳动保护技术开发。随着科学技术的飞速发展，环境保护、清除公害以及不断降低劳动强度等问题，越来越显得尖锐而迫切。因此，这方面的技术开发是企业技术开发的重要内容。技术开发的内容十分广泛，应针对不同的企业或同一企业在不同时期的技术需要、企业的能力及各种技术发展情况等，有选择、有步骤地进行。

3. 技术开发方式

技术开发主要有自行开发、技术引进、协作开发3种方式。

1）自行开发是指针对企业技术现状和存在的问题，独立地开发有关技术。

2）技术引进是指企业通过技术合作、技术转让、购买专利和设备等，实现新技术开发的方式。技术引进可以应用现有的成果，避免重复开发，从而大大节约技术开发时间，缩短开发周期，节约科研试制费用，迅速跟上国内外的先进技术水平。但引进的技术本身已被别人采用，容易造成企业在新技术掌握方面的被动局面。因此，技术引进必须重视消化吸收和再创新。

3）协作开发是指企业的技术开发部门把企业内部和外部的有关科研力量集合起来进行技术开发的一种方式。这种方式可以充分发挥合作各方的优势，避免各自的缺点。因此，协作开发的速度快、效果好。协作开发对所有企业都适用，它不仅是技术开发的一种有效方式，也是科技转化为生产力的有效途径。

三、汽车服务设备管理

1. 汽车服务设备管理的概念

汽车服务设备是指在汽车服务企业生产经营过程中所需要的机械和仪器等，是企业的有形固定资产，并可供企业长期使用，在使用中基本保持原有的实物形态，并且价值在一定限额以上的劳动资料的总称，是汽车服务企业生产经营中必不可少的物质基础。

汽车服务设备管理是以汽车维修企业的生产经营目标为依据，通过一系列技术、经济和组织措施，对设备的设计制造、购置、安装、使用、维护、修理、改造、更新直至报废全过程进行的管理。

汽车服务设备管理的目的是以最小的花费达到最佳的投资效果。为此，必须采取一系列措施，使汽车服务设备处于良好的技术状态，充分发挥效能，保证汽车维修质量和安全运行，从而促使企业生产持续健康地发展，提高企业的经济效益和社会效益。汽车服务设备管理有以下3层含义。

1）汽车服务设备管理是对设备从选型、采购计划开始直至报废为止的全过程进行的管理。从企业内部来讲，设备全过程管理包括设备选型购置、安装调试、合理使用、维护修理，为全员参与的管理。

2）汽车服务设备管理应从技术、经济、组织3个方面着手进行综合管理。除对设备的物质运动形态（从设备采购、安装直至报废）进行管理外，还要对设备的价值运动形态（设备的最初投资、维修费用支出、折旧、更新改造资金等）进行管理。另外，还必须建立管理机构，健全企业工作的保证体系，推行目标管理。

3）汽车服务设备管理是完善汽车服务设备的后勤保障工作。设备制造单位要保证用户使用设备的时间足够长；要向客户提供适当的技术文件和充足的维修备件，并开展设备使用及维修技术培训等。设备使用单位的后勤保障工作包括技术资料的收集和管理，设备备件的供应和管理，设备管理人员、操作人员和维修人员的培训等工作。

2. 汽车服务设备的分类与管理工作的内容

（1）汽车服务设备的分类　汽车服务设备的分类主要是依据设备的结构、性能和工艺特征进行的。凡设备性能基本相同，又属于各行业通用的，列为通用设备；设备结构、性能只适用于某一行业或车型专用的，列为专用设备。汽车服务设备管理主要以汽车维修设备为主，按照国家标准《汽车维修业开业条件》（GB/T 16739.1—2023）的要求，汽车维修企业应按照经营范围配备必要的汽车维修仪表工具、检测设备、通用设备和专用设备。

（2）汽车服务设备管理工作的内容　汽车服务设备管理工作的内容主要包括建立健全汽车设备管理机构，建立健全汽车设备管理制度，规划、配置与选购汽车设备，使用、保养及维修管理汽车设备和更新改造汽车设备。

3. 汽车服务设备管理的原则和制度

汽车服务设备管理机构应根据汽车服务企业的规模、经营方式和维修设备的拥有量以及设备的复杂程度来设置，并应遵循一定的原则和制定相应的制度。

1）汽车服务设备管理应遵循的原则有统一领导、分级管理，分工与协作统一和职、责、权、利的统一。

2）汽车服务设备管理制度。汽车服务设备管理制度是企业为了保证汽车服务设备正常安全运行，保持其技术状况良好并不断提高企业装备技术力量而编制的一些规章制度。汽车维修企业应根据国家法律、法规的要求，以及行业主管部门的具体规定，结合本企业的特点，编制设备管理制度。

课后习题

1. 汽车服务经营计划包括哪些内容？
2. 汽车维修服务生产管理的程序是什么？
3. 汽车服务技术管理的主要内容有哪些？
4. 汽车服务经营计划的特点和作用是什么？

"东方红"拖拉机

第四章　汽车服务质量管理

【学习目标与要求】

1. 了解汽车服务质量与质量管理的基本概念。
2. 了解汽车服务质量管理体系的建立。
3. 了解汽车服务质量规划的内容。
4. 掌握汽车服务标杆管理和汽车服务蓝图技术与过程管理。
5. 掌握汽车服务全面质量管理和汽车服务质量差距管理。

【素质培养目标】

培养"质量第一"的意识。

【学习重点】

1. 掌握汽车服务标杆管理和汽车服务蓝图技术与过程管理。
2. 掌握汽车服务全面质量管理和汽车服务质量差距管理。

【学习难点】

掌握汽车服务蓝图技术与过程管理。

【案例引入】

从丰田召回事件看全面质量管理

丰田的精益生产（Production System，PS）可以归纳为两个方面：准时化生产（Just In Time，JIT）和全面质量管理。准时化生产又称零库存管理，强调物流平衡，追求零库

存,要求上一道工序加工完的零部件可以立即进入下一道工序。全面质量管理强调质量是生产出来的,而非检验出来的,由生产中的质量管理来保证最终质量,重在培养每位员工的质量意识,在每一道工序进行时注意质量检测与控制,保证及时发现质量问题。

一、召回事件暴露了丰田的质量管理缺陷

2009年8月23日,美国发生了一起丰田雷克萨斯汽车因加速踏板失灵造成车毁人亡的悲剧,丰田召回事件由此拉开序幕。截至2010年5月18日,丰田召回车辆近千万辆,比其2009年全球销量还多37%。如此大规模地召回使丰田承受了巨大的损失。召回事件的发生归根结底是丰田的质量管理出了问题,精益生产模式特别是其中的质量管理到了该反思的时候。

二、对丰田全面质量管理的反思

1)20世纪60年代兴起的全面质量管理是继传统质量管理、统计质量管理之后的新的质量管理体系。该体系强调质量管理从过去以生产为中心转向以用户为中心,围绕用户的需求设计制造和供应产品或服务。比较两者,我们可以看出,丰田的全面质量管理仍然围绕生产进行,与新的质量管理体系并不相符。丰田此次在欧美大规模召回汽车,很大一部分原因在于没有充分考虑欧美人的体型特点,在加速踏板的位置设计上沿用了日本的标准,这显然是错误的。

2)质量检测部门对于企业是否必要?丰田公司开展全面质量管理,在企业内不设质量检测部门,仅仅在产品设计阶段进行质量控制。不设质量检测部门,依靠各种利益共同体之间的信任和信心的做法是不对的。不管是上下游企业之间,还是生产各环节之间,不可避免地会因为人为或非人为的因素出现这样那样的质量问题,并由此造成整个集团"千里之堤溃于蚁穴"。一个加速踏板故障就把丰田从全球第一的宝座上拉了下来。试想,如果丰田能有一个质量检测部门对上游的零部件进行检查,或许这次召回事件完全可以避免。

3)到了"全球采购"时代零部件供应商是否依然可信?造成丰田召回事件的原因是丰田的美国零部件供应商提供的加速踏板出了故障。为日本经济腾飞立下汗马功劳的精益生产,一旦到了"全球采购"时代,问题就暴露出来了。过去在日本国内约束各个命运共同体的社会、经济、法律、风俗等因素,随着日本企业走向世界开展全球采购而变得越来越靠不住。在这样的大环境下,丰田公司依旧进行全面质量管理,不设质量检测部门,就像火中取栗,被烧伤手是难免的。

4)质量在成本和销量的目标下如何得到保证?2005年,渡边捷昭成为丰田新总裁后,就以做全球汽车业"霸主"为目标,扩大规模,压缩成本,丰田汽车销售量于2008年超过美国通用成为全球第一。就在丰田取得全球第一的第二年,召回事件就发生了。到2010年年初,丰田还没有焐热的霸主宝座不得不拱手让人。被誉为"成本杀手"的渡边捷昭要求员工千方百计地节约成本:一方面要求设计部门把丰田汽车所有零部件用量压缩30%,另一方面从全世界采购最低报价的零部件。通过这两项措施压缩成本,丰田节约了几百亿美元成本,但也正是这两项措施为丰田的危机埋下了祸根。廉价的零部件造成了丰田汽车加速踏板出现问题,此外,产品设计上省去钢板等部件更是造成了火上浇油。

第一节 汽车服务质量与质量管理概述

汽车服务质量是汽车服务企业的生命,是创建品牌汽车服务的基础,是创造顾客满意和忠诚的重要因素之一,直接关系着企业的持续盈利能力和可持续发展。因此,汽车服务质量管理是汽车服务企业日常经营管理中不容忽视的一项重要内容,应放在汽车服务经营活动的首位,即汽车服务质量第一。

一、汽车服务质量

1. 汽车服务质量的概念

汽车服务质量就是汽车服务的固有特性满足顾客要求的程度。对汽车服务企业而言,产品就是"服务",产品质量评估是在服务传递过程中进行的。顾客对服务质量的满意程度可以认为是对接受服务的感知与对服务的期望值相比的结果。当感知超出期望值时,服务被认为是具有特别质量,顾客表示高兴,对质量评价较高;当感知没有达到期望值时,服务将不被接受;当感知与期望值一致时,服务质量是满意的。

开展汽车服务活动,首先要确定服务对象(顾客),明确顾客的需要,再把顾客的需要转化为与此相应的服务。例如,在汽车客运中,"安全、准时"被认为是顾客最基本的要求,它可派生出下列对应的一些质量要求:不丢失和损坏行李和物品、购票迅速、准时发车、准时到达、行车安全可靠、到站后能迅速疏散顾客等;而汽车维修服务应满足顾客的接待热情、故障判断准确、配件纯正、技术精湛、工艺规范、价格合理等需求。

汽车服务企业所提供的服务是一种无形产品,与硬件、流程性材料等有形产品相比,具有一定的特殊性。服务与有形产品的区别见表4-1。

表 4-1 服务与有形产品的区别

区别	服务	有形产品
	非实体	实体
	形式各异	形式相似
	生产分销与消费同时进行	生产分销与消费分离
	顾客参与生产过程	顾客一般不参与生产过程
	即时消费	可以储存
	所有权不能转让	所有权可以转让

有些服务质量的特性,顾客可以观察到或感觉到,如服务等待时间的长短、服务设施的好坏等;而有些服务质量是顾客观察不到的,但又直接影响服务业绩,如企业内部财务差错率等。有些服务质量的特性可以定量地考察计算,有些服务质量的特性则只能定性地分析。

2. 汽车服务质量的构成要素

汽车服务质量包括汽车技术质量和汽车功能质量两个部分。汽车技术质量常用合格与不合格、质量高或低来评价。汽车功能质量常用差、好或优秀等来评价。

汽车技术质量是一种结果质量。例如,顾客到汽车维修企业排除了车辆的故障、对车辆进行维护并达到规定的维护技术要求、传动轴和车轮动平衡后达到规定的平衡精度等。由于

技术质量涉及的是技术方面的有形内容，很多都有相应的评价标准或规范，因此顾客容易感知，并且质量评价比较客观。

汽车功能质量是汽车服务的消费感受，涉及汽车服务人员的仪表仪态、汽车服务态度、汽车服务方法、汽车服务程序、汽车服务效率和汽车服务行为方式等。相比之下，汽车功能质量更具有无形性，一般是不能用客观标准来衡量的，因此难以做出客观的评价。顾客的主观感受在汽车功能质量评价中占据主导地位。

3. 汽车服务质量的特性

质量特性是指产品、过程或体系与用户要求有关的固有属性。质量概念的关键是"满足要求"。这些"要求"必须转化为有指标的特性，作为评价、检验和考核的依据。由于用户的需求是多种多样的，所以反映质量的特性也应该是多种多样的。用户的需求可分为精神需求和物质需求两种，因此在评价汽车服务质量时，从被服务者的物质需求和精神需求来看，反映质量的特性可以归纳为以下6个方面。

（1）**相对性** 汽车服务质量的相对性是指顾客和其他相关方可能对同一汽车服务的不同功能提出不同的需求，也可能对同一汽车服务的同一功能提出不同的需求。顾客不同、需求不同、质量观不同，质量要求也就不同。只有满足需求的汽车服务，才会被认为是质量好的汽车服务。此外，随着顾客使用汽车、顾客对汽车及汽车服务认知的提高及时代发展和技术进步，顾客的需求会提高。因此，在一定时期内高质量的汽车服务，过了这个时期，可能变成一般质量的汽车服务，也有可能变成不合格的汽车服务。例如，汽车排放标准提高，汽车及汽车服务的要求随之提高，不符合排放标准的汽车及汽车服务将被淘汰。

（2）**经济性** 经济性是指顾客为了得到某项服务所需费用的合理程度。这里所说的费用是指在接受服务的全过程中所花的费用，即服务周期费用。如顾客购买商品所支付的费用、运输费用、安装费用、维修费用等。它是每一个顾客在接受服务时都要考虑的质量特性。经济性是相对的，不同等级的服务所需要的费用是不同的。

（3）**安全性** 安全性是指保证顾客在享受服务的过程中生命不受到危害、健康和精神不受到伤害，以及财物不受到损失的能力。安全性改善和保证的重点在于唤起员工对安全性的高度重视，加强防火、防盗措施的改善，服务设施的维护，环境的清洁卫生等方面的精力和财力投入。

（4）**时间性** 时间性是指服务在时间上能够满足顾客需求的能力，包括及时、准时和省时3个方面。及时是指当顾客需要某种服务时，能够及时地提供；准时是指某些服务的提供在时间上是准确的；省时是指顾客为了得到所需的服务所耗费的时间能够缩短。及时、准时和省时三者是互补的。研究表明，顾客等候服务的时间关系到顾客的感觉、顾客对服务企业的印象、服务企业的形象以及顾客满意度。对服务企业来说，要控制好等待时间、提供时间和过程时间。等待时间就是顾客等候接受服务的时间。提供时间是服务人员向顾客提供服务的平均时间。过程时间则是顾客看不到的企业内部经营时间，但其对顾客感受到的服务有着直接的影响。

（5）**舒适性** 舒适性是指在满足了功能性、经济性、安全性和时间性等特性的情况下，服务过程的舒适程度。它包括服务设施的完备、适用、方便和舒服，环境的整洁、美观和有秩序。显然，舒适性与顾客所享受的服务等级密切相关。也就是说，舒适的程度是相对的，但不同等级的服务应有不同的规范要求。

（6）文明性　文明性是指顾客在接受服务过程中精神需求得到满足的程度。顾客期望得到一种自由、亲切、尊重、友好的气氛，有一个和谐的人际关系，来满足自己的需要。服务是服务人员与顾客直接接触而产生的无形商品，因而在诸种服务质量特性中，文明性充分体现了服务质量的特色。文明性包括提供服务的人员的思想品质、道德水平、技能、礼貌、教养，而这些个人素质很大程度上来自企业的熏陶和教育。因此，为了保证文明性，企业需要长期不懈地致力于对员工的培训和教育。

顾客从以上6个方面将预期的服务和受到的服务相比，最终形成自己对服务质量的判断。

4. 汽车服务质量的范围

（1）汽车服务企业提供的有形产品

1）车辆维修。对汽车服务企业而言，维修工作都是以顾客提供的车辆为核心的，车辆维修质量的好坏，直接影响企业的经济效益和后续发展。如果一台维修车辆在车间维修后，没有达到预期的效果或质量要求，不仅汽车维修企业的返修成本会增加，而且更有可能造成顾客的流失。

2）故障诊断。对于故障车辆，故障诊断的一次正确率，直接影响产品交付活动中的各个相关环节，此外，也能反映出企业的技术质量。顾客总希望能一次性解决问题，但如果维修人员无法一次性找到所有故障根源，就会造成顾客的心理负担，认为自己的车有了很严重的问题。即使问题最终得到解决，顾客也会认为以前的工作都是无用的，甚至认为维修人员在故意制造问题骗取维修费用。许多顾客的抱怨就是从这里开始的。

3）救援服务。对于因故无法行驶的车辆，根据实际情况进行无偿或有偿救援服务，可以提高顾客对企业的信任度，从而为企业树立良好的口碑。救援服务不可以仅限于维修人员的现场排除故障，还应包括协助顾客从困境中解脱出来（如电话讲解、拖车服务等）。

4）车辆防护。对顾客的车辆要提供必要的防护（外观检验、外观防护、作业防护等），以提升顾客对企业的信任。

5）旧件保管。对车辆上更换下来的旧件或失效件，除气、液态之外，要为顾客提供包装袋带走或提供场地储存，在没有特殊要求的情况下要定期清理。

6）接、送车服务。对因故无法将车辆开至维修点的顾客或没时间等待的顾客，在企业资源允许的情况下提供有偿或无偿的接、送车服务。这样可以扩大企业的服务范围，最大限度地满足顾客需求。

7）预约服务。为使维修企业的资源合理配置，最大限度地为顾客提供服务，在顾客提出的合理的时间段内提供相应的预约服务，会使企业和顾客之间形成默契、减少误解，提高顾客的满意度。

（2）汽车服务企业提供的无形产品

1）合理的价格。企业是以获取盈利为目的的，价格作为供方与买方关注的焦点在维系企业与顾客之间的关系上起着决定性作用。汽车服务企业依据物价管理部门和行业管理部门的规定制定出合理的收费标准，并依据标准提供完善的维修和服务。业务员按明示的收费价格，对收费内容做出合理、具体的解释，这也是服务质量的一种表现形式。

2）质量跟踪。维修车辆交付后，由专人或接待人员在规定时间内对车辆的使用情况、故障重复出现率、用户满意程度等信息进行电话跟踪或上门回访，这样可以增强企业信息沟通的时效，促进企业改进，同时增强顾客对企业的信任，可以使服务内容以顾客为中心形成闭环。

3）交付期限。对于维修车辆，维修企业各部门之间要依靠完善的管理体系进行有效沟通和信息反馈，随时掌握维修、配件、技术动态。在配件、技术（资料、支持）、人员、设备均符合工作标准的情况下，维修企业除了严格按承诺期限交付工作之外，对发现的新故障要及时与顾客取得联系，重新确定工作内容和交付期限，征得顾客同意后方可重新派工；对发生的不可预计的非生产因素（如停电、自然灾害等），除企业事先要有充足的预防措施外，还要及时与顾客联系，取得谅解。

4）保修承诺。为提高品牌或企业的信誉度，为顾客创造良好、安心的使用条件，维修企业在"公平、合理"的原则上有义务对本企业的维修、配件或服务提供有限条件的保修或保用政策。同时在宣传、贯彻执行上，要由业务人员与顾客进行有效的沟通，以保证此项服务的顺利进行。

5）咨询（技术支持）服务。因汽车消费的多样化和汽车生产的品牌化，维修企业需要在一定范围内提供服务内容、专业技术等方面的咨询服务，以宣传企业在为顾客提供最大的方便（如故障自救、使用说明、活动通知等）。这些服务可以通过热线电话、网站、邮件、广告等提供。

（3）为顾客制造和谐的氛围

1）服务技巧。这方面包含的内容很多，企业要根据实际业务流程具体分类。例如，接待中要主动迎接、寒暄，排除故障时采用开放式提问还是封闭式提问，维修过程透明可视，工作内容完整、单据清晰，解释工作简洁明了等，甚至可以用具有企业个性的文化来吸引顾客融入企业文化中。

2）以顾客为关注焦点。每一位顾客都希望自己受到好的礼遇。企业为取信于顾客、吸引顾客，对每位顾客的姓名、职业、个人爱好等做基本了解。在顾客进入企业时，由业务人员主动喊出其姓名（或某先生、某女士），简单询问一下近期工作、生活情况等，会让顾客感到亲切，沟通起来更加顺畅，也会增强顾客对企业的信任。另外，在顾客遇到重大问题时，应由主管人员亲自接待、处理。

3）超越顾客的期望值。每位顾客在进入维修企业之前，都或多或少地对企业有初步评价或对维修结果有期望。企业除了正常维修服务外，可以为顾客提供一些无偿或折扣服务，如定期免费检测、季节检测、专项检测、赠送小礼品、定时费用折扣等，或企业定期做一些布局或形象改变，让顾客每次来都有不同的感受（新鲜感），或企业定期召开用户座谈会、维护知识讲座，聘请专业人员对用户感兴趣的知识进行讲座或组织活动等，这些都是为了超过顾客期望值。

4）舒适的环境。舒适的环境包括醒目的标识、充足的车位、丰富多样的娱乐设施、功能齐全的休息区、整洁明亮的接待大厅、员工朝气蓬勃的精神面貌、标准的接待用语等。这会使顾客感到愉悦，有助于顺利完成维修服务工作，创造企业的品牌形象。

5）车辆维修档案及提示服务。维修企业为每一位顾客建立车辆档案，档案内容除车辆的原始档案外，还应记录维修次数、维护周期、返修频次、维修分类等；对部分非专业顾客或汽车经验有限的顾客，除了建立维修档案外，还要根据车辆使用情况定期提醒其进行维护和维修，给顾客创造安心可靠的使用氛围。

另外，企业还可根据社会环境、地理位置、政策等综合因素确定维修服务内容，以最大限度地满足不同顾客对车辆维护（或消费）的需求，最终达到提高服务质量的目的。

5. 汽车服务质量的考查

对于汽车服务企业，可以从内容、过程、结构、结果及影响5个方面考查其服务质量。

（1）内容　内容方面主要考查服务系统是否遵循了标准作业流程。对日常服务而言，标准作业流程已经制定，只是要求服务者遵守这些流程。

（2）过程　过程方面主要考查服务中的事件顺序是否恰当，基本的原理是要保持活动的逻辑顺序和对服务资源的协调利用。顾客和服务人员以及服务人员之间的互动过程应得以监控。

（3）结构　结构方面考查服务系统的有形设施和组织设计是否充足。有形设施和辅助设备只是结构的一部分，人员资格和组织设计也是重要的质量因素。通过与设定的质量标准相比，可以判定有形设施是否充足。人员雇用、晋升资格等都要达到标准。了解企业控制质量的方法有：自我评估程序和成员互评。

（4）结果　结果方面考察服务会引起哪些改变。服务质量的考查要能反映结果。顾客抱怨是反映质量结果的有效指标之一。对公共服务而言，通常的假设是，除非抱怨数量增多，否则现状就是可以接受的。通过跟踪一些指标（如抱怨数量），就可以考查服务质量的变化。

（5）影响　影响方面考察服务对顾客的长期影响。值得注意的是，这种影响必须包括对服务易获性的衡量。企业迫切需要那些能规划，并能出色和创新地提供服务的管理者。

二、质量管理

1. 质量管理的概念

质量管理是通过建立职能机构、质量管理体系，制定规章、规范、标准和运用检测仪器、检测工具、检测设备以及一些管理方法，对涉及产品质量各环节的工作质量进行适时地监控、处理，以确保产品达到相关的质量标准和应具备的使用价值完整性的工作。

国际标准化组织给出的质量管理定义为：质量管理是指在质量方面的指挥和控制活动，通常包括制定质量方针和质量目标，以及为实现质量方针和质量目标而开展的质量策划、质量控制、质量保证和质量改进等活动。

2. 质量管理的内容

质量管理的内容包括以下几个方面。

1）确定质量方针和质量目标。质量方针是"由企业的高层管理者正式发布的该企业总的质量宗旨和方向"。质量目标是"在质量方面所追求的目的"。任何企业及其高层管理者都有既定的质量方针和质量目标，只不过有些是正式发布的，有些没有正式发布。

2）进行质量策划。根据策划，确定相应的组织机构，分配质量工作和资源，建立质量管理体系，编写必需的文件和程序。

3）进行质量控制。根据确定的要求和程序，对生产经营过程进行控制，以确保达到质

量要求。

4）提供质量保证。对内为管理者，对外为顾客及其他相关方提供具有质量保证的产品、过程和体系。

5）进行质量改进。这是很重要的一项质量管理内容，往往被企业忽视。企业若没有持续的质量改进，在激烈的市场竞争中就会失败。

第二节　汽车服务质量管理的方法

汽车服务质量管理的方法有汽车服务质量规划、汽车服务标杆管理、汽车服务蓝图技术与过程管理、汽车服务质量差距管理、汽车服务全面质量管理等。汽车服务企业的质量管理，可以综合运用如下这些管理方法。

一、汽车服务质量规划

汽车服务质量规划是汽车服务质量管理中的一项重要内容，它能帮助管理者采用恰当的质量策略来应对激烈的竞争。

1. 汽车服务任务

首先，质量管理人员应确定汽车服务企业的汽车服务任务，明确本企业为哪些细分市场的汽车服务，应解决顾客的哪些问题。然后，汽车服务管理人员根据汽车服务任务，为汽车服务工作确定一系列具体的汽车服务质量指导原则。

2. 顾客期望的汽车服务质量

顾客期望的汽车服务质量是指顾客在接受服务之前所期望的汽车服务质量。优质的汽车服务是指顾客接受服务过程中感觉到的汽车服务符合或超过他们的期望。汽车服务企业可从本企业以及同类企业的汽车服务中获取顾客期望的汽车服务质量标准。

3. 汽车服务过程和汽车服务结果的质量规划

汽车服务过程和汽车服务结果的质量规划是指对汽车服务流程、各流程汽车服务质量、汽车服务结果及跟踪汽车服务做出的质量要求和检查。在汽车服务行业中，相互竞争的企业都可以使用相似的技术为顾客提供相同的汽车服务，但汽车服务的质量不一定相同。这是由于面对面的汽车服务是汽车服务人员和顾客相互接触、相互交往、相互影响的过程，顾客感受的汽车服务质量不仅与汽车服务结果有关，而且与汽车服务过程有关。因此，要取得竞争优势，管理人员必须在研究企业内外汽车服务过程和结果的基础上，规划本企业的汽车服务过程和汽车服务结果。

4. 汽车服务人员质量培养规划

在大多数情况下，顾客感觉到的汽车服务质量是由汽车服务人员和顾客相互交往的过程决定的。如果汽车服务人员不能为顾客提供优质的汽车服务，整个企业就没有优质的汽车服务。管理人员可通过对全体员工长期的、有针对性的、有计划的汽车服务质量培养，形成以高质量的汽车服务文化为核心的汽车服务企业文化，激励全体员工主动做好汽车服务工作。

5. 汽车服务环境和设备质量保证规划

管理人员必须根据优质汽车服务的需要，确定汽车服务工作中应使用的设备、技术和汽车服务操作体系，并通过培训工作，使汽车服务人员掌握必要的设备使用技能，以满足提高汽车服务质量的要求；通过环境和设备的规划与建设、汽车服务人员培训，来确保汽车服务质量达标。

6. 顾客参与汽车服务过程规划

汽车服务质量不仅与汽车服务人员有关，而且与顾客的行为和态度有关，可以说顾客是兼职的汽车服务人员。企业要提供优质的汽车服务，必须使顾客参与汽车服务过程，可以通过一系列鼓励措施（如较低的汽车售价、汽车美容项目）激励顾客积极参与汽车服务活动，通过顾客问卷答题、与顾客对话等活动，使顾客参与汽车服务过程。

二、汽车服务标杆管理

1. 汽车服务标杆管理的内涵

汽车服务标杆管理的定义为：一个将汽车服务与最强大的竞争对手或汽车服务行业领导者相比的持续过程。

汽车服务标杆管理的基本环节是以最强大的竞争对手或汽车服务行业中领先和最有名望的企业在汽车服务方面的绩效及实践措施为基准，树立学习和追赶的目标，或将本地区最优秀的汽车服务企业视为学习榜样的标杆企业，通过资料收集、比较分析、跟踪学习、重新设计并付诸实施等一系列规范化的程序，将本企业的实际情况与这些基准进行定量化评价和比较，找出自己的不足，从而提高自身汽车服务水平和汽车服务质量，改善经营管理水平，增强企业竞争力。

2. 汽车服务标杆管理的类型

根据汽车服务企业的标杆对象不同，汽车服务标杆管理可分为内部标杆管理、行业竞争标杆管理、职能标杆管理等。

(1) 汽车服务企业的内部标杆管理　汽车服务企业的内部标杆是企业内部的单位或部门，如汽车维修部门的某个榜样班组。汽车服务企业的内部标杆管理的方法是确立内部标杆及管理的主要目标，然后推广到企业的其他部门。

在企业内部树立标杆的优点在于：由于不涉及汽车服务秘密的泄露和其他利益冲突等问题，容易取得标杆对象的配合，数据采集比较容易；因其简单易行、成本较低、时间较短，是所有标杆管理类型中最快、成本最低的一类。其缺点在于：视野狭隘，范围局限在企业内，不容易找到最佳的汽车服务实践，很难实现创新性的汽车服务突破。因此，在实践中，汽车服务企业的内部标杆管理应该与外部标杆管理结合起来使用。

(2) 汽车服务企业的行业竞争标杆管理　汽车服务企业的行业竞争标杆管理的对象是行业内部的直接竞争对手，竞争标杆管理的目标是与有着相同市场的汽车服务企业在汽车服务和绩效与实践等方面进行比较，直接面对竞争者。竞争标杆管理需要收集竞争者的财务、市场情况等有关信息进行分析，在此基础上明确和改进本企业的战略，提高战略管理水平。

行业竞争标杆管理的优点在于：由于同行业竞争者之间的汽车服务项目和汽车服务流程相似，面临的市场机会相当，竞争对手的作业能力一般会直接影响本企业的目标市场。因此，竞争对手的信息对本企业进行策略分析及市场定位有很大的帮助，有助于本企业系统分析竞争对手与服务环境。其缺点在于：正因为标杆对象是直接竞争对手，信息具有敏感性，难以取得竞争对手的积极配合，很难获得真正有用或是准确的信息，从而极有可能使标杆管理流于形式或者失败。另外，拘泥于在同行内寻求最佳标杆，视野仍然较狭窄，难以突破和创新，难以标新立异。

（3）引进不同行业先进的职能标杆管理　以非汽车服务的某行业领先者或某些企业的优秀职能操作作为基准，找出达到同行最好的运作方法，并将其引进到汽车服务企业。这是应用的移植法，其理论基础是任何行业均存在一些相同或相似的功能或流程，如物流、人力资源管理、营销手段等，从而可能被其他行业的企业学习和借鉴。其优点在于：由于不是直接的竞争者，没有直接的利害冲突，因此合作者往往比较愿意提供和分享技术与市场信息。其缺点在于：投入较大，信息相关性较差，最佳实践需要较为复杂的调整转换过程，实施较为困难。

3. 汽车服务标杆管理的程序

汽车服务标杆管理作为一种科学系统的管理方法，其成功实施依赖一套特定的步骤和程序。标杆管理最重要的两个步骤就是学习和实施。具体来说，一个完整的内外部综合的标杆管理程序通常分为5个步骤。

（1）计划　计划阶段有以下主要工作：组建汽车服务标杆管理项目小组，该小组担当发起和管理整个流程的责任；明确汽车服务标杆管理的目标；通过对汽车服务项目的衡量评估，确定标杆项目；选择标杆对象；制定数据收集计划，如进行问卷调查、安排参观访问，充分了解标杆对象并及时沟通；开发测评方案，为标杆管理项目赋值，以便于衡量比较。

（2）内部数据收集与分析　收集并分析汽车服务企业内部公开发表的信息，遴选内部标杆管理合作对象；通过汽车服务企业内部访谈和调查，收集汽车服务企业内部的第一手研究资料；根据需要，组建汽车服务企业内部标杆管理委员会来实施内部标杆管理；通过进行汽车服务企业内部标杆管理，为进一步收集企业外部标杆管理数据打下基础。

（3）外部数据收集与分析　利用各种渠道收集外部企业公开发表的信息；通过调查问卷和实地访问，收集外部企业的第一手研究资料；将收集的有关最佳实践数据与自身绩效计量相比较，识别推动取得更好绩效的因素，撰写标杆管理报告。标杆管理报告要揭示标杆管理过程的关键收获，以及对标杆管理的调整、转换、创新的见解和建议。

（4）调整　根据已实施标杆管理企业的报告，确认正确的纠正性行动方案，制定详细实施计划，再组织内部实施最佳实践方案，并不断对实施结果进行监控和评估，及时进行调整，最终达到增强汽车服务企业竞争优势的目的。

（5）持续改进　汽车服务标杆管理是持续的管理过程，不是一次性行为。因此，为便于以后继续实施标杆管理，汽车服务企业应维护好标杆管理数据库，制定和实施持续的绩效改进计划，以不断地学习和提高。

三、汽车服务蓝图技术与过程管理

20世纪80年代初，美国学者提出在服务业使用服务蓝图技术来描绘服务体系，分析评价服务质量，并在美国服务业得到实际应用。该技术通过对服务流程、顾客行为、服务企业员工行为以及服务接触、服务证据等方面的描述，将复杂、抽象的服务过程用框图简单化、具体化。汽车服务蓝图技术可用于汽车服务企业质量和经营管理，并形成相应的管理模式。

1. 汽车服务蓝图的内涵

汽车服务蓝图就是把汽车服务过程的每个部分按步骤画出来的流程图。汽车服务蓝图借助流程图，通过分解汽车服务组织系统和结构，鉴别用户与员工以及体系内部的汽车服务接触点，在汽车服务流程分析的基础上研究汽车服务的各个方面，将汽车服务过程、员工的角色和汽车服务、顾客的角色和作用等直观地展示出来。

经过汽车服务蓝图的描述，汽车服务被合理地分解成汽车服务的步骤、任务和方法，使汽车服务过程中所涉及人都能客观地理解汽车服务。更为重要的是，顾客同企业及汽车服务人员的接触点被识别，从而可以从这些接触点出发，来改进汽车服务质量，提高顾客满意度，并可持续地进行汽车服务。

2. 汽车服务蓝图的组成

整个汽车服务蓝图（图 4-1）被 3 条线分为 4 个部分，自上而下分别是顾客行为、前台接触员工行为、后台接触员工行为，以及支持过程。

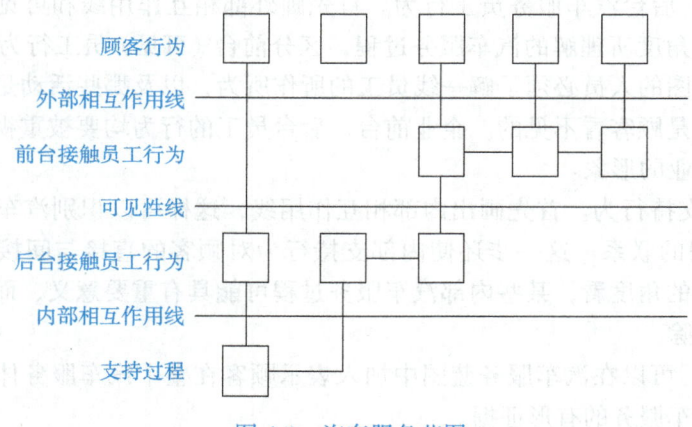

图 4-1　汽车服务蓝图

（1）**顾客行为**　这一部分紧紧围绕着顾客在购车、维修和评价汽车服务过程中所采取的一系列步骤、所做的一系列选择、所表现的一系列行为，以及它们之间的相互作用来展开。

（2）**前台接触员工行为**　前台接触员工行为是指直接向顾客提供汽车服务，并可以被顾客看得见的员工行为，如汽车销售人员、配件销售人员、维修接车员、车辆保险员等的行为。这部分紧紧围绕前台服务员工与顾客的相互关系展开。

（3）**后台接触员工行为**　后台接触员工行为围绕支持前台接触员工的活动开展，发生在汽车服务体系的后台，主要为前台接触员工提供技术、知识等保障汽车服务，必要时有些后台员工，如车辆维修人员、车辆美容人员、信息管理人员也为顾客直接提供汽车服务。

（4）**支持过程**　这一部分覆盖了在传递汽车服务过程中所发生的，支持汽车服务员工的各种内部汽车服务步骤，以及它们之间的相互作用；覆盖了所有保障汽车服务体系正常运行的辅助工作，主要是指那些与提供汽车服务相关，但属于汽车服务体系本身不可控的外部相关部门的行为。

隔开4个关键行为领域的3条水平线，最上面的一条线是外部相互作用线，它代表了顾客和汽车服务企业之间直接的相互作用，一旦有垂直线和它相交叉，汽车服务（顾客和企业之间的直接接触）就发生了。中间的一条水平线是可见性线，它把所有顾客看得见的汽车服务活动与看不见的活动分隔开来。我们通过分析有多少汽车服务发生在可见性线以上及以下，一眼就可明了哪些活动是前台汽车服务员工行为，哪些活动是后台汽车服务员工行为。最下面的一条线是内部相互作用线，它把汽车服务员工的行为同汽车服务支持行为分隔开来，是内部顾客和内部汽车服务人员之间的相互作用线，如有垂直线和它相交叉则意味着发生了内部汽车服务。

3. 汽车服务蓝图的建立

建立汽车服务蓝图的步骤如下。

1）识别计划建立汽车服务蓝图的过程，明确建立汽车服务蓝图的目的和质量管理目标。

2）从顾客的角度用流程图的形式来表示汽车服务过程。在这一步中，首先要明确顾客是谁，明确顾客的汽车服务需求是什么，这非常重要。然后用图表列出顾客的购车、维修等汽车服务，以及评价汽车服务的过程中的选择和行动。

3）画出前台、后台汽车服务员工行为。首先画外部相互作用线和可见性线，然后用图描述从一线员工的角度所理解的汽车服务过程，区分前台（可见）员工行为和后台（不可见）员工行为。建立蓝图的人员必须了解一线员工的所作所为，以及哪些活动是完全暴露在顾客面前的，哪些活动是顾客看不见的。企业前台、后台员工的行为均要被重视，尤其是前台员工的行为代表着企业的形象。

4）画出内部支持行为。首先画出内部相互作用线，这样可以识别汽车服务人员行为和内部支持行为之间的联系。这一步还使内部支持行为对顾客的直接与间接影响变得清晰可见。从与顾客联系的角度看，某些内部汽车服务过程可能具有重要意义，而有些则没有明显的联系，应予以去除。

5）最后一步，可以在汽车服务蓝图中加入表示顾客在整个汽车服务体验过程中所看到的或所接受到的汽车服务的有形证据。

四、汽车服务质量差距管理

汽车服务质量差距管理是指质量管理者在差距分析的基础上，有针对性地提出管理和改进措施，以提高汽车服务质量。

1. 汽车服务质量差距产生的原因

由于感知是决定汽车服务质量的因素之一，因此对同一汽车服务存在着质量评价的差距。在汽车服务中存在以下5种汽车服务质量差距。

（1）汽车服务企业管理层感知差距 汽车服务企业管理层感知差距是指管理者不能准确地感知顾客对汽车服务质量的评价而产生的质量评价差距。产生这种差距的主要原因如下。

1）管理层从汽车服务市场调研和需求分析中所获得的信息不准确。

2）管理层从汽车服务市场调研和需求分析中获得的信息准确，但理解有偏差。

3）本企业没有做过汽车服务市场需求分析工作。

4）与顾客接触的一线员工向管理层报告的信息不准确或根本没报告。

5）企业内部机构重叠，妨碍了与顾客接触的一线员工向上级报告汽车服务市场需求信息。

（2）汽车服务质量标准差距 汽车服务质量标准差距是指汽车服务企业所制定的具体质量标准与管理层对顾客的质量预期的认识之间出现的差距。这种差距产生的原因如下。

1）企业制定的质量标准中存在失误，或者缺乏有关质量标准。

2）管理层对制定质量标准的重视不够，对制定质量标准的工作支持不够。

3）整个企业没有明确的汽车服务目标，造成没有质量标准。

（3）汽车服务传递差距 汽车服务传递差距是指汽车服务产生与传递过程没有按照汽车服务企业所设定的汽车服务标准来进行。造成这种差距的主要原因如下。

1）汽车服务标准定得太复杂，不够灵活。

2）一线员工没有认可这些具体的汽车服务质量标准，如在提高汽车服务质量时要求员工改变自己的汽车服务习惯，但员工不认可这样的汽车服务质量标准。

3）新的汽车服务质量标准违背了现行的企业文化。

4）汽车服务运营管理水平低下，有汽车服务质量标准却不执行，缺乏监督和检查。

5）缺乏汽车服务质量标准的培训学习和贯彻。

6）企业的技术设备和管理体制对一线员工按具体的汽车服务质量标准进行汽车服务没有帮助，从而使本企业的汽车服务水平不能达到标准。

（4）汽车服务市场沟通差距 汽车服务市场沟通差距是指在市场宣传中所做出的承诺与汽车服务企业实际提供的汽车服务不一致。造成这种差距的原因如下。

1）企业没能将汽车服务市场营销宣传计划与汽车服务运营活动相结合。

2）企业没能协调好传统的汽车服务市场营销和汽车服务运营的关系。

3）企业通过宣传介绍了汽车服务质量标准，但实际的汽车服务水平滞后或达不到这些汽车服务质量标准，让顾客认为企业进行了虚假营销。

（5）汽车服务质量感知差距 汽车服务质量感知差距是指顾客体验和感觉到的汽车服务质量与自己期望的汽车服务质量不一致。造成这种差距的原因如下。

1）顾客实地体验到的汽车服务质量低于预期的汽车服务质量，或者存在着服务质量问题。

2）口碑较差。

3）企业形象差。

4）汽车服务失败。

2. 汽车服务质量差距改进方法

（1）汽车服务企业管理层感知差距的改进 汽车服务企业管理层感知差距产生的原因如果是管理不善，就必须提高管理水平，或者让管理者更深刻地理解汽车服务和竞争的特性。在很多情况下，后者更具有适用性，因为感知差距产生的原因并不一定是缺乏竞争力，而是管理者缺乏对汽车服务竞争的深刻认识。任何解决方法都离不开更好地开展市场调研活动，只有如此，才能更好地了解顾客的需求和期望。汽车服务企业开展市场调研活动仅从汽车服务市场以及与顾客的接触中获取信息还远远不够，还必须提高内部信息的管理质量。

（2）**汽车服务质量标准差距的改进**　汽车服务企业应在深入分析顾客需求的基础上，对企业发现的问题进行重新排列，同时应该邀请具体的汽车服务提供者参与标准的制定工作。最理想的方法是计划制订者、管理者和与顾客接触的员工相互协商，共同制定有关的汽车服务质量标准。要注意质量标准不能制定得过于缺乏弹性，否则员工在执行标准时就会缺少灵活性，风险也会更大。

（3）**汽车服务传递差距的改进**　缩小汽车服务传递差距要依赖科学的汽车服务质量标准，同时对员工进行有效培训，执行汽车服务质量标准，使员工认识到，汽车服务水平必须达到汽车服务质量标准，必须与企业长远的战略或盈利目标相适应。另外，管理者可对所有员工的工作进行适当分类，使其各司其职，避免让单个员工承担繁杂的工作，进而影响汽车服务质量。如果汽车服务企业的技术或管理系统对质量改进行为的支撑力度不够，或者这些系统难以使员工工作达到汽车服务质量标准。在这种情况下，要么改变系统，以使其能够对质量改进起到坚强有力的支撑作用，要么从另外一个角度入手，提高内部营销和员工培训的水平，使其能适应技术和管理系统的特性。

（4）**汽车服务市场沟通差距的改进**　汽车服务市场沟通差距的解决途径是建立汽车服务经营部门与市场部门的协调机制，加强内部沟通，经营活动与市场推广活动保持协调一致。每一次市场推广活动的推出必须考虑到汽车服务的产生和传递，而不是各行其是。建立这种机制，企业至少可以达到两个目标：一是，市场推广中的承诺和宣传可以更加现实、准确；二是，外部沟通中所说的承诺可以顺利兑现，而且可以承诺得相对多一些。在此基础上，企业还要时刻注意利用更科学的计划手段来改善市场沟通质量。

（5）**汽车服务质量感知差距的改进**　汽车服务质量感知差距的出现原因比较复杂，但主要是汽车服务企业在与顾客的沟通上或顾客期望管理上出现偏差。因此，改进途径主要是建立健全与顾客的沟通机制，改善汽车服务企业的形象，明确表达汽车服务承诺并做好承诺，对不利的顾客互动进行适当干预。

五、汽车服务全面质量管理

全面质量管理的思想来自美国通用电气公司的菲根堡姆博士，他在1961年首先提出全面质量管理理念。这一理念经历了60多年的发展，广泛应用于各类企业的质量管理工作中，对当前汽车服务企业的质量管理依然具有十分重要的作用。

1. 汽车服务全面质量管理的概念

汽车服务全面质量管理是一个以质量为中心，以全员参与为基础，目的在于通过让顾客满意和本企业所有成员及社会受益，从而达到长期成功的管理途径。全面质量管理强调执行质量管理是企业全体人员的责任，应使全体人员都有质量观念和承担质量责任。汽车服务全面质量管理的核心思想是在企业的各部门中做出质量发展、质量保持、质量改进计划，从而以最经济的水平进行汽车服务，使顾客获得最大的满意。它主要包括3个层次的含义：①运用多种手段，系统地保障和提高汽车服务质量；②控制质量形成的全过程，而不仅是某个汽车服务过程；③质量管理的有效性应当是以质量成本来衡量和优化的。因此，全面质量管理不是仅停留在汽车服务过程本身，而是已经渗透到了质量成本管理的过程之中，通过让顾客满意和本企业所有成员及社会受益而达到长期成功。

2. 汽车服务全面质量管理的特点

汽车服务全面质量管理强调全面的综合治理，它不仅强调各方面工作的重要性，而且强调各方面工作共同发挥作用时的协同作用。其具有以下几个方面的特点。

（1）**以适用性为标准** 全面质量管理要求汽车服务的质量必须符合顾客的要求，始终以顾客的满意为目标。从这个角度来看待全面质量管理，则会涉及所有参与汽车服务过程中的资源和人员。

（2）**以人为本** 汽车服务全面质量管理是一种以人为中心的质量管理，必须十分重视整个过程中所涉及的人员。

（3）**突出改进的动态性** 顾客的需求不断发生变化，通常会随着汽车服务质量的提高而变得更高，这就要求企业有动态的质量管理观念。汽车服务全面质量管理不但要求质量管理过程中要有控制程序，而且要有改进程序。

（4）**综合性** 综合性是指综合运用质量管理的技术和方法，并且组成多样化的、复合的质量管理方法体系，从而使汽车服务企业的人、设备和信息有机结合起来。

3. 汽车服务全面质量管理的原则

（1）**汽车服务以顾客为中心** 在经济活动中，任何一个汽车服务企业都要依存顾客，通过满足顾客的需求，获得生存下去并可持续发展的动力和源泉。

（2）**汽车服务企业必须充分发挥领导的作用** 一个汽车服务企业从总经理层到员工层，都必须参与质量管理活动。其中，最为重要的是企业的决策层必须对质量管理给予足够的重视。

（3）**汽车服务企业全员参与** 全员参与是全面质量管理思想的核心，员工是企业之本，只有员工充分参与，才能充分发挥他们的才干，为企业带来最大的收益。

（4）**重视汽车服务过程和方法** 必须将全面质量管理所涉及的相关资源和活动都作为一个过程来进行管理。

（5）**系统管理汽车服务质量** 将注意力集中到汽车服务质量管理的全过程，最大限度地满足顾客的质量需求。

（6）**汽车服务持续改进** 实际上，仅仅做好一次汽车服务并不困难，而要把汽车服务工作永远做好是不简单的。因此，持续改进是全面质量管理需要坚持的。

（7）**汽车服务质量以事实为基础** 全面质量管理必须以质量事实为基础，背离了质量事实没有任何意义。

（8）**汽车服务互利共赢** 汽车服务企业和汽车及配件供应商之间保持互利关系，可提升企业创造价值的能力，从而为双方的进一步合作打好基础，谋取更大的共同利益。因此，全面质量管理实际上已经渗透汽车及配件供应商的管理之中。

4. 汽车服务全面质量管理的 PDCA 循环

美国质量管理专家戴明博士最早提出了 PDCA 循环概念。汽车服务全面质量管理的思想基础和方法就是根据汽车服务的特点，将 PDCA 循环应用于汽车服务企业的质量管理中，从而形成汽车服务 PDCA 循环。在汽车服务 PDCA 循环中，"计划（P）→执行（D）→检查（C）→处理（A）"的管理循环，是现场汽车服务质量保证体系运行的基本方式，反映了不断提高汽车服务质量应遵循的科学程序。汽车服务全面质量管理在汽车服务 PDCA 循环的规范下，形成了 4 个阶段和 8 个步骤。汽车服务 PDCA 循环示意图如图 4-2 所示。

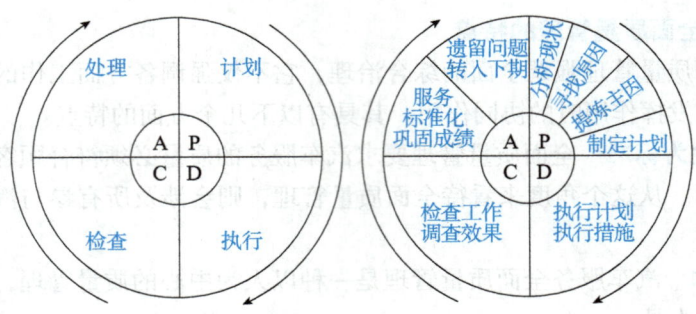

图 4-2 汽车服务 PDCA 循环示意图

（1）计划 计划（Plan）包括制定汽车服务质量目标、活动计划管理项目和措施方案。计划阶段需要了解企业目前的工作效率，追踪目前流程的运行效果和收集运行过程中出现的问题，根据收集到的资料进行分析，并制定初步的解决方案，提交高层领导批准。计划阶段包括以下内容。

1）分析现状。通过对现状的分析，找出存在的主要汽车服务质量问题，尽可能以数字量化的形式进行说明。

2）寻找原因。在收集到的资料基础上，分析产生汽车服务质量问题的各种原因或影响因素。

3）提炼主因。从各种原因中找出影响汽车服务质量的主要原因。

4）制定计划。针对影响汽车服务质量的主要原因，制定汽车服务技术、组织措施等方案，并具体落实到执行者。

（2）执行 在执行（Do）阶段，就是将制订的计划和措施，具体组织实施和执行。将初步解决方案提交给企业高层进行讨论，在得到企业高层的批准之后，由企业提供必需的资金和资源来支持计划的执行。执行阶段需要注意的是，不能将初步的解决方案全面展开，而应先在局部范围内进行试验后再推广。这样，即使设计方案存在较大的问题，损失也可以降到最低。

（3）检查 将执行的结果与预定目标进行对比，检查（Check）计划执行情况，看是否达到预期的目标。根据检查的结果来验证是否按照原来的汽车服务标准进行，或者看原来的汽车服务标准是否合理等。

（4）处理 处理（Administer）阶段包括以下 3 个方面的内容。

1）对成功的经验加以肯定，并予以标准化或制定成汽车服务指导书，便于以后进行汽车服务工作时使用。

2）总结失败的教训，以利于进步。

3）没有解决的问题，应放到下一个汽车服务 PDCA 循环中，作为下一阶段的计划目标。

第三节 汽车服务质量管理的体系

企业要想成功地运行，就要采用系统透明的方式进行管理。汽车服务企业针对所有相关方的要求，建立并保持持续改进业绩的质量管理体系，可使企业获得成功。

第四章 汽车服务质量管理

1. 汽车服务质量管理体系建立的基本原则

（1）**汽车服务质量管理原则是基础** 汽车服务质量管理原则包括汽车服务质量管理的指导思想和基本方法。这说明汽车服务企业在服务质量管理中应处理好与顾客、员工和供应方三者之间的关系。汽车服务质量管理原则是汽车服务质量管理体系建立与实施的基础。

（2）**领导作用是关键** 高层管理者通过各种措施可以创建一个员工充分参与的汽车服务质量内部环境。汽车服务质量管理体系只有在这样的环境下，才能得到有效运行。领导的作用，特别是高层管理者的作用是汽车服务质量管理体系建立与实施的关键。

（3）**全员参与是根本** 全员参与是汽车服务质量管理体系建立与实施的根本。因为只有全员充分参与，才能为企业带来收益，才能确保高层管理者做出的各种承诺得以兑现。汽车服务企业应采取措施确保在企业内提高满足顾客要求的意识，确保每一位员工认识到所在岗位的重要性，以及如何为实现质量目标做出贡献。

（4）**注重实效是重点** 汽车服务质量管理体系的建立与实施一定要结合汽车服务企业及其产品特点，重点放在如何结合实际、如何注重实效上来，注重汽车服务质量的管理过程、管理结果、管理的适用性和有效性。

（5）**持续改进求发展** 顾客的需求和期望在不断变化，以及市场的竞争、科技的发展等，都促使汽车服务企业持续改进，因此持续改进是汽车服务企业的目标。持续改进的目的在于提高顾客和其他相关方的满意度。汽车服务企业应通过各种途径促进汽车服务质量管理体系的持续改进。

2. 质量管理体系建立的基本步骤

一般来讲，建立质量管理体系需要经过以下7个步骤。

（1）**学习标准** 汽车服务质量管理体系的建立需要全员参与。企业对于全体员工的培训，要从意识入手，树立以顾客为关注焦点、满足顾客要求、提升顾客满意度的思想，以及持续改进汽车服务质量管理体系有效性的思想，使全体员工对汽车服务质量管理体系的建立持积极向上的态度。这对于汽车服务质量管理体系在企业中的贯彻和实施将起到良好的推动作用。对全体员工进行标准培训是培训中必不可少的内容，但由于员工所在的岗位不同，对他们的标准培训可根据职能、责任和权限的不同在范围、深度等方面进行差异性培训。

（2）**明确质量方针、质量目标** 在质量方针提供的质量目标框架内规定汽车服务企业的质量方针和质量目标。应根据汽车服务企业的宗旨、发展方向、确定质量目标。汽车服务企业的质量目标应是可衡量的。

（3）**策划质量管理体系** 汽车服务企业应依据质量方针、质量目标，应用过程方法对企业应建立的汽车服务质量管理体系进行策划，并确保质量管理体系的策划满足质量目标要求；在汽车服务质量管理体系策划的基础上，进一步对实现过程进行策划，确保这些过程的策划满足所确定的质量目标和相应的要求。

（4）**确定职责和权限** 汽车服务企业应依据质量管理体系策划以及其他策划的结果，确定各部门、各环节及其他与汽车服务质量工作有关人员应承担的相应职责，赋予相应的权限，并确保其职能和权限能得到有效实施。高层管理者还应在管理层中指定一名管理者代表，代表高层管理者负责汽车服务质量管理体系的建立和实施。

（5）**编制汽车服务质量管理体系文件** 汽车服务企业应依据质量管理体系策划以及其他

策划的结果，确定汽车服务质量管理体系文件的框架和内容。在汽车服务质量管理体系文件的框架中确定文件的层次、结构、类型、数量、详略程度，规定统一的文件格式，编制汽车服务质量管理体系文件。

（6）**发布和实施汽车服务质量管理体系文件** 在正式发布汽车服务质量管理体系文件前应认真听取多方面的意见，并经高层管理者签署再发布。汽车服务质量管理体系文件的正式发布意味着文件所规定的汽车服务质量管理体系开始正式实施和运行。

（7）**学习汽车服务质量管理体系文件** 在汽车服务质量管理体系文件正式发布或即将发布之前，认真学习质量管理体系文件对质量管理体系的建立和有效实施至关重要。各部门、各级人员都要通过学习，清楚地了解汽车服务质量管理体系文件对本部门、本岗位的要求，以及与其他部门、岗位的相互关系的要求，只有这样才能确保汽车服务质量管理体系文件在整个企业内得到有效实施。

课后习题

1. 名词解释：汽车服务质量、质量管理、汽车服务标杆管理、汽车服务全面质量管理。
2. 汽车服务标杆管理的内涵是什么？
3. 描述汽车服务蓝图技术与过程管理。
4. 汽车服务质量差距管理的内涵是什么？

汽车维修服务项目质量管理体系初探

汽车召回维修服务项目质量管理体系的运作分析

第五章　汽车服务企业的人力资源管理

【学习目标与要求】

1. 了解人力资源管理的定义、内容及职能。
2. 了解汽车服务企业的工作分析与设计。
3. 了解汽车服务企业的人员管理。
4. 掌握汽车服务企业的人员招聘过程和原则。
5. 掌握汽车服务企业的绩效考核与激励的方法。

【素质培养目标】

培养"人本思想"意识，充分发挥人的主观能动性。

【学习重点】

1. 掌握汽车服务企业的人员招聘过程和原则。
2. 掌握汽车服务企业的绩效考核与激励的方法。

【学习难点】

掌握汽车服务企业的绩效考核与激励的方法。

【案例引入】

2023 年某大众 4S 店售后服务部的薪酬方案

以调动售后服务部各岗位员工的积极性为最终目的，并结合本地区汽车行业现有工资水平以及我公司 2022 年全年的经营状况，客观地评价员工履行岗位职责的效率、效果和发展潜力，特制定本薪酬方案。

一、汽车服务顾问（SA）薪酬

薪酬＝基本工资＋（台次/产值比＋养护产品绩效）×顾客满意度（CSI）得分＋精品绩效＋保险销售绩效

基本工资每年递增100元，递增4年封顶。

二、维修工薪酬

1. 机电工薪酬

薪酬＝基本工资＋（工时费/1.17×提成比例＋养护产品绩效）×CSI得分

工时费绩效＝班组维修工时费/1.17×13%

2. 油漆工薪酬

薪酬＝基本工资＋（工时费/1.17×提成比例＋节约奖）×CSI得分

工时费绩效＝班组维修工时费/1.17×20%

节约奖：材料费/油漆工产值＜23%，每一个百分点奖励200元。

浪费处罚：25%≤材料费/油漆工产值，每一个百分点处罚500元。

3. 钣金工薪酬

薪酬＝基本工资＋（工时费/1.17×提成比例＋节约奖）×CSI得分

工时费绩效＝班组维修工时费/1.17×20%

节约奖：定损没有更换，未发货奖励为材料销售价/1.17×30%。

三、养护产品绩效

1）绩效：养护产品销售额/1.17×10%。

2）绩效分配：销售员70%、班组20%、库房10%。

四、保险销售绩效

绩效：总保费/1.17×6%。

五、CSI绩效

1）绩效：CSI系数得分是根据我店客户关系管理（CR）部对来店客户回访给予相对应工作人员的打分。

2）满分：100分为100%，既得多少分就为百分之几。

3）该系数在公式中的使用为乘积关系。

六、管理人员薪酬

1. 信息员薪酬

薪酬＝基本工资＋（来厂台次×1元/台）×CSI得分＋产值达成奖

2. 前台主管薪酬

薪酬＝基本工资＋（来厂台次×2元/台）×CSI得分＋产值达成奖

七、备件部薪酬

1. 备件主管薪酬

薪酬＝基本工资＋（备件出库总额×3‰）×CSI得分＋产值达成奖

2. 备件计划员薪酬

薪酬＝基本工资＋（备件订货金额×3‰）×CSI得分＋产值达成奖

第五章 汽车服务企业的人力资源管理

第一节 人力资源管理概述

一、人力资源及其特点

一般认为，所谓人力资源是指能够推动整个经济和社会发展的劳动者的能力，包括能够进行智力劳动和体力劳动的能力。正确理解这一范畴，必须注意其以下特征。

1. 生物性

人力资源存在于人体之中，是有生命的活资源，与人的自然生理特征相联系。

2. 能动性

在经济活动中，人力资源是居于主导地位的能动性资源。人力资源与其他经济资源的不同之处在于，它具有目的性、主观能动性和社会意识。

3. 可再生性

人力资源是一种可再生资源。它可以通过人力总体和劳动力总体内各个个体的不断替换更新和恢复得以实现，是一种用之不尽、可充分开发的资源。

4. 社会性

从人类社会经济活动的角度来看，不同的劳动者一般都分别处于各个劳动集体之中，构成了人力资源社会性的微观基础。从本质上讲，人力资源是一种社会资源，应当归整个社会所有，而不应仅归属于某一个具体的经济单位。

二、人力资源管理的定义及内容

人力资源管理是指对人力资源的取得、开发、保持和利用等方面所进行的计划、组织、指挥协调和控制活动。它是研究并解决组织中人与人关系的调整、人与事的配合，以充分开发人力资源，挖掘人的潜力，调动人的生产积极性，提高工作效率，实现组织目标的理论、方法、工具和技术的总称。

人力资源管理包括对人力资源进行质量与数量的管理两个方面。对人力资源质量的管理，是指采用科学的方法，对人的思想、心理和行为进行有效的管理（包括对个体和群体的思想、心理、行为的协调、控制与管理），充分发挥人的主观能动性，以达到组织的目标。对人力资源数量的管理，就是根据人力和物力及其变化，对人力进行恰当培训、组织和协调，使二者经常保持最佳比例和有机配合，从而使人和物都充分发挥作用。

总之，人力资源管理最重要的工作就是在适当的时间，把适当的人选（最经济的人力）安排在适当的工作岗位上，充分发挥人的主观能动性，使人尽其才、事得其人、人尽相宜。

三、人力资源管理的职能

从人力资源管理的定义出发，人力资源管理的职能包括以下几个方面。

（1）工作分析　工作分析是指通过一定的方法对特定岗位信息进行收集和分析，进而对工作职责、工作条件、工作环境以及任职者资格做出明确的规定，编写工作描述和工作说明的管理活动。

（2）人力资源规划 人力资源规划的主要内容是，根据企业的发展预测企业在未来较长一段时间对员工种类、数量和能力的需求，编制人力资源供给计划，通过内部培养和外部招聘的方式进行人力资源供给，以满足企业的人力资源需要，确保企业发展战略的顺利实施。

（3）人员招聘 人员招聘是指组织选择合适的渠道和方法，吸引足够多的人加入组织，并选择和录用最适合组织和岗位要求的人员的过程。

（4）培训 培训是指组织有计划地帮助员工提高与工作有关的综合能力而进行的活动。培训的目的不仅是要帮助员工学习工作所必需的技能、知识，并合理地运用到工作实践中，而且要将组织的价值观念和文化传递给员工。

（5）员工职业生涯管理 员工职业生涯管理是指组织和员工共同探讨员工职业成长计划并帮助其发展职业生涯的一系列活动。它可以满足个人成长的需要，实现个人与组织的协调发展。

（6）薪酬管理 薪酬管理是指针对不同的工作制定合理公平的工资、奖金以及福利计划，以满足员工生存和发展的需要，也是组织对员工贡献的回报。

（7）劳动关系管理 劳动关系管理包括与员工签订劳动合同、规范员工的权利和义务、建立员工投诉制度、根据相关的法律法规处理员工管理的问题等。

（8）绩效评价 绩效评价是指衡量和评价员工在一定时期内的工作和工作成果的过程。它包括制定评价指标、实施评价、评价后处理等方面的工作。

人力资源管理不是简单的活动的集合，而是相互联系的整体。例如，组织设计和岗位研究是人力资源管理的基础，其他很多职能活动，如薪酬管理、绩效考核、人力资源规划、招聘选拔和培训等都需要参考岗位信息；绩效考核的结果是薪酬管理、培训和选拔的依据。因此，必须将人力资源的各项职能活动作为一个整体看待。这样才能真正发挥人力资源管理的作用，提高管理效率。

第二节　汽车服务企业的人力资源工作分析及其实施过程

一个企业要想有效地进行人力资源开发与管理，一个重要的前提就是要了解企业中各种工作的特点，以及能够胜任相应工作的人员的特点。这就是汽车服务企业人力资源工作分析的主要内容。人力资源管理的很多职能活动，都需要由工作分析为之提供准确的信息。

一、汽车服务企业的工作分析的概念

工作分析就是全面地收集某一工作岗位的有关信息，对该工作从6个方面开展调查研究：工作内容、责任者、工作岗位、工作时间、操作流程和要求，然后将该工作的任务要求、责任、权利等进行书面描述，整理成文，形成工作说明书。

二、汽车服务企业的工作分析所需的信息

汽车服务企业的工作分析是一个描述和记录维修工作的各个方面的过程，需要收集与维修工作本身相关的各项信息。一般情况下，进行工作分析的目的会对信息收集的种类产生影响。如果汽车服务企业进行工作分析主要用于建立比较科学的薪酬体系，那么工作分析所涉

及的信息主要是工作过程中的各项报酬因素，以及影响这些报酬因素的其他信息。下面介绍一个有效的工作分析应该包括的内容。

1）工作职责范围和工作职责内容，包括：①工作中的各项任务；②每项任务的工作流程；③工作流程与其他工作的关系；④工作各个阶段的成果表现形式和保存形式。

2）人的活动，包括：①与工作相关的基本动作和行为；②工作方式；③沟通方式。

3）工作特征，包括：①工作的时间特征；②工作条件；③工作的环境特征；④工作的人际关系特征；⑤工作的技术性、创新性和复杂性。

4）所采用的工具、设备和辅助设施，包括：①使用的工具、设备和辅助设施清单；②应用维修车辆的材料；③应用维修车辆的产品或服务。

5）工作的任职要求，包括：①个性特点；②所需的学历和培训；③工作经验；④基本能力要求；⑤基本知识要求；⑥对身体条件的要求。

6）工作业绩，包括：①工作目标；②记录工作业绩的方式；③业绩考核标准。

汽车服务企业的工作分析如图5-1所示。

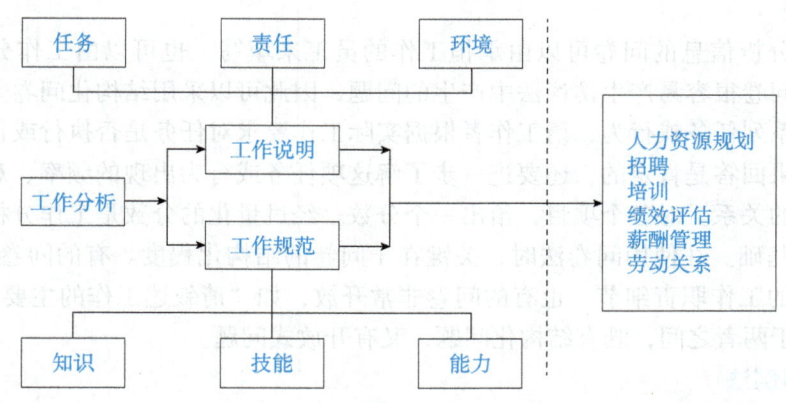

图5-1 汽车服务企业的工作分析

三、工作信息收集方法

为了进行工作分析，每项工作都要收集大量的信息，下面将简单介绍几种常用的工作信息收集方法。

1. 工作实践法

工作实践法是指工作分析人员亲自从事所要研究的工作，从而掌握第一手材料。这种方法的优点是可以准确地了解工作的实际任务和工作在体力、环境及社会方面的要求，适用于那些短期内可以掌握的工作。其缺点是不适用于需要进行大量训练和具有危险的工作。

2. 直接观察法

直接观察法是指工作分析人员观察所需要分析的工作的过程，以标准格式记录各个环节的内容、原因和方法，从而系统地收集工作任务、责任和工作环境等方面的信息的方法。直接观察法的优点是工作分析人员能够比较全面和深入地了解工作的要求，适用于那些程序化的、工作内容较为固定的、需要较多体力劳动的工作。但是直接观察法不适用于需要较多脑

力劳动的工作和处理紧急情况的间歇性工作。

3. 访谈法

工作分析人员通过同员工和管理者的访谈，可以获取更多的细节和更准确的信息。很多工作是工作分析人员不能进行实践的，或者是不可能通过观察来了解的，因此与工作的承担者面谈是收集工作信息的一种有效方法。访谈法包括个别员工访谈法、集体员工访谈法和主管访谈法。

访谈法的优点在于方便和准确，并能为组织提供一个良好的机会来向员工解释访谈的重要性和必要性，甚至在访谈过程中，还能让员工有一个释放不满情绪的机会，并使他们看到组织因此进行改善的希望。访谈法的缺点是：工作分析经常是调整薪酬的序幕，因此员工容易把工作分析看作变相的绩效考核，故而有可能夸大其承担的责任。这就容易引起工作分析资料的失真。另外，员工可能不信任工作分析人员，可能怀疑其动机。同时，工作分析人员所提出的问题可能会因不够明确或不够准确而造成误解。因此，访谈法不应该作为工作分析的唯一方法。

4. 问卷法

收集工作分析信息的问卷可以由承担工作的员工来填写，也可以由工作分析人员来填写。开放式的问卷很容易产生访谈法中产生的问题，因此可以采用结构化问卷。在结构化问卷中，列举一系列任务或行为，请工作者根据实际工作要求对任务是否执行或行为是否发生做出回答。如果回答是肯定的，还要进一步了解这项任务或行为出现的频率、难易程度，以及与整个工作的关系。对各个项目，给出一个分数。经过量化的分数是工作分析人员进一步汇总和评价的基础。在使用问卷法时，关键在于问卷的结构化程度。有的问卷非常结构化，包括数以百计的工作职责细节，也有的问卷非常开放，如"请叙述工作的主要职责"。最好的问卷应该介于两者之间，既有结构化问题，又有开放式问题。

5. 典型事例法

典型事例法是指对实际工作中的工作者特别有效或者无效的行为进行简短的描述，通过积累、汇总和分类，得到实际工作对员工的要求。典型事例法的优点是直接描述工作者在工作中的具体活动，因此可以揭示工作的动态性质。其缺点是收集归纳典型事例并进行分类需要耗费大量时间。此外，由于描述的是典型事例，因此很难对常规工作行为形成总体概念，而对常规工作行为进行分析才是工作分析的主要目的。

此外，工作信息收集方法还有工作日志法，它要求任职者在每天工作结束之后记下工作中的多种细节，由此来了解工作的性质。工作日志法也可以同访谈法结合使用。

四、工作分析的实施过程

1. 工作分析的实施步骤

（1）成立工作分析工作组　该工作组一般包括数名人力资源专家和多名工作人员，是进行工作分析的组织保证。

首先，工作组需要对工作人员进行工作分析技术培训、制定工作计划、明确工作分析的范围和主要任务。同时，配合组织做好员工的思想工作，说明分析的目的和意义，建立友好的合作关系，使员工对工作分析有良好的心理准备。

其次，工作组还需要确定工作分析目标和设计职位调查方案。在一开始就确定工作分析所获得的信息的使用目的。信息的用途直接决定了需要收集哪些类型的信息，以及使用哪些方法来收集这些信息。在此基础上，对信息调查方案进行设计。不同的组织有特定的具体情况，可以采用不同的调查方案和方法。当然，如果能够把工作分析的任务和程序分解为若干个工作单元和环节，将更利于工作分析的完成。

（2）收集与工作相关的背景信息　　工作分析一般应该得到的资料包括：劳动组织和生产组织情况、企业组织机构和管理系统图、各部门工作流程图、各岗位办事细则、岗位经济责任制度等。

很多组织有"定岗、定编、定员"的具体规章制度，这些背景信息将会对下一步的调查和分析过程产生重要的作用。其中一个最重要的作用在于，它能帮助工作分析人员进行有效的清岗工作，即对该组织当前的所有部门的岗位进行清理。在背景信息的帮助下，通过与该组织的人事部门的工作人员进行讨论，工作分析人员能够清楚地了解组织各部门的岗位以及各岗位上的人数和大致的工作职责，并可以用标准的职位名称来规范各岗位。

（3）收集工作分析的信息　　职位调查是指收集和工作相关的资料，为正确编写职位说明书提供依据。这个阶段的任务是根据调查方案，对组织的各个职位进行全方面的了解，收集有关工作活动、职责、工作特征、环境和任职要求等方面的信息。在信息收集中，一般可灵活运用访谈、问卷、实地观察等方法，来得到有关职位的各种数据和资料。职位调查是工作分析中很必要的准备工作，它的真实程度以及准确性，直接关系到工作分析的质量。

（4）整理和分析所得到的工作信息　　工作分析并不是简单地积累工作的信息，而是要对各岗位工作的特征和要求做出全面说明，在深入分析和认真总结的基础上，创造性地揭示出各岗位工作的主要内容和关键因素。整理和分析过程应包括以下几个措施。

1）整理访谈结果和调查问卷，去除无效的访谈信息和调查问卷，并按照编写职位说明书的要求对各个职位的工作信息进行分类。

2）在职人员以及其直接主管对初步整理的信息进行核对，以减少可能出现的偏差，同时有助于获得员工对工作分析结果的理解和接受。

3）修改并最终确定所收集的工作信息的准确性和全面性，作为编写职位说明书的基础。

4）编写职位说明书。职位说明书在企业管理中的作用非常重要，不但可以帮助任职人员了解工作、明确责任范围，还可以为管理者的决策提供参考。一般而言，职位说明书由工作说明和工作规范两部分组成。工作说明是对有关工作职责、工作内容、工作条件以及工作环境等所进行的书面描述。工作规范则描述了工作对人的知识、能力、品格、教育背景和工作经历等方面的要求。当然，工作说明和工作规范可以分成两个文件来写。

2. 职位说明书的编写与管理

职位说明书要求准确、规范和清晰。在编写之前，需要确定职位说明书的规范用语、版面格式和各个栏目的具体内容。

职位说明书一般包括以下几项内容。

（1）职位基本信息　　职位基本信息也称为工作标识，包括职位名称、所在部门、直接上级、定员、部门编码、职位编码等。

（2）工作目标与职责　　重点描述该职位所要完成的任务或达到的工作目标，以及该职位

的主要职责权限等。

（3）**工作内容** 这是最主要的内容，详细描述该职位所从事的具体工作，写出完成工作任务所要做的每一项工作，包括每项工作的活动过程和工作权限等。同时，还可以描述每项工作的环境和工作条件，以及所用到的不同工具和设备。

（4）**工作时间特征** 工作时间特征反映该职位通常表现的工作时间特征，例如在流水线上可能需要三班倒，在高科技企业中需要经常加班，市场营销人员需要经常出差，一般管理人员则正常上下班等。

（5）**工作完成结果及考核标准** 工作完成结果及考核标准反映该职位完成工作的标准，以及如何根据工作完成情况进行考核，具体内容通常与该组织的考核制度相结合。

（6）**教育背景和工作经历** 教育背景反映该职位的最低学历要求。在确定教育背景时应主要考虑新加入员工的最低学历要求，而不考虑当前该岗位在职员工的学历。工作经历则反映该职位应具有的工作经验要求，一般包括两个方面：一是专业经历要求，即相关的知识经验背景；二是本组织内部的工作经历要求，尤其是组织中的一些中高层管理职位。

（7）**专业技能、证书和其他能力** 此项反映该职位要求的基本技能和能力。某些职位对专业技能要求较高，没有此项专业技能就无法开展工作。例如，财务主管这一职位，如果没有财务、金融等相关基础知识以及国家的相关法律知识，就无法开展此项工作。某些职位则可能对一些能力要求较高，如市场部主管这一职位，就要求具有较强的公关能力、沟通能力等。

（8）**专业培训** 此项反映该职位要求的基本专业培训，否则将不允许上任或不能胜任工作。具体是指员工具备了教育水平、工作经历、技能要求之后，还必须经过的哪些培训。

职位说明书一般由人力资源部统一归档并管理。然而，职位说明书的编写并不是一劳永逸的工作。在实际工作中，组织内经常出现职位增加、撤销的情况，更普遍的情况是某项工作的职责和内容发生了变化。每一次工作信息的变化都应该及时记录在案，并迅速反映到职位说明书中。这种情况，一般由职位所在部门的负责人向人力资源部提出申请，并填写标准的职位说明书修改表，由人力资源部进行信息收集并对职位说明书做出相应的修改。

第三节 汽车服务企业的人员招聘与培训

一、汽车服务企业的人员招聘

1. 人员招聘的概念

所谓人员招聘，就是通过各种信息途径吸引应聘者，并从中选拔、录用企业所需要的人员的过程。"与其训练小狗爬树，不如一开始就选择松鼠"，英国的这句谚语形象地说明了人员招聘的重要性。

从数量与质量两个方面，获取汽车服务企业在各个发展阶段所需要的人员，是汽车服务企业人员招聘工作的主要目标。企业代表与应聘者的直接接触，以及在招聘过程中进行的宣传工作，可以树立良好的企业形象。同时，通过在招聘过程中对应聘者的准确评价和有效选拔，汽车服务企业可以找到那些认可企业的核心价值观念，并且能力与受聘岗位相匹配的人员。这样就可以降低新加入者在短期内离开公司的可能性，降低企业的人力资源风险。

2. 汽车服务企业的人员招聘过程

汽车服务企业的人员招聘过程一般包括以下步骤。

（1）**确定人员的需求**　根据企业人力资源规划、职位说明书和企业文化确定企业人力资源需求，包括数量、素质要求以及需求时间。

（2）**确定招聘渠道**　确定企业是从内部选拔，还是从外部招聘所需人员。

（3）**进行应聘人员信息采集**　根据不同的招聘渠道进行应聘人员信息采集，将以各种方式向企业招聘人员进行招聘咨询的人确定为工作候选人。

（4）**初步筛选候选人**　根据所获得的候选人的资料对候选人进行初步筛选，去除明显不能满足企业需要的应聘者，留下来的候选人进入下一轮的测评甄选。

（5）**测评甄选**　采用笔试、面试、心理测试等方式对候选人进行严格测试，以确定最终录用人选。

（6）**录用**　企业与被录用者就工作条件、工作报酬等进行谈判，签订劳动合同。

（7）**招聘评价**　对本次招聘活动进行总结，并从成本收益的角度进行评价。

3. 汽车服务企业的人员招聘原则

在汽车服务企业的人员招聘过程中，应主要把握好以下几个原则。

（1）**择优、全面原则**　择优是招聘的根本目的和要求。择优就是广揽有经验的人才，选贤任能。在做出试用决策前，招聘者要全面测评和考核应聘者，要根据综合考核成绩，谨慎筛选，做出录用决定。为确保择优原则，应制定明确而具体的录用标准。

（2）**公开、竞争原则**　公开是指把招考单位、种类、数量、报考资格、条件、考试的方法、科目和时间均向社会通告，公开进行。竞争是指通过考试竞争和考核鉴别，以确定人选。只有通过公开竞争，才能使人才脱颖而出，才能起到激励作用。

（3）**宁缺毋滥原则**　招聘决策者一定要树立"宁缺毋滥"的观念，即一个岗位可暂时空缺，但不可让不适合的人占据。

（4）**能级原则**　人的能量有大小、本领有高低，工作有难易，要求有区别，所以招聘不一定要最优秀的人，而应量才录用，做到人尽其才，用其所长。这样才能持久高效地发挥人力资源的作用。

（5）**全面考核原则**　全面考核原则是指对报考人员从品德、知识、能力、智力、心理、工作经验和业绩进行全面考试、考核和考查。决策者必须对应聘者的素质进行综合性分析，在此基础上做出判断。

4. 汽车服务企业的人员招聘途径

人员招聘的途径不外乎两种：内部招聘和外部招聘。企业可以根据公司的战略、企业经营环境和岗位的重要程度，以及招聘职位的紧急程度来确定具体的招聘途径。招聘途径的选择与企业的传统有关。内部招聘与外部招聘各有利弊。

5. 汽车服务企业的人事测评

汽车服务企业的人事测评是汽车服务企业人员招聘的重要工具。利用人事测评可以从应聘者中选出汽车服务企业最需要的人。人事测评就是采用科学的方法，收集被测评者在主要活动领域的信息，针对某一素质测评目标体系做出量值或价值判断的过程。

选拔性测评是以选拔优秀人员为目的的测评。这类测评能把不同素质、不同水平的人区别开来。开发性测评是以开发人员素质为目的的测评，要了解测评对象有哪方面的优势和劣势，从而为测评对象指出努力方向，为组织提供开发依据。考核性测评是以鉴定与验证某种素质是否具备或具备程度为目的的测评，经常穿插在选择性测评中。这里我们将主要讨论选拔性测评所用到的人事测评技术。

（1）面试　面试是企业最常用的，也是必不可少的一种测评手段。它是一种评价者与被评价者双方面对面地观察、交流互动的一种测评形式。一项调查表明，99%的企业使用面试作为筛选工具。面试的主要任务是为录用决策解决疑问。面试一般需要了解应聘者的以下内容：应聘动机，对本公司及所提供职位的了解程度，离开原来职位的具体原因，可以报到上班的时间，原来的收入水平以及期望的收入水平，工作经历、表现和感受，专业知识技能以及接受的培训，业余生活和爱好，本人的优缺点，外在仪表和内在的心理倾向，反应与应变能力，表达能力和情绪控制能力等。

（2）笔试　笔试主要用来测试应聘者的知识和能力。现在有些企业也通过笔试来测试应聘者的性格和兴趣。

对知识和能力的测验包括两个层次，即一般知识和能力与专业知识和能力。一般知识和能力包括一个人的社会文化知识、智商、语言理解能力、数字能力、推理能力、理解能力、记忆能力等。专业知识和能力，即与应聘岗位相关的知识和能力，如财务会计知识、管理知识、人际关系能力、观察能力等。

（3）能力测试　常用的能力测试方法包括：智力测试，语言能力测试，理解和想象能力测试，判断、逻辑推理和归纳能力测试，反应速度测试，操作与身体技能测试等。

（4）评价中心　评价中心方法是一种综合性的人事测评方法。评价中心综合使用各种测评技术，其中包括前面介绍的能力测验和面试方法等，但评价中心的突出特点就是使用了情境性测评方法对特定行为进行观察和评价。这种方法通常是将被测试者置于模拟的工作情境中，采用多种评价技术，由多个评价者观察和评价被测试者在这种模拟工作情境中的行为。

评价中心常用的情境性测评方法有：无领导小组讨论、公文处理练习模拟面谈、演讲、书面的案例分析、角色游戏等。这些方法都可以用于揭示特定职位所需的胜任特质，从而对被测试者进行测评。评价中心采用的情境性测评曾由于主观性较强而招到一些人怀疑。现在，有些人已经将情境性测评以标准化的方式来呈现，使测评的结果能够得到客观的评价。例如，将模拟情境制成录像，根据情境的内容设计一些标准化的选择题。被测试者边看录像边回答问题，再对他们作答的结果进行客观计分，并且可以建立常规模型。这种方法可以使情境性测评变得更加容易实施。从组织的角度而言，人事测评可以帮助一个组织有效地选拔和合理地利用人才，做到人尽其才。另外，企业可以通过此方法帮助每个员工了解自己的素质并帮助他们制定和实施职业生涯规划，为员工提供发展机会。这就意味着对员工存在激励，从而有利于提高团队凝聚力。

二、汽车服务企业的人员培训

人是生产力诸多要素中最重要、最活跃的因素。一个国家、一个民族、一个企业的命运，归根结底取决于人员的素质。人的素质的提高，需要个人在工作中进行钻研和探索，更重要的是需要有计划、有组织地参加培训。

1. 培训的含义

培训是指企业为了实现自身和员工的发展目标，有计划地对全体工作人员进行培养和训练，使之提高与工作相关的知识、技能以及态度等素质，以适应并胜任工作。这一定义有以下几层含义。

1）培训的最终目的是实现企业和员工的个人发展目标。企业的发展目标具有多重性，包括提高生产效率、提高经营效益、扩大企业规模、增强市场竞争力等。员工的个人发展目标包括满足个人兴趣、增长知识、提高技能、晋升职务、实现自我价值等。

2）培训的直接目的是提高员工的素质，使之适应和胜任岗位工作。员工的工作绩效取决于其工作行为，而工作行为很大程度上又是由员工的素质决定的。员工的素质由若干要素构成，包括与工作相关的知识、技能及工作态度等。培训的直接目的就是提高员工这方面的素质，使他们的行为符合岗位工作的要求，从而有效地履行工作职责和完成工作任务。

3）培训是一项涉及全体员工的制度化的人力资源管理活动。培训并非只与企业中的部分人员相关，也并不是只涉及低学历者或技术的工作，而是涉及企业中所有层次和类别的员工。不管是总经理、部门经理，还是基层管理人员，或是一线生产员工，都应该接受不同层次、不同类型的培训。培训不应该是随意性、权宜性的活动，而应该是计划性和经常性的活动。企业员工培训活动应该形成一种制度。

2. 汽车服务企业培训形式的分类

1）从培训与工作的关系来划分，分为在职培训、脱产培训和半脱产培训。在职培训，即人员在实际工作中得到培训，培训对象不脱离岗位，可以不影响工作或生产。但这种培训方法往往缺乏良好的组织，不太规范，培训效果欠佳。

脱产培训，即受训者脱离工作岗位，专门接受培训。组织可以把员工送到各类学校、商业培训机构或自办的培训基地接受培训，也可以选择本单位外的适宜场地自行组织培训。由于学员为脱产学习，没有工作压力，时间和精力较集中，知识技能水平会提高较快。但这种形式的缺点是需要投入较多的资金。

半脱产培训介于上述两种形式之间，可在一定程度上克服两者的缺点，吸纳两者的优点，从而更好地兼顾培训费用和效果。

2）从培训的目的来划分，分为文化补习、学历教育、岗位职务培训等。文化补习的目的在于增加受训者的科学文化知识，提高基本素质。这类培训的对象主要是学历较低、从事简单劳动的一般人员。

学历教育的目的是全面提高受训者的专业素质，以取得更高的学历。为了稳定学历较低的骨干乃至提高组织人员的整体素质，许多组织制定措施鼓励员工提高学历，甚至直接筛选人员送到国内外的大学接受学历教育。

岗位职务培训是以工作的实际需要为出发点，围绕职位的特点而进行的、有针对性的培训。这种培训旨在传授个人对于行使职位职责、推动工作方面的特别技能，偏重于专业技术知识的灌输。

汽车服务企业管理

第四节　汽车服务企业的绩效考核与激励

汽车服务企业的成功很大程度上取决于人力资源。这不仅意味着企业要关注有多少人力资源，更要重视人力资源的实际使用情况。绩效评估为衡量这种情况提供了理论和实践依据。只有建立科学合理的绩效评估体系和激励措施，有效管理和控制员工的行为和结果，人力资源效用发挥最大化，企业才会实现和扩展人力资源带来的竞争优势。

一、汽车服务企业的绩效考核的含义和作用

1. 绩效考核的含义

绩效考核是指收集、分析、评价和传递某一个人在其工作岗位上的工作行为表现和工作结果方面的信息的过程。绩效考核是评价每个员工的工作结果及其对组织贡献的大小的一种管理手段，所以事实上每一个组织都有绩效考核。由于人力资源管理已经越来越受到汽车服务企业的重视，因此绩效考核成为企业在管理员工方面的一个核心职能。

2. 绩效考核的作用

绩效考核对汽车服务企业的作用主要表现在以下几个方面。

（1）有助于提高汽车服务企业的生产率和竞争力　从人力资源管理的角度看，衡量生产力的主要因素应该是员工的招聘、培训、激励和绩效评价，并以绩效评价为核心。一项针对上市公司的研究表明：具有绩效管理系统的公司在利润率、现金流量、股票市场绩效、股票价值以及生产率方面，明显优于那些没有绩效管理系统的公司。

（2）为员工的薪酬管理提供依据　员工的实际业绩决定了薪酬的高低，企业应根据人员业绩的变化情况来确定是否加薪。绩效考核结果最直接的应用，就是为企业制定员工的报酬方案提供客观依据。可以说，不以考核结果为依据的报酬，不是真正的劳动报酬。

（3）为人员调配和职务调整提供依据　人员调配之前，企业必须了解人员使用情况、人事配合程度，了解的有效手段是绩效考核。人员职务的升降必须有足够的依据，这也必须有科学的绩效考核作为保证，而不能只凭领导个人的好恶轻率地决定。企业通过全面、严格的考核，发现一些人的素质和能力已超过所在职位的要求，适合担任更有挑战性的职务，则可以让其晋升；反之，则可以让其降职。这样就为管理人员的"能上能下"提供了客观的依据。

（4）为员工培训工作提供方向　培训是人力资源开发的重要方式。培训必须有的放矢，才能达到事半功倍的效果。通过绩效考核，企业可以发现员工的优势与劣势，从而根据员工培训的需要制定具体的培训措施和计划。

（5）有助于员工的自我提升　绩效考核强化了工作要求，能增强员工的责任意识，从而使员工明确了自己怎样做才能更符合组织的期望。企业通过考核发掘员工的潜能，可以让员工明白自己最适合的工作和岗位。同时，绩效考核可以使员工明确工作中的成绩与不足，这就会促使他在以后的工作中发挥长处，努力改善不足，使整体工作绩效进一步提高。

二、汽车服务企业的绩效考核的原则

1. 客观、公正原则

考核前要公布考核评价细则，让员工知道考核的条件与过程，以对考核工作产生信任，对考核结果持理解、接受的态度。企业在制定绩效考核标准时，应本着客观、公正的原则，坚持定量与定性相结合的方法，建立科学适用的绩效指标评价体系。这就要求企业在制定绩效考核标准时要尽量减少个人主观臆断的影响，要用事实说话，切忌主观武断。

2. 具体可衡量原则

考核指标要具体明确、绝不含糊。绩效管理的各项指标都应该是可以衡量的指标，如在对销售人员进行考核时，考核"销售成果"显然不如考核客户回访次数、新客户接待率和回款率等指标更具体和明确。

3. 反馈原则

考核与员工的薪酬水平挂钩，更重要的是能使员工认识到工作上的不足，并加以改善。所以，考核结果应直接反馈给员工，以让其明确努力方向。

三、汽车服务企业的绩效考核的程序和方法

1. 绩效考核的程序

（1）**制定绩效考核标准**　绩效考核要发挥作用，首先要有合理的绩效标准。这种标准必须得到考核者和被考核者的共同认可，标准的内容必须准确化、具体化和定量化。为此，制定标准时应注意两个方面：一是以职务分析中制定的职务规范和职务说明为依据，因为它们是对员工的岗位职责的组织要求；二是考核者与被考核者之间进行沟通，以使标准能够被共同认可。

（2）**评定绩效**　将员工的实际工作绩效与组织的期望进行对比和衡量，然后依据对比结果来评定员工的工作绩效。绩效考核指标可以分为许多种类，如业绩绩效考核指标和行为考核指标等，考核工作需要从不同的方面取得事实材料。

（3）**绩效考核反馈**　这一环节是指将考核的结果反馈给被考核者。首先，考核者将书面的考核意见反馈给被考核者，由被考核者同意认可。其次，通过绩效考核的反馈面谈，考核者与被考核者可以就考核结果、考核过程的不明确或不理解之处进行解释。这样有助于被考核者接受绩效考核结果。

2. 绩效考核的方法

（1）**排列法**　排列法是根据某一考核指标，如销售回款率，将全体考核对象的绩效从最好到最差依次进行排列的一种方法。这是一种较简单的考核方法，所需要的时间成本很少，简单易行，一般适合员工数量较少的评价需求。

（2）**成对比较法**　成对比较法是考核者根据某一标准将每一名员工与其他员工进行逐一比较，并将每一次比较的优胜者选出的一种考核办法。这种方法的比较标准，往往不是具体的工作成果，而是考核者对被考核者的整体印象。由于这种方法需要对每次比较进行强制排序，可以避免考核中易出现的趋中现象。但当被比较的人员很多时，采用这种方法进行考核，需要进行很多次的比较，会耗费很大的时间成本。

（3）等级评估法 等级评估法的一般做法是：根据工作分析，将被考核岗位的工作内容划分为独立的几个模块。在每个模块中用明确的语言描述完成该模块工作需要达到的标准。然后将标准分为几个等级，如"优秀、良好、合格、不合格"等，根据被考核者的实际工作表现，对每个模块的完成情况进行评定。等级评估法的优点是考核内容全面、实用并且成本小。它的缺点在于受考核者的主观因素影响较大。

（4）关键事件法 关键事件法是客观评价体系中最简单的一种形式。在应用这种评价方法时，负责评价的主管人员把员工在完成工作任务时所表现出来的特别有效的行为记录下来，形成一份书面报告。每隔一段时间，主管人员和下属面谈一次，根据所记录的特殊事件来讨论后者的工作业绩。企业在使用这种方法时，可以将其与工作计划、目标及工作规范结合起来。

（5）行为锚定评价法 行为锚定评价法是将传统业绩评定表和关键事件相结合形成规范化评价表的方法。这种方法以等级分值量表为工具，配之以关键行为描述或事例，然后分级逐一对人员绩效进行评价。虽然这些关键行为描述语句的数量有限，不可能涵盖千变万化的实际工作表现，但有了量表上的这些关键行为描述，考核者打分时便有了分寸。这些代表了从最劣至最佳的典型绩效的、有具体行为描述的点，不但能使被考核者较深刻地了解自己的现状，还可使其找到具体的改进点。

（6）360°考核 所谓360°考核，就是在组织结构图上，由位于被考核员工上下左右的公司内部的其他员工、被考核的员工以及顾客，一起来考核该员工的绩效的一种方法。360°考核特别注重通过反馈来提高员工的绩效，因此其反馈称为360°反馈。

为了避免人际冲突，保证反馈过程的顺利进行和反馈结果的有效性，360°考核大多是以匿名的形式进行的。目前，这种考核主要用于管理人员的开发方面，它的设计价值也在于开发上。各种形式的反馈对比使管理人员对自己的优缺点能有更全面的认识，促进其行为改变，并将此改变与组织的变革、改善紧密联系起来。这种相关群体共同参与的考核形式无疑会促使信任水平的提高，也能促使管理者和他们身边的人进行更多沟通，从而减少员工的抱怨和不满，提高顾客的满意度和培养组织的合作精神。

四、激励

1. 激励的意义和作用

激励是以员工需要作为新的刺激因素，去激发、奖励员工的工作积极性和充分发挥其潜在能力，实现组织目标，并让员工从中获得满足的过程。激励过程是由激励的感受者、激励的施加者、激励的环境条件、激励的目的和激励的措施5个因素协同作用的。

西方行为科学家认为，没有激励，一个人的能力仅能发挥出20%~30%；如果一个人处于激励状态，则其能力能发挥出80%~90%，有时甚至会更多。因此，人的潜在能力变为现实能力是需要激励的。激励的公平理论认为员工工作积极性的高低，不仅受其所得绝对报酬的影响，还受相对报酬的影响。若把员工对工资报酬的满意程度看成是社会比较过程，则有

$$\frac{A（本人所得的报酬）}{B（本人的劳动付出）} = \frac{C（比较他人的所得的报酬）}{D（比较他人的劳动付出）}$$

当 $A/B=C/D$ 时，员工心态平衡，不会产生消极行为；当 $A/B>C/D$ 时，员工心态是欣喜

的更不会产生消极行为，反而会产生积极行为；当 A/B＜C/D 时，员工心态就会不平衡，会产生消极行为。特别是当 A 与 C 差不多，B 大于 D 很多时，或当 B 与 D 差不多，A 小于 B 很多时，员工就会跳槽。

2. 激励方法

激励分物质激励和精神激励两种。企业在实施激励时要把这两种方法结合起来使用，既要重视员工的物质利益，反对"精神万能"，又要充分运用精神激励，反对"金钱万能"。具体方法有以下几种。

（1）奖惩激励　奖励是对员工某种行为的肯定和表扬，惩罚则是给予否定与批评。被奖励者虽然是少数，但激励起作用的范围却是全体员工。企业通过奖励可获得期望出现的行为方式和道德风尚。奖励的方式有：奖金、奖品、公开表扬、评先进、上光荣榜、授予奖章和奖状、晋升、提供疗养、旅游、培训、出国考察机会等。惩罚的方式有：经济罚款、行政处分、批评、降级、辞退、开除等。

（2）榜样激励　榜样的力量是无穷的。俗语说，喊破嗓子，不如做出样子。开展树典型学先进活动，充分发挥先进典型、先进工作者和劳动模范的榜样作用。

（3）目标激励　企业要使员工明确企业目标、部门目标、岗位目标及个人奋斗目标，包括物质文明和精神文明建设目标。目标明确，能鼓舞人努力工作，为实现目标而奋斗。

（4）参与激励　组织员工参与企业管理的决策，进行自我管理和控制，以增强员工的主人翁意识，调动其工作积极性。

（5）岗位竞争激励　竞争上岗、上岗加薪、下岗减薪，使员工不仅有光荣感，还有危机感，从而促使其兢兢业业地努力工作。

（6）创新激励　应注意鼓励创新，容许失误。开展合理化建议活动，并给予奖励或表扬，对于重大创新成果应予以重奖。

激励不仅能产生积极效应，但如果使用的不好，还会产生负面效应。所以企业在使用激励时，还应注意以下几个方面。

（1）公开性　制度公开，执行情况公开，提高激励的透明度。

（2）客观公正性　在激励过程中要防止讲人情、讲关系，要以绩效考核为依据。

（3）合理性　注意激励标准不能是高不可攀的，而应是员工经过努力可以达到的。

第五节　汽车服务企业的人员管理

在知识经济时代，企业的成败实际上取决于人的管理，怎样求才、知才、用才、育才是每个成功的企业管理者必须掌握的。把员工看成是最宝贵的财富，为提高员工价值进行投资，加强对员工的考核、激励与职业引导，增强员工的活力，是现代人力资源管理的基本出发点。

汽车服务行业是一个劳动密集型行业，核心竞争力之一是人力资源管理。汽车服务企业的组织决定着企业的命运，而组织的建设依赖的是人力资源管理。

一、汽车服务企业的人员管理内容

现代汽车服务企业是为高科技产品提供服务的。产品的高新技术含量越来越高，汽车服

务企业要熟练掌握这些技术就必须招聘到有用的人才、合理使用人才、科学管理人才、有效开发人才，只有这样才能促进汽车服务企业目标的实现。其人员管理内容如下。

1. 选择人

选择人主要是指确定企业的员工需求并把合适的人吸引到企业中来，包括人力资源规划、工作分析、招聘、选拔和委派。企业经过人力资源规划，确定了需要招聘的职位、数量、时限、类型等，再进行工作分析，确定空缺职位的工作性质、工作内容以及胜任该工作的员工应具备的资格、条件，就可以进行人员招聘了。招聘是通过各种信息传播渠道把可能成为和希望成为企业员工的人吸引到企业应聘，实现员工个人与岗位的匹配，也就是人与事的匹配。选拔是企业根据用人标准和条件，运用适当的方法和手段，对应聘者进行审查、选择、聘用。委派是把招聘、选拔来的员工安排到一定的岗位上，担任一定的职务。负责招聘的人员要在对企业工作需求分析的基础上，招聘具有一定技能的人员，到企业空缺的岗位上。汽车服务企业营销和维修技术人员，最好选择在专业院校接受过专业培训及高等教育的人员。汽车技术管理人员必须具有丰富的汽车专业知识和实践经验。其他人员也要有相关的知识，并熟悉汽车服务行业。

2. 培育人

汽车服务企业要做的是对新员工进行一定时间的教育，如企业发展现状和远景教育、企业宗旨和企业价值观教育等，使新员工尽快熟悉企业情况、环境。汽车服务企业还要对现有员工通过各种不同方式进行不同的培训，不断提高员工的素质。目前，多数汽车维修服务企业主要是靠师傅带徒弟来培养人才，维修质量好坏完全凭经验，许多先进的设备新员工不会正确使用，更谈不上熟练操作。所以，必须加强人才培养。

3. 使用人

对人才要量才使用，不但大材小用不行，小材大用也不行。汽车服务企业要用其所能、避其所短，充分发挥其优势；要坚持对员工进行素质评估和绩效考评，对员工的德、智、能、技做出客观的、公正的评价；要对那些素质高、绩效好的员工给予奖励和升迁，对素质低、绩效差的员工适当采取降级使用、惩罚等措施，要做到奖惩分明。

4. 激励人

汽车服务企业要建立各种绩效管理指标，加强对员工的素质、行为及工作成果评价，在绩效考评的基础上，为员工提供所需的、同其事业成功度相匹配的工资、奖金，增加其满意感，充分发挥工资、奖金的激励作用。

薪酬对员工的态度和行为有着重要影响。薪酬管理既是维持企业正常运转的常规工作，又是推动企业战略目标实现的强有力的工具。长期以来，汽车服务企业中的技术工人工资没有统一的标准，处于无序状态，随意性很大。这样的工资制度无法调动技术工人的积极性，只要有企业给更高的工资，他们就会毫不犹豫地往"高"处流。"多劳多得，奖惩结合"是汽车服务企业薪酬管理的一个基本法则，是调动员工积极性首要的和最常用的手段。用有限的资金调动员工最大的积极性，是企业管理者应具备的重要能力。

二、汽车服务企业的人员配置

企业发展以人为本，人才资源作为企业发展的最重要资源，是为企业创造利润的源泉。

第五章　汽车服务企业的人力资源管理

在竞争激烈的今天，没有高素质的员工队伍和科学的人事安排，企业将面临被淘汰的后果。但是人才并不是越多越好，员工的数量和素质同企业的投资额息息相关，所聘用人员数量越多，聘用人才素质越高，企业为此付出的代价就越高。因此，汽车服务企业必须把握好人才的数量和素质，注意人才的优化组合，避免人员结构臃肿、资金利用价值不高。

1. 定员

汽车服务企业人员的配置要坚持"能职匹配"的原则，即坚持所配置人员的知识、素质能力与岗位的要求相匹配。俗语说："骏马能历险，犁田不如牛。"一定要从专业、能力、特长、个性特征等方面衡量人与职位之间是否匹配，做到人尽其才，职得其人。这样才能持久高效地发挥人力资源的作用。

总之，汽车服务企业在对人员需求做出科学、全面的分析判断后，可进行人员配置。某汽车服务企业的人员配备见表 5-1。

表 5-1　某汽车服务企业的人员配备

职位	学历	语言	计算机	从事本行业年限（年）	人数（人）
总经理	本科	英语	使用	5	1
文秘	专科	英语	使用	2	1
技师	本科	英语	使用	10	2
培训教师	本科	英语六级	使用	5	1
质检员	专科	英语	使用	10	1
车间主任	专科	英语	使用	10	1
机电工	专科	英语	使用	10	14
钣金工	中职	—	使用	5	2
油漆工	中职	—	使用	5	2
汽车美容工	中职	—	使用	5	5
前台接待经理	本科	英语	使用	10	1
前台业务员	专科	英语	使用	5	1
前台结算	专科	英语	使用	3	1
财务部经理	本科	英语	使用	5	1
会计员	专科	英语	使用	3	1
配件经理	本科	英语	使用	5	1
仓库管理员	专科	英语	使用	3	1
采购员	专科	英语	使用	2	2
后勤管理	—	—	—	—	2
合计					41

2. 制定生产定额

汽车服务企业为客户的车辆使用提供完善和高质量保障的系统，并为客户提供优质服

113

务。企业要取得发展，获得利润，必须确保能以最小的资源消耗顺利完成在正常条件下的各项工作。因而，必须确定与企业经营规模相适应的、合理的工作方法和最节约的工作时间，作为生产定额。

三、汽车服务企业的人员培训

汽车服务企业建立对内部员工的培训机制是稳定人才的主要手段和企业发展的必然措施与动力。制约企业成长的重要因素是企业内部人力资源的供给，企业的扩张速度，很大程度上取决于内部管理人员的培养速度。

企业在一定时期从外部招聘技术人员和管理人员是必要的，但经验表明，如果管理人员不能从以外部招聘为主转向以内部培养为主，就不算是走上正轨的企业。在许多情况下，企业必须根据内部培养的程度决定业务扩张速度，而不是简单地由扩张速度来决定招聘人才的数量，许多急速扩张的企业后来失败的原因之一就是过多地从外部招聘人才。

汽车服务企业在员工培训中要坚持以市场经济为导向与企业需求相结合的原则，统一安排，因材施教；时刻研究汽车服务市场发展规律、企业的需要、企业的发展目标，培养实用性人才；对不同培训对象提出不同的要求，同时采用灵活多样的培训形式。

（1）**企业领导人员**　企业领导人员重点学习企业管理、政策法规、市场动向和发展趋势及先进企业的管理经验等。必要时，企业领导人员要进行实地参观考察，使其成为既懂政治又懂经济，既懂管理又懂经营，会按经济规律办事的专门人才。

（2）**企业管理人员**　应按人事、秘书、财会、统计、物资等不同的专业，有计划、有目的地进行培训，使其成为不仅能胜任本职工作，还能不断为企业管理提出好的改进意见的好管家、好助手和好参谋。

（3）**企业工程技术人员**　企业工程技术人员在新技术、新设备、新材料、新工艺的引进和应用、生产问题的解决、经营管理的改善等方面都起着非常重要的作用。因此，应着重加强对他们的再教育，尤其要抓紧对质量管理人员、检验人员的培训。一是要普遍加强理论技术教育，使其在两三年内，在技术水平上提高一个等级；二是对没有受过专业教育的人员，要有计划地进行本专业课程的理论教育；三是对质检人员，要能及时进行新工艺、新标准、新车型及检测设备运用的培训，使其做到熟练掌握、运用自如。

汽车服务企业在对员工进行培训时，还必须进行工作态度的培训。员工工作态度是影响员工士气及企业绩效的重要因素。一般而言，每个企业都有特定的文化氛围及与之相适应的行为方式，如价值观、企业精神及企业风貌等，必须使全体员工认同并自觉融入这种氛围中，建立起企业与员工之间的相互信赖关系，培养员工对企业忠诚及积极的工作态度，从而增强其企业观念和团队意识。

课后习题

1. 名词解释：人力资源管理、汽车服务企业的工作分析、人员招聘、绩效考核、激励。
2. 汽车服务企业人员招聘的过程如何？

3. 汽车服务企业人员招聘的原则是什么？
4. 汽车服务企业的绩效考核的方法有哪些？
5. 汽车服务企业的激励的方法有哪些？

第一辆红旗轿车车牌

第六章　汽车服务企业的物资与设备管理

【学习目标与要求】

1. 了解汽车服务企业的物资管理任务和分类。
2. 了解汽车服务企业的物资消耗定额和物资储备定额。
3. 了解汽车服务企业的物资采购。
4. 掌握汽车服务企业的库存控制方法。
5. 掌握汽车服务设备管理的内容和任务。

【素质培养目标】

1. 培养细节意识。
2. 培养节约意识。

【学习重点】

1. 掌握汽车服务企业的库存控制方法。
2. 掌握汽车服务设备管理的内容和任务。

【学习难点】

掌握汽车服务企业的物资 ABC 分类控制法。

【案例引入】

多快好省：一汽丰田打造高品质零件服务体系

2017年3月3日，"一汽丰田全国经销商零件大会"在成都拉开帷幕。一汽丰田汽车销售有限公司（简称一汽丰田）领导团队与来自全国的零件经理、部分4S店总经理及服务经理、供应商等850余人，为达到2020年销售100万辆的目标，针对一汽丰田在零件工作的相关部署，以及一汽丰田零件工作的发展要务展开了深入探讨。

百万辆营销体系的建立，备件管理和效率是重要前提。为此，本次大会将零件的供应水平、销售渠道的创新、价格竞争力的提升列为重要议题，以确保充分满足客户多样化的需求。针对这些议题，一汽丰田将持续开展"多、快、好、省"的零件战略，打造高品质零件服务体系，加速实现将一汽丰田经销店售后服务打造成中国最佳服务品牌的目标。

一汽丰田汽车销售有限公司副总经理表示："事业之道，在于义利并重，二者缺一不可。'客户第一、经销商第二、厂家第三'对于一汽丰田来说，不仅是企业理念和口号，更是实实在在的行动指南。"将"客户第一"落实到切实行动，就是要着重关注车主在维修保养过程中最关心的零部件品质、价格和供应及时性。基于这三大诉求，一汽丰田对现有的零件服务体系进行了改革。

一、多——纯牌零件优势多，出行安全更无忧

"维护纯牌零件的品牌形象，拓展纯牌零件市场，抵制假冒零件销售行为。"在零件大会上，一汽丰田汽车销售有限公司副总经理这样说。如今的汽车零件市场，零件种类繁多，质量参差不齐，而使用纯牌零件对于车主来说具有更多优势，可以为出行带来更可靠的安全保障。

如果把车比喻为人，车的每一个配件，就相当于人体的每一个器官。显然，"器官"还是原装的好。对于汽车这样一个由成千上万个零部件组成的"大家伙"来说，同样如此。古人云"差之毫厘，谬之千里"，一个零件的不合格，就有可能危及行车安全。因此，纯牌零件、专车专用，是保证车辆安全并体现最佳性能的不二法则。

一汽丰田旗下经销店均使用丰田纯牌零件。纯牌零件、专车专用带来了诸多优势：首先，一汽丰田纯牌零件是针对丰田车进行量身设计的，从设计开发到生产经过了严格的检验；其次，一汽丰田纯牌零件品质保真，经久耐用；最后，专车专用使每个零部件都能和原有车型完美匹配，确保车辆安全并体现最佳性能。

同时，一汽丰田还导入了具备防伪识别功能的二维码标签，以防范假冒劣质零件进入，保证车主使用到品质可靠的纯牌零件。一贯的高品质让"开不坏的丰田车"成为一汽丰田在车主心中最好的名片。

此外为了让更多的车主更便捷地了解和使用纯牌零件，2017年一汽丰田还进一步拓展纯牌零件的销售渠道，特别是强化官网、天猫等网络平台的销售能力，更好地提供零件服务。

二、快——零部件供应快，修车不用排长队

除了品质保真，零部件的供给响应速度也是车主比较关心的。一汽丰田汽车销售有限公司常务副总经理说道："我们要紧跟市场变化，迅速应对，更要站在客户的立场上，满足客户的需求。为确保每个经销店纯牌零件的供应，一汽丰田建立了可覆盖全国的完善零件供给制度。从零件的仓储到物流，严格按照丰田国际标准运作，及时满足车主的需求。"

目前，一汽丰田已在全国设立了6个大型零配件仓库，拥有16万m^2的仓储面积，并通过对供应链各环节和各级仓库库存的优化管理，确保零部件的稳定、及时供应，使维修

所需的零部件在24h之内得到迅速响应。

同时,在零部件物流方面,一汽丰田对每条配送路线的经销店数量、时间、物流量都能精确管理,一旦物流量达到一定的规模,还可以拆分线路,尽力实现更高效、更短途的专车运输。对于等待时间较长的进口车型,一汽丰田进一步优化物流链,缩短配件通关周期,减少车主的等待时间,以保证每一辆丰田车能都及时"享受"高品质原厂配件的"呵护"。

三、好——专业化服务好,维修质量有保障

"与经销商同思考、共行动。"这是一汽丰田汽车销售有限公司常务副总经理发言的核心思想之一。近几年一汽丰田与经销商共同努力,促进了一大批优秀的品牌经销店的产生。大会现场,10家经销店获得了"2016年零件考核金奖店"荣誉称号。

一汽丰田以高标准打造每一家经销店,每一位服务人员和维修技师都经过了专业、系统地零件培训和考核,确保为车主带来高标准服务。同时,一汽丰田每年还举办各种技能大赛,提升店内业务人员的专业技能和服务品质,为车主带来更加专业、贴心、标准的售后维修保养服务。

除此以外,一汽丰田经销店的维修过程是全程公开透明的,例如哪些零部件需要更换,哪些零部件维护后可以继续使用,车主都可以"尽收眼底"。而且在维修后,工作人员还会进行后续的跟踪服务,了解车辆维修后的使用情况,为车主带来安心与放心的维修体验。

四、省——一劳永逸,"省"得不只是钱

"与经销商同思考、共行动",还表现在为客户带来实实在在的利益上。对大多数车主较为关心的维修保养成本问题,一汽丰田同样拥有积极有效的应对措施,让车主不仅省钱,还更省心。

据了解,为了让车主节省更多的维修保养成本,一汽丰田从零件价格、修复率等方面下足了功夫。首先,在零件价格方面,一汽丰田通过不断强化零件中心的运营管理水平,优化供应链和物流管理等多重手段来改善成本,使定价更加市场化。其次,一次性修复率是一汽丰田对经销店的重要考核标准。专业的设备和雄厚的人才储备,确保了一汽丰田的一次修复率。一汽丰田相比那些看似让车主得到了某些好处,但不能保证维修质量的维修店,真正意义上做到了让车主省钱省心。更值得一提的是,一汽丰田还将继续开展春秋季服务节、COROLLA DAY等一系列车主回馈促销活动,让车主得到更多实惠。

自2003年以来,一汽丰田始终践行"客户第一"的经营理念,凭借"多、快、好、省"全面而高效的售后服务,收获了车主的广泛认可。未来,一汽丰田将继续秉承"专业对车,诚意待人"的服务理念,深挖内部潜力,发挥资源优势,学习零件销售行业好的做法,博采众长,开拓创新,以更高的品质要求回馈广大车主,共同打造喜悦车生活。

第一节　汽车服务企业的物资管理概述

物资和设备是企业生产经营活动的基本条件,也是保证企业生产活动得以正常进行的基础。物资贯穿于企业整个生产经营活动中,并在生产中不断改变形态,创造价值。企业加强

第六章　汽车服务企业的物资与设备管理

物资管理，涉及内外各个领域和环节，包括对物资需求、采购、使用、保管的控制等。企业加强物资管理对有效利用物资、保证生产经营活动的顺利进行、提高企业经济效益有着重要的意义。

一、汽车服务企业的物资管理任务

1. 汽车服务企业的物资管理内容和意义

所谓汽车服务企业的物资管理，是对汽车服务企业经营活动所需的各种物资供应、保管、合理使用等进行的一系列管理工作的总称。它主要包括物资供应计划的编制、物资的采购、物资消耗定额的制定和管理、物资储备量的控制、仓库的管理、物资的节约使用和综合利用等。

企业的生产过程同时也是物资消耗过程。合理地组织物资供应，是保障企业正常进行生产经营活动的前提。做好物资管理，对于促进企业不断提高服务质量、用户满意度、企业的劳动生产率，增加业务量，加速资金周转，节约物资消耗，降低产品或服务成本，增加企业利润，提高企业经济效益有着重要的意义。物资管理系统是企业管理系统必不可少的生产保障子系统，是企业管理的重要组成部分。

2. 汽车服务企业的物资管理任务

总的来说，汽车服务企业的物资管理任务是保障企业正常经营活动的后勤物资，根据经营活动的需要和市场预测，按质、按量、按品种、按时间，成套地供应企业生产经营活动所需的各种物资，并且通过有效的组织形式和科学的管理方法，监督和促进企业合理地使用物资，提高企业经济效益。具体来说，汽车服务企业物资管理的基本任务有以下几个方面。

1）开展调查研究，充分掌握物资的供需信息。一方面要掌握生产经营中需要什么物资，需要多少，什么时候需要；另一方面要掌握消费品市场、生产资料市场、技术市场等物资供应的数量、质量、价格和品种，以及供应来源和供应渠道等信息。只有全面、及时、准确地掌握物资供需的信息及其变化规律，才能在物资管理工作中提高自觉性，掌握主动性。

2）加强物流管理，提供后勤保障。企业的物资供应部门，要以最佳的服务水平，按质、按量、按品种、按时间、成套、经济、合理地满足企业生产经营中所需的各种物资，保证生产服务经营活动顺利地进行。

3）合理使用和节约物资。企业应在保证产品质量的前提下，尽量选用资源充足、质优价廉的物资和代用品，有效利用物资，降低产品或服务的成本；制定合理的物资消耗定额，实行集中下料和限额发料，做好物资的综合利用，并要督促物资使用部门，努力降低物资消耗。

4）经济合理地确定物资储备。企业在进行库存决策时，应根据物资的供需情况和运输条件，全面分析哪些物资要库存，哪些物资不要库存。对于需要库存的物资，要运用科学的方法，制定先进合理的储备定额。

5）缩短物资流通时间，加速流动资金周转。物资流通时间主要由采购计划的科学性（对需求预测的准确性）和运输时间决定。流通时间越短，占用资金就越少，物资作为生产资料的功能就越大。因此，企业应根据就地就近原则，避免远距离运输，千方百计地缩短流通时

间，以利于加速物资周转，节约流动资金。

6）制定物资管理的岗位责任和规章制度。物资的采购、装卸搬运、保管储存、发放和使用等，都要制定标准工作岗位责任和规章制度。

二、汽车服务企业的物资分类

企业所需的物资品种繁多、规格复杂、变化较大，各种物资又有不同的特点和要求。为了便于加强管理，合理组织采购和供应，严格控制资金占用，提高经济效益，企业必须对各种物资进行科学合理的分类。物资按在生产经营中的作用可分为以下几类。

（1）主要原料和材料　汽车服务企业的物资主要是指整车、汽车维修配件、汽车美容产品及汽车附件等。

（2）辅助材料　辅助材料是指用于生产过程有助于产品形成，但不构成产品实体的材料，如使主要材料发生物理变化或化学变化的辅助材料，以及与设备使用和劳动条件有关的辅助材料等。

（3）燃料　燃料是指用于工艺制造，生产动力和调节温度、湿度等方面的煤炭、汽油、柴油等。

（4）动力　动力是指生产和管理等方面的电力、蒸汽、压缩空气等。

（5）工具　工具是指生产中消耗的各种专用工具、刀具、量具、夹具等。

这种分类便于企业制定物资消耗定额，计算各种物资的需要量和储备量，为计算产品或服务成本和核算资金定额等提供依据。

第二节　汽车服务企业的物资定额管理

一、汽车服务企业的物资消耗定额

1. 汽车服务企业制定物资消耗定额的意义

汽车服务企业与其他企业一样，必然要耗用一定的人力和物力才能完成一定的车辆维修服务和设备维修任务。在所耗用的物力中，除一部分是固定资产（厂房、设备、机具）的自然损耗费用之外，大部分属于一次性转移的物资（燃料、配件、原材料和辅助材料等）消耗。这一部分物资消耗数量较大，其价值在维修服务成本或配件成本中占有相当大的比重，如果对它们的耗用不制定一定的标准，就会造成巨大的浪费。因此，做好物资管理工作的首要任务就是制定各类物资的合理消耗定额。

物资消耗定额是指在一定的技术、组织、环境条件下，为完成一定数量的工作任务所必需消耗的各类物资的数量标准。

汽车服务企业各类物资的消耗定额，一部分由上级主管部门制定，另一部分由企业自行制定。定额无论是由哪一级制定的，当正式公布实行后，企业每个生产经营部门和个人都必须尽最大可能达到定额要求。在汽车服务业的生产经营管理工作中，物资消耗定额的作用如下。

1）物资消耗定额是企业确定计划物资消耗量，编制物资供应计划的主要依据。物资采购计划是企业财务计划的组成部分之一。编制物资采购计划的主要依据是各类物资消耗的数量。如果没有物资消耗定额，或者定额不够合理，编制出来的物资供应计划就会与生产任务的需求量产生较大的差距，造成计划供应的物资不够用或储存过多等问题。

2）物资消耗定额是实行经济核算、节约物资消耗的有力工具。物资消耗定额是企业开展经济核算的重要基础，在一定程度上可以说，没有定额就不可能开展经济核算。

3）物资消耗定额是企业提高生产技术、经营管理、生产组织和操作水平的重要手段。生产经营活动中所消耗的物资数量在很大程度上取决于企业所采用的技术、生产者的操作水平和企业的管理水平。对汽车服务企业来说，其还取决于生产调度水平，因为生产调度水平的先进与落后，将使物资消耗数量产生相当大的差距。所以，科学、合理的物资消耗定额会对促进企业全面改善管理工作，提高生产组织、技术和操作水平等起到非常重要的作用。

物资消耗定额能否起到上述作用，关键在于所制定的定额是否合理。如果定额过高，即使有浪费和虚耗，也在"定额"之内，自然不能起到上述作用，因而这种定额是不合理的。但是如果定额过低，就会出现无论采取何种措施，都达不到定额要求的现象。那么，这种定额将挫伤职工节约物资消耗的积极性，同样不能发挥定额的上述作用。

所谓先进、合理的物资消耗定额，必须是在现有技术水平、生产环境和企业操作水平条件下，按照生产所需的消耗数量规定定额。该项定额应保证从事这一生产活动时，大部分人可以达到标准，少数人优于标准，个别人或个别情况下达不到标准。

在一般条件下，制定物资消耗的先进、合理定额是一种平均先进定额，制定的方法是采用"再平均法"，即将实际执行过程根据所收集的实际消耗资料计算得出的平均数作为基数，将超出平均数以上的数值进行再平均，以再平均所得的数值作为定额。

2. 汽车服务企业制定物资消耗定额的方法

物资消耗定额的制定是依据企业当时的具体条件、制定定额人员的经验和业务水平、企业所掌握的参考资料的数量与质量等各方面的因素进行的。企业要连续地进行生产，就必须有足够的原材料、燃料等物资做保证。汽车服务企业制定物资消耗定额方法主要有以下4种。

（1）经验估计法　经验估计法是指当企业初次进行该项生产活动，无以往物资消耗数据和其他企业的参考资料，但生产工作又迫切需要有一个物资消耗定额时，制定临时性物资消耗试行定额的方法。采用这种方法制定的定额准确程度较差，而且与制定定额人员的经验是否丰富密切相关。所以，采用这种方法制定的定额应在试行一段时间后，根据实际执行情况适当地进行修订。

（2）统计分析法　统计分析法是指在企业从事过该种生产活动，并积累了一定数量的物资实际消耗量数据后，就可以依据积累的统计资料进行分析、计算，确定该类物资的消耗定额。显然，采用这种方法所制定的定额准确程度受以往统计资料的可靠性和以往采用的生产方法、操作水平与管理水平的影响较大。

（3）实际测定法　实际测定法是指大规模生产之前，利用少量生产实际称量来确定该类物资消耗定额的方法。采用这种方法所制定的定额准确程度，受试生产时操作人员的技术水平、测定人员的工作熟练程度、量具准确程度等影响较大，但这种方法是通过实践测定的，只要组织周密，在一定程度上可靠性是较高的。

（4）**技术计算法** 技术计算法是指依据技术文件所设计的额定消耗量并根据具体情况计算制定物资消耗定额。例如，汽车配件制造依据设计的产品规格、加工的预留量，以及正常损耗计算得出该类产品主要原材料的消耗定额；汽车运行燃料消耗依据出厂说明书规定的燃料消耗定额，并参照本地区道路情况计算得出。采用这种方法制定的定额准确程度较高，但是当影响因素较多时，计算工作量较大。

上述4种物资消耗定额的制定方法应根据不同情况、不同要求进行选用，但无论采用何种方法都必须尊重科学、依靠实践。定额试行后，必须密切观察试运行情况，听取实际操作人员的正确意见，适时地进行修订。

3. 汽车服务企业物资消耗定额的管理

物资消耗定额的管理包括制定、执行、考核、分析及修改等一系列工作。搞好物资消耗定额的管理，是做好物资控制工作的基础，是增产节约的有效途径，是提高经济效益的重要措施。物资消耗定额的管理工作主要包括以下几个方面。

（1）**定额的制定工作** 不论选用什么方法制定定额，都应遵循实事求是、先进、合理、综合效益等原则，才能做好定额制定工作。定额制定后，应整理汇总，经过审批，分类成册，列表立卡，建立必要的定额文件，作为控制的依据。

（2）**定额的贯彻执行** 在定额执行过程中，应严格按定额办事，坚持限额发料制度；建立健全计算物资消耗的原始记录和统计工作制度，及时、全面、准确、系统地反馈物资消耗信息，探索物资消耗规律，为修改定额积累资料，不断提高定额工作水平。

（3）**定额管理责任制度的建立** 每项物资消耗定额的管理必须层层落实到具体的单位和个人。企业要开展节约材料消耗的竞赛活动，并把物资节约纳入经济责任制进行考核和奖罚。

（4）**物资消耗定额的及时修订** 企业应根据生产技术条件的变化，对物资消耗定额做相应的修改，以保持先进、合理的水平。

二、汽车服务企业的物资储备定额

企业要连续进行生产，就必须有足够的原材料、燃料等物资储备作为保障。由于生产过程中各种物资的消耗在不断地产生，而各种物资却是间断、分批地进行供应的，加上物资采购误期、运输交货误期或到库物资不合格需要退换等不正常情况，以及季节性因素等，企业必须要有一定的物资储备。

加强物资储备定额工作，制定合理的物资储备定额，使物资储备量科学合理，是实行严格库存控制，达到保证生产连续进行和库存费用最低的有效手段。

1. 汽车服务企业的物资储备定额的概念、种类和作用

（1）**汽车服务企业的物资储备定额的概念** 物资储备定额是指在一定的生产技术条件下，为保证生产经营活动顺利进行所必需的、经济合理的物资储备的数量标准。这是企业物资库存控制的重要基础工作，是企业编制物资供应计划的依据，是使物资库存经常保持经济合理水平的必要工具，是企业核定流动资产中存货资金定额的重要依据，是企业确定物资储存仓库面积和设施的依据。因此，物资储备定额必须经济合理，既要保证生产的需求，又要

合理使用和节约资金。在生产过程中，生产与需求之间或供应与消费之间不可能完全同步，在时间和空间上必然会产生一定的误差。为了使物资储备量和资金占用量保持合理水平，做到既保证生产经营需要，又节约资金占用，就必须对物资库存进行控制。

（2）汽车服务企业的物资储备定额的种类

1）经常储备定额。经常储备定额是指某种物资在前后两批进厂的供应间隔期内，为保证生产正常进行所必需的、经济合理的物资储备数量。

2）保险储备定额。保险储备定额是指为预防物资到货误期或物资的品种、规格不符合要求，为了保证生产正常进行而储备的物资数量。

3）季节性储备定额。季节性储备定额是指物资的生产或运输受季节影响，为保证生产正常进行而储备的物资数量。

汽车服务企业的物资储备关系示意图如图6-1所示。

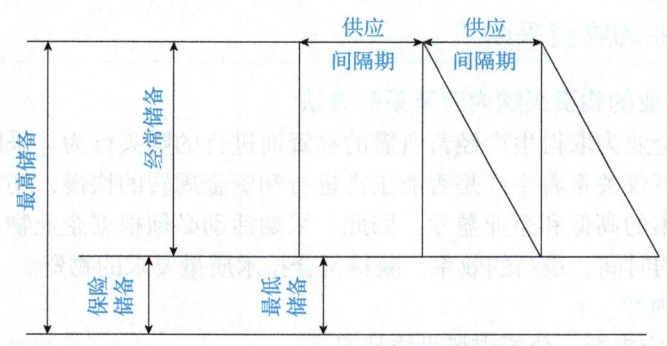

图6-1　汽车服务企业的物资储备关系示意图

（3）汽车服务企业的物资储备定额的作用

1）物资储备定额是编制物资供应计划和采购订货的主要依据。物资供应计划中的储备量是根据储备定额计算的，只有确定了储备量后，才能根据需要量确定采购量并组织采购。

2）物资储备定额是掌握和监督库存动态，使库存经常保持在合理水平上的重要依据。

3）物资储备定额是企业核定流动资金的重要依据。物资储备资金一般在企业的流动资金中占有一定的比重。确定先进合理的物资储备定额，就能节约有限的资金，加速资金的周转。

4）物资储备定额是确定企业现代化仓库容积和储运设备数量的依据。

2. 汽车服务企业的物资储备定额的制定

（1）物资储备定额的通用计算公式　经常储备定额、保险储备定额、季节性储备定额都可以用通用计算公式确定，即

$$M=pd$$

式中　M——物资储备定额；

　　　p——该物资的平均每天需用量；

　　　d——该物资的合理储备天数。

当 d 为经常储备天数或保险储备天数或季节性储备天数时，M 就是相应计算的经常储备定额或保险储备定额或季节性储备定额。

在运用上述公式计算时，平均每天需用量都是用计划期内某物资需求量除以计划期工作天数求得的，而储备天数的确定各不相同。经常储备天数是以供应间隔天数为主的，再考虑验收入库天数和物资使用前的准备天数。供应间隔天数是根据物资生产厂家的生产间隔期和运输周期来确定的，而验收入库天数和使用前准备天数是根据企业库存管理的统计资料确定的。保险储备天数是根据物资到货误期或差错率的统计资料加以分析确定的。

（2）**经济进货批量法** 采购汽车配件既要支付采购费用，又要支付保管费用。采购量越小，采购次数就越多，采购费用也越多，而保管费用就越少。由此可以看出，采购批量与采购费用成反比，与保管费用成正比，在运用这一原理时，可以用经济进货批量来控制进货批量。所谓经济进货批量，是指在一定时期内在进货总量不变的前提下，求得每批次进货多少，才能使进货费用和保管费用之和（总费用）减少到最小。

在实际运用中，经济进货批量法可细分为列表法、图示法和公式法。

三、汽车服务企业的物资采购

1. 汽车服务企业的物资采购内容及采购方法

物资采购是指企业为取得生产经营所需的物资而进行的购买行为。采购业务在企业经营中占有重要地位，不仅关系着生产是否能正常进行和资金周转的快慢，还直接影响着产品质量的优劣、产品成本的高低和企业盈亏。因此，采购活动必须根据企业物资供应计划，以适当的总成本、适宜的时间、最高的效率，获得符合技术质量要求的物资。

（1）**物资采购内容**

1）寻找物资供应来源，分析市场供应情况。

2）调查研究市场趋势，搜集市场价格、运输费用等有关信息，进行购价与成本分析。

3）与供货厂家联系，获取供货厂家的资料。

4）决定购货点，并与供应厂家洽谈，签订供货合同，获得所需的物资。

5）组织物资运输、验收入库及货款结算，办理验收和退货手续。

（2）**物资采购方法** 由于企业所需物资品种较多、计划管理程度不一、市场供应情况不同等，物资采购的方法也是多种多样的，归结起来，主要有以下几种。

1）按采购方式，物资采购可分为直接采购、委托采购与调拨采购。直接采购是指直接向物资供应商进行采购；委托采购是指委托代理机构向物资供应商进行采购；调拨采购是指国家或各级政府部门向企业直接调配物资。

2）按采购性质，物资采购可分为大量采购、零星采购、特殊采购、普通采购、计划性采购、市场性采购等。

3）按采购时间，物资采购可分为长期固定性采购、非固定性采购、计划性采购、紧急采购、预购、现购等。

4）按采购的订购方式，物资采购可分为订约采购、口头采购、电话采购、书信采购、电报采购，以及试探性订单采购等。这里需要说明的是订约采购和试探性订单采购。订约采购是指买卖双方根据订约方式进行的采购；试探性订单采购是指在进行采购时，因某种原因不敢下大量订单，先以试探方式下少量订单，当试探性订单采购进行顺利时，才下大量订单。

5）按决定采购价格方式，物资采购可分为招标采购、询价现购、比价采购、议价采购、定价采购，以及公开市场采购等。

2. 汽车服务企业的物资采购要素

汽车服务企业在进行物资采购管理时，必须考虑汽车配件、燃料等的质量、价格、品牌、包装、规格、服务等采购管理的重要因素。

（1）质量　质量对采购提出3个挑战：一是怎样把质量标准应用在采购部门的运作中；二是怎样与供应商合作，以不断提高质量；三是怎样使供应商及其他相关问题合理化。

（2）价格　采购的核心是采购价格的决策，降低采购成本的关键是控制采购价格。企业在控制采购价格、降低采购成本的工作中，要逐步开辟出质量最好、价格最低、服务最优、信誉最佳的供货渠道。确定合适的采购价格的常见方法是报价单、公开招标和谈判。

（3）品牌　品牌是一种名称、术语、标识、符号或设计，或它们的组合运用，目的是借以辨认某个销售者的产品或服务，并使之同竞争对手的产品和服务区别开。

当因某一品牌购买一种产品时，如果产品在最初预期的用途上令人满意甚至令人惊喜，那就会购买这一品牌的其他产品，因为采购者相信同样品牌的其他产品会令他满意。

采购者只认品牌的结果是，其所在企业会过分依赖品牌，这不仅会减少潜在供应商的数量，缩小企业的选择空间，也会使采购者丧失机会，享受不到竞争带来的价格降低或质量提升。

（4）包装　包装是指设计并生产容器或包扎物的一系列活动。包装一般包括3个方面：主要包装、次要包装和装运包装。目前，包装已成为强有力的促销手段。设计良好的包装能为消费者创造方便价值，能为生产者创造促销价值。所以，作为营销手段的包装发挥了重要作用。

（5）规格　规格是指对某一产品的性能、质量等所做的专门描述，也可以说是对产品所要求的标准，一般可从物理或化学特性、物料和制造方式、性能3个方面界定规格。企业了解了商品规格后，可以以此作为采购标准。

（6）服务　供应商提供的服务有时和产品本身的特性一样重要。采购过程中的服务包括设计、保存记录、运输、储存、处置、安装、培训、检查、维修、建议，以及是否愿意对误解和错误做出令人满意的调整等。除此之外，有些采购者还可能把其他标准作为评价供应商服务的一部分。供应商为了满足这些服务需求，往往发出与自己的商誉和可靠性密切相关的保修单。采购者要想获得最佳采购，应从一开始就把服务的可获得性作为一个重要因素来考虑。

从采购的角度考虑，服务应包括：价值、重复性程度、确定性程度、服务的提供、需求特性、服务规范程度等方面。出色的采购服务就是在质量、货物交付、数量、成本、连续性、柔性，以及其他相关因素之间做出的合适选择。

1）价值。从经济角度看，采购人员应将精力主要放在高价值服务的采购方面。

2）重复性程度。对于可重复性服务的采购，有必要在企业内部开发一套采购系统，并要求企业员工具有相应的专业知识。

3）确定性程度。服务具有不确定性，评价服务的一种简便方式就是以对提供服务的人或设备的评价代替对服务质量的评价。

4）服务的提供。在采购阶段，可以根据潜在供应商的资产能力和技术情况对其进行评估。

5）需求特性。某些特定服务的需求是定期的，有些则是分散的。对于前者，对它的监控应有规律；对于后者，要加强对提供服务各阶段的监控能力。

6）服务规范程度。采购者在考察供应商的服务时，一个不可忽视的因素就是看其提供服务的规范程度，如接受批评意见并迅速采取行动、迅速保修、低价服务及售后服务等。

第三节 汽车服务企业的库存决策

一、汽车服务企业的库存及库存合理化

1. 库存的含义

库存是指处于储存状态的物资，是储存的表现形态。库存是仓储的基本功能，除了进行商品储存保管外，它还具有整合需求和供给、维持物流系统中各项活动顺畅进行的功能。企业为了及时满足客户的订货需求，必须经常保持一定数量的商品库存。

企业存货不足，会造成供货不及时、供应链断裂、丧失市场占有率或交易机会的后果。社会整体存货不足，会造成物资贫乏、供不应求的后果。商品库存需要一定的维持费用，同时会存在由于商品积压和损坏而产生的库存风险。因此，在库存管理中既要保持合理的库存数量，防止缺货和库存不足，又要避免库存过量从而产生额外的库存费用。

2. 库存的功能

在现实经济生活中，商品的流通并不是始终处于运动状态的，作为储存表现形态的库存是商品流通的暂时停滞，是商品运输的必需条件。库存在商品流通过程中有以下重要作用。

（1）调节供需矛盾 不同的产品，生产和消费情况各不相同。有些产品的生产时间相对集中，但消费却是均衡的；有些产品的生产时间是均衡的，但消费却是不均衡的。生产与消费、供给与需求，在一定程度上存在时间上的差别。为了维护正常的生产秩序和消费秩序，尽可能地消除供求之间、生产与消费之间这种时间上的不协调性而引入了库存。库存起到了调节和缓冲供需矛盾的作用，能够很好地平衡供求关系、生产与消费关系。

（2）创造商品的"时间效用" 所谓"时间效用"，是指同一种商品在不同的时间销售（消费）可以获得不同的经济效果。为了避免商品价格上涨造成损失或为了从商品价格上涨中获利而建立的备用库存，恰恰满足了库存的"时间效用"功能。在增加备用库存的同时，也占用了大量的资金和库存维持费用。但只要从经济核算角度评价其合理性，库存的"时间效用"功能就能显示出来。

（3）降低物流成本 对生产企业而言，保持合理的原材料和产品库存，可以消耗或避免因上游供应商原材料供应不及时需要进行紧急订货而增加的物流成本，也可以消除或避免下游销售商由于销售波动进行临时订货而增加的物流成本。

事实上，近年来在国外出现了一种新的库存管理方法，即供应商管理用户库存。这种库存管理方法打破了传统的、各自为政的库存管理模式，体现了供应链的集成化管理思想，适应了市场变化的要求，是库存功能的新发展。

3. 库存合理化

库存合理化是指以最经济的方法和手段从事库存活动，并发挥其作用的一种库存状态及

其运行趋势。具体来说，库存合理化包含以下内容。

（1）库存"硬件"配置合理化　库存"硬件"是指各种用于库存作业的基础设备。实践证明，物流基础设施和设备数量不足，技术水平落后，或者设备过剩、闲置，都会影响库存功能的有效发挥。如果物流基础设施和设备不足或者技术落后，不但库存作业效率低下，而且影响库存物资的有效维护；如果物流基础设施和设备重复配置，以致库存能力严重过剩，会增加存储物资的成本，从而影响库存的整体效益。因此，库存"硬件"的配置应以能够有效实现库存职能，满足生产和消费需要为基准。

（2）组织管理科学化　库存组织管理科学化有以下几种表现。

1）库存货物数量保持在合理的限度内，既不能缺少，又不能过多。

2）货物存储的时间较短，货物周转速度较快。

3）货物存储结构合理，能充分满足生产和消费的需要。

（3）库存结构符合生产力发展的需要　从微观上说，合理的库存结构指的是在总量上和存储时间上，库存货物的品种和规格的比例关系基本上是协调的；从宏观上说，库存结构符合生产力发展的要求，意味着库存的整体布局、仓库的地理位置和库存方式等应有利于生产力发展。在社会化大生产条件下，为了发展规模经济和提高生产、流通的经济效益，库存适当集中是库存合理化的一个重要标志。因为，库存适当集中，除了有利于采用机械化、现代化方式进行各种操作外，更重要的是，可以在降低存储费用和运输费用以及提供保障供给能力等方面取得优势。事实证明，以集中库存来调节生产和流通，在一定时期内，库存货物的总量会远远低于同时期分散库存的货物总量。因此，相对来说，集中库存资金占用量是比较少的。与此同时，由于库存比较集中，存储货物的种类和品种更加齐全。在这样的结构下，库存的保障供给能力自然更加强大。

二、汽车服务企业的库存控制方法

汽车服务企业的库存物资品种繁多，每一种物资又有不同的特点和要求。因此，对不同的物资应采取不同的库存控制方法。

库存控制涉及一系列因素，与库存控制直接有关的因素如下。

1）订购点，又称订货点，即提出订货时的库存量。

2）订购批量，即每次订购的物资数量。

3）订购周期，即前后两次订购的时间间隔。

4）进货周期，即前后两次进货的时间间隔。

当物资的耗用完全均衡时，可以均衡订购，即在相同的订购周期内订购相同数量的物资。当物资耗用不均衡时，订购批量与订购周期不完全成正比关系，形成了库存控制的两种基本类型：一是固定订购批量的定量控制；二是固定订购周期的定期控制。在实际工作中，也可以把两种类型结合起来运用，因而物资库存控制的基本方法主要有3种：定量库存控制法、定期库存控制法和定期、定量混合控制法。定量库存控制法中的ABC分类控制法应用最广泛。

ABC分类控制法的基本原理就是对错综复杂、品种繁多的物资，抓住重点，照顾一般。企业所需要的物资的品种规格极为繁杂，有的企业所需的物资多达上万种，各种物资所用的资金数量差异很大。因此，企业应根据自己的生产经营特点及规模，采用 ABC 分类控制法，对繁杂的物资进行分类，实行资金的重点管理。这样既能简化管理工作，又能提高经济效益。

ABC 分类控制法主要是按品种和占库存金额的多少进行分类的，即把企业的全部物资划分为 ABC 三大类。A 类物资品种少、占库存金额比例大；B 类物资品种比 A 类物资多，占库存金额比例比 A 类物资少；C 类物资品种很多，但占库存金额比例很少，具体见表 6-1。

表 6-1　ABC 分类示意

类别	定义	对象	数量占比/(%)	占库存金额比例/(%)	管理方式	库存方式
A	数量少、占库存金额比例大的品种	高价品种 用量不大的品种 研制周期长的品种 周期变化快的品种 必须成批购买的品种	10	65	重点管理	采取按期订货方式。每月核对库存，按需进货
B	数量与占库存金额比例处于 A 类与 C 类物资之间的品种	价格中等的品种 用量中等的品种	30	20	普通管理	采用定量订货方式，储量减少时进货
C	数量大、占库存金额比例小的品种	低价品种 大量使用的品种 研制周期短的品种	60	15	一般管理	少量进货

用上述方法分出 ABC 三类物资之后，在仓储管理时应采取不同方法。

1. 对 A 类物资的管理方法

由于 A 类物资进出仓库比较频繁，如果供给脱节，将对生产经营活动造成重大影响。但是，如果 A 类物资存储过多，占库存金额比例和仓储费用就会很高。因此，对 A 类物资的管理要注意以下几点。

1）根据历史资料和市场供求的变化规律，认真预测未来货物的需求变化，并依此组织入库货源。

2）多方了解货物供应市场的变化，尽可能缩短采购时间。

3）控制货物的消耗规律，尽量减少出库量的波动，使仓库的安全储备量降低。

4）合理增加采购次数，降低采购批量。

5）加强货物安全、完整的管理，保证账实相符。

6）提高货物的机动性，尽可能地把货物放在易搬运的地方。

7）货物包装尽可能标准化，以提高仓库利用率。

2. 对 B 类、C 类物资的管理方法

B 类、C 类物资相对来说进出库不是很频繁，因此一般对物资组织和发送的影响较小。但是，由于这些物资要占用较大的仓库资源，使仓储费用增加。因此，B 类、C 类物资在管理上的重点应该是简化管理，具体可以参考以下管理原则。

1）规定很少使用的货物的最少出库数量，以减少处理次数。

2）依据具体情况，储备必要的物资数量。

3）数量大、价值低的物资可以不作为日常管理的范围，减少这类物资的盘点次数。

第四节　汽车服务企业设备的管理

一、汽车服务企业设备及设备管理概述

1. 汽车服务企业设备的概念与分类

（1）汽车服务企业设备的概念　汽车服务企业设备是指在汽车服务企业经营过程中，所需要的机械设备和仪器、量具等，是企业的有形固定资产，可供企业长期使用，并在使用过程中能基本保持原有的实物形态，且价值在一定限额以上的劳动资料总称，是汽车服务企业生产经营中必不可少的物质基础。

（2）汽车服务企业设备的分类　汽车服务企业设备一般以维修设备为主，主要分为汽车维修通用设备和汽车维修专用设备两类。

1）汽车维修通用设备。汽车维修通用设备主要是指性能基本相同、行业通用的机械或机电设备。汽车维修技术服务需要配置的通用设备主要有切削设备、钳工设备、锻压设备、电焊设备、空气压缩机、起重设备，以及各种通用的仪器、量具等。

2）汽车维修专用设备。汽车维修专用设备依据设备功能及作业部位可分为清洗设备，补给设备，拆装整形设备，举升搬运设备，专用加工、检测诊断设备等。

2. 汽车服务企业设备管理的内容和任务

设备管理是指从设备选型、使用、维修、更新改造，直到报废全过程的决策、计划、组织、协调和控制等一系列活动进行的管理。设备一方面以功能参与产品（服务）的形成，而不是设备的实体转移到产品（服务）中；另一方面具有一定的使用寿命，在使用过程中会发生使用费用，自身价值也会逐渐降低。因此，设备管理是一项系统工程，应是全方位的管理。

（1）汽车服务企业设备管理的内容　汽车服务企业设备管理的内容主要体现在以下几个方面。

1）建立设备管理机构。根据企业的规模，建立设备管理机构，配备一定数量的专职或兼职设备管理人员，负责设备的规划、选购、日常管理、维护、更新及操作人员的技术培训。

2）制定设备管理制度。依据国家法律法规要求以及行业主管部门的具体规定，结合企业的特点，制定企业设备管理制度，制定设备安装、使用、维修等技术操作规程，明确设备配置、领用、更新、报废等活动的管理程序，明确设备使用与管理的岗位职责及奖惩规定等，使设备管理有章可循。

3）做好设备管理基础工作。设备管理基础工作主要包括设备的调入和调出登记，设备建档、立账、维护、报废及事故处理等，保证设备完好，提高设备利用率。

4）进行设备规划、配置与选购工作。根据企业规模和发展前景，合理规划企业设备配置，要在充分进行技术经济分析的基础上，制定设备配置计划，并按照配置计划进行设备选购，做到技术上满足使用要求，并保持一定的先进性，经济上合理合算，以保证良好的投资效益。

5）加强设备日常管理。严格执行设备操作规程，确保设备安全使用。加强设备日常维护，要求操作人员上班前对设备进行检查、润滑，下班前对设备进行清洁、擦拭，定期对设备进行调整和检修作业，保证设备始终处于良好的技术状态。

6）适时对设备进行更新改造。为适应新型车辆维修作业，必须对设备的可用性、先进性和经济合理性进行全面考核、权衡利弊，适时对设备进行更新改造。

（2）汽车服务企业设备管理的任务　汽车服务企业设备管理的主要任务是为企业经营目标的实现、生产任务的顺利完成，提供良好的设备保障，并在此基础上进行创新活动，通过采取一定的措施，对设备实施综合管理，以期达到设备生命周期费用最经济、综合效益最高的要求。

二、汽车服务企业设备的选择

设备选择也称设备选型。汽车服务企业正确地选择维修设备，关乎企业良好效益的实现。

汽车服务设备、工具、仪器等的选择应遵循的基本原则是：符合相关法规、生产领先、技术先进和经济合理。实际设备选择应根据不同的服务目的、不同的服务车型有所取舍，因此汽车服务设备选择应综合考虑以下几个方面。

1）应符合汽车服务企业开业条件中规定的有关设备、工具、仪器的配置要求。汽车服务企业开业条件中明确规定企业配置的设备型号、规格和数量应与生产纲领、生产工艺相适应。

2）根据主要服务车型的技术特点和技术发展趋势，合理选择维修设备、工具和检测诊断仪器，以保证技术和质量上满足技术服务要求。

3）考虑设备的生产率。企业在选购设备时，应根据生产流程和作业量，尽量选择工艺流程自动化程度和工作效率高的设备。当然还要考虑在车间的安装位置。

4）重视设备的可靠性、耐用性。设备的可靠性、耐用性直接影响汽车维修服务的生产率和企业效益。

5）重视设备的安全性。设备在生产使用过程中由于技术、经济、质量和环境等原因，有可能会存在一些安全隐患，因此企业在选购设备时应考虑其是否配置了安全保护装置，如自动断电装置、自动停车装置、自动锁止机构、自动报警装置等，以提高设备抵御安全事故的能力。

6）考虑设备的维修性。企业要选择那些能持续提供相关资料、技术支持和维修备件，有良好的服务能力的设备供货方。

7）考虑设备的经济性。企业在选购设备时，不仅要考虑设备的初期投资费用，还要考虑设备的投资回报期和投资后的维修费用。因此，企业在选购设备之前应进行经济性评价，选择综合经济性较好的设备。

三、汽车服务企业设备的合理使用、维护与检修

1. 汽车服务企业设备的合理使用

设备使用寿命的长短、生产效率的高低，固然取决于设备的结构设计是否合理、各种参数的选配是否合理，以及制造水平的高低，但在很大程度上受制于设备使用是否正确。正确使用设备，可以在节省费用的前提下，减轻设备磨损，保持良好的技术状况和精度，延长设备的使用寿命，充分发挥设备的效能。

正确使用设备，应做好以下工作。

1）做好设备安装、调试工作。设备在正式投入使用前，应严格按照质量标准和技术说明要求安装、调试，经试验运转验收合格后，才能投入使用。该工作是使用好设备的前提条件。

2）合理安排生产任务。企业在使用设备时，必须根据工作对象的特点和设备的结构、性能、特点合理安排生产任务，防止设备无效运转，既要严禁设备超负荷工作，又要避免设备和能源浪费。

3）做好设备操作人员的技术培训工作。设备操作人员在上机操作之前，必须进行技术培训，要求操作人员必须认真学习有关设备的性能、结构和维护指示，掌握操作规程和安全技术规程。

4）健全管理制度。企业要针对设备的不同特点和要求，建立各项规章制度、责任制度和管理制度等。例如，持证上岗制度、安全操作规程、操作人员岗位责任制、定人定机制度、定期检查维护制度、交接班制度及设备建档制度。

5）创造良好的设备使用工作条件和环境。保持设备作业环境的整洁，安装必要的安全防护、防潮、防腐、防锈、防尘等装置。

2. 汽车服务企业设备的维护

设备在使用过程中，技术状况会逐渐变坏，不可避免地出现故障或故障隐患，如不及时处理，会导致设备早期损坏，甚至酿成严重事故。因此，企业要做好设备的维护工作，保证设备正常运转，延长其使用寿命。设备维护工作分为日常维护和定期维护。

（1）日常维护　日常维护的重点是清洁润滑、紧固易松动的部位和检查零部件的技术情况，一般由操作人员负责。

（2）定期维护　定期对设备进行检查、调整，特别是内部易损零部件及控制系统必须由专职检修人员定期进行解体检查、调整，更换易损件，保证设备始终处于良好的技术状态。

3. 汽车服务企业设备的检修

设备检修是对设备的运行情况、技术状态和工作稳定性等进行的检查和校验，即对设备的精度、性能及磨损情况等进行检查，了解设备的技术状态，及时发现和排除设备故障及隐患，防止发生设备故障和安全事故。

（1）日常检修　由操作人员利用感官、简单的工具或安装在设备上的仪表或信号标志，在运行中对设备进行检查，发现问题，及时排除。

（2）定期检修　由技术人员或专业检修人员陪同操作人员定期对设备进行全面检查。目的在于发现设备异常、损坏或磨损情况，以便确定维修部位、要更换的部件，制定维修计划，进行实时维修。

（3）精度检修　对设备的加工精度有计划地进行定期检查和测定，以便确定设备的实际精度，对设备进行检修、调整，为设备更新提供依据。

四、汽车服务企业设备的更新与改造

维修设备是汽车服务生产经营活动的重要物质基础和技术基础。设备从购置、投入使用直到报废，通常要经历一段较长的时间，期间设备会逐渐磨损、损坏，当设备因损坏或技术落后等原因不能或不宜继续使用时，就需要进行设备更新和改造。

1. 汽车服务企业设备的更新

设备更新是指用更加先进和经济的设备来取代物质上、技术上和经济上不宜继续使用的设备。一台设备随着使用时间的延长，由于磨损，其效率和效益会降低，运行和维修费用也会随之增加，服务质量下降，不能满足生产需要，因此需要更新。另外，随着科学技术的进步，多功能、高效率的设备不断出现，使得继续使用原有设备不够经济，这时也需要设备更新。

2. 汽车服务企业设备的改造

（1）设备改造的意义　设备改造就是运用现有的技术成果和使用经验，为适应生产需要，改变现有设备的结构和技术性能，即通过加装新部件、新装置等，改善现有设备的技术性能，使之达到或局部达到新型设备的技术水平。技术改造在投资少的情况下，可提高旧设备技术水平，比购置新型设备更划算。旧设备改造具有废物利用、节省资源、针对性强、投资少和见效快的特点，是企业技术升级的重要途径。

（2）设备改造的原则

1）针对性原则。从实际出发，按照生产工艺要求，针对生产薄弱环节采取新技术，结合设备技术情况决定是否进行技术改造。

2）技术先进适用性原则。由于生产工艺和生产批量不同，设备技术状况不同，采用的技术标准应有所区别，要重视技术先进适用性，不要片面追求高指标。

3）经济性原则。企业在制定技术改造方案时，要进行经济分析，力求以较少的投入获得较大的产出。

4）可能性原则。实施技术改造，应尽量由本企业的技术人员完成，若技术难度大，可找外部人员协作，但是本企业的技术人员应掌握核心技术，以便设备管理和维修。

课后习题

1. 汽车服务企业物资管理的任务是什么？如何分类？
2. 汽车服务企业的物资消耗定额和物资储备定额有何含义？
3. 汽车服务企业的物资采购方法有哪些？
4. 汽车服务企业的库存控制方法有哪些？
5. 汽车服务企业设备的管理内容和任务是什么？

第一代国产军用越野指挥车

第七章　汽车服务企业的财务管理

【学习目标与要求】

1. 了解汽车服务企业的财务管理目标、任务和内容。
2. 了解汽车服务企业的流动资产管理、固定资产管理和投资管理的含义。
3. 了解汽车服务企业的成本费用管理任务和要求。
4. 掌握汽车服务企业的成本控制途径及方法。
5. 掌握汽车服务企业的目标成本管理方法。

【素质培养目标】

1. 培养法律意识。
2. 培养纪律意识。
3. 培养节约精神。

【学习重点】

1. 掌握汽车服务企业的成本控制途径及方法。
2. 掌握汽车服务企业的目标成本管理方法。

【学习难点】

掌握汽车服务企业的成本控制途径及方法。

【案例引入】

上汽集团补商用车短板，重振"跃进"品牌

在将"跃进"业务从南京依维柯旗下整体分离并注入上汽大通两年后，上汽集团重振"跃进"品牌的系列计划正逐步实施。

熟悉轻卡市场的人都知道，跃进曾是南汽集团旗下的自主品牌，此前一直是国内轻卡市场的领军品牌。2005年，跃进的销量曾位居国内轻卡市场第一名。2006年，跃进被南汽依维柯收购。2007年，随着上汽和南汽的合并，南汽依维柯并入上汽集团并改名为"上汽南京依维柯"，跃进的重卡业务也被划入上汽的依维柯红岩板块。自此之后的10年，跃进一直在上汽南京依维柯旗下作为合资业务的组成部分而存在。在这10年中，包括江淮、江铃、北汽福田以及长安在内的自主轻卡业务都获得了较快发展，但跃进由于长期难以得到资源倾斜而逐渐衰落，到2016年，其在国内轻卡市场的销量排行榜上，已经跌落至10名之外。

在南京依维柯旗下并不十分受重视的"跃进"品牌，对于上汽集团的商用车业务来说却十分重要。上汽集团在乘用车领域的产销规模，令竞争对手难以望其项背，但商用车板块的乏力一直是其痛点所在。

上汽集团董事长对商用车板块十分重视，早在"十二五"期间，上汽集团就曾提出要将商用车年产销规模做到50万辆，但这一目标并未达成。据上汽集团内部人士曾经透露，在上汽集团"十三五"规划中，商用车板块必须做大做强，这是该集团立下的"军令状"。

目前，上汽集团的商用车业务板块主要包括以上汽依维柯红岩为核心的重卡业务、以申沃客车为主体的客车业务，以及以上汽大通、南京依维柯为主体的宽体轻客车和轻卡业务。相较于重卡和客车业务受宏观经济影响的波动，轻型商用车市场挖掘空间更大。近几年来，包括江淮、江铃都通过商乘并举的措施，不断做大规模。对于跃进品牌来说，一旦给予资源倾斜，扩大规模相对比较容易。

上汽集团希望将大通品牌的发展路径"复制"到跃进品牌上，拉动其回归主流。在此之前，上汽集团通过收购英国LDV公司，加强智能化和定制化，让上汽大通这一新生品牌仅用了5年时间，就完成从零起步到挤入轻客领域年销10万辆这一历程。"上汽做每个业务都希望做细分市场的领军者，跃进也不例外"，上汽集团副总裁此前在接受媒体采访时称。

自2010年开始，国内轻卡市场就出现持续下滑。不过，受电商、快递、冷链、健康医疗等高附加值产业物流的快速增长的影响，2017年，这一细分市场开始回暖。与此同时，排放的要求升级和物流企业对于效率的需求提升，使得新能源以及智能化高端轻卡迎来机遇。

上汽集团正在加大对"跃进"品牌的投资，据介绍，上汽跃进光产品项目投入第一期资金就达15亿元，完成了2018款产品的开发。就在近期，跃进又在上汽大通南京分公司新建成的厂区内，推出了2019款搭载上汽国五、国六动力总成的车型。与此同时，基于C2B（Costomer to Business）模式的上汽跃进智能选配平台宣布上线。通过底盘平台化、功能模块化、布置柔性化和配置多样化的实现，智能选配平台可以形成10万种产品组合的选择搭配。

第七章 汽车服务企业的财务管理

此前，跃进的动力系统多来自外部采购，而在被上汽大通整合后，包括动力总成在内的核心零部件可以与上汽商用车其余企业板块进行协同采购，同时整合集团资源，更有成本优势。定制化业务对于商用车市场来说，则意味着用户可以根据实际需求选择配置搭配。这打破了轻卡行业以往以单纯产品或服务输出为导向的传统定势，对于跃进来说，无疑是一条出路。

按照上汽集团的规划，上汽跃进的销量2020年达到20万辆。从数据上看，2017年跃进的销量不足4万辆，要在短短几年内实现几倍的增长，是一个很大的挑战。

第一节　汽车服务企业的财务管理概述

财务管理是企业管理的重要组成部分，它以企业资金流转为重点，对企业资金的取得和有效使用进行管理。财务管理的核心对象是企业的资金。汽车服务企业的财务管理具体表现在对企业资金供需的预测、组织、协调、分析、控制等方面。汽车服务企业通过有效的理财活动，可以理顺资金流转程序和各项分配关系，以确保服务工作的顺利进行，使各方面的要求得到满足。

一、汽车服务企业的财务管理理念

汽车服务企业在进行财务管理时，最基本、最重要的理念包括4个方面：资金的时间价值、风险报酬、利率与通货膨胀和现金流转。

1. **资金的时间价值**

在财务管理中，最基本的观念就是资金的时间价值。资金随着时间的延续而不断增值，这就是资金的时间价值。树立资金的时间价值理念，可以帮助企业更好地管理资金，提高资金的使用效率，减少资金的浪费。

2. **风险报酬**

任何投资都会有风险，不同投资项目的风险与收益是不相同的。风险越高，其预期收益也越高，反之亦然。在财务管理中，任何财务决策都是在风险与收益的博弈中做出的均衡决策。在承担风险的同时，也可能会获得较高的报酬，即风险报酬。

3. **利率与通货膨胀**

利率的波动会影响财务管理活动，对企业的融资成本、投资期望等产生作用。随着我国利率市场化进程的加快，利率的波动将会更加频繁，将给企业的财务管理带来巨大的影响。

通货膨胀是经济发展不可避免的后果，会给企业带来采购成本、人工成本增加的巨大压力。

4. **现金流转**

企业资产的流动性越来越受到重视。其中现金流量及其流转是重要的一环。财务管理重视的是现金流量而不是会计学上的收入与成本。企业的现金流量必须足以偿还债务和购买为达到经营目标所需要的物资。现金流量的充足与否将影响公司偿债能力的强弱。

二、汽车服务企业的财务管理目标

汽车服务企业的财务管理目标是财务管理希望实现的结果，是评价财务管理的基本标准。汽车服务企业的财务管理目标如下。

1. 利润最大化

利润最大化是指通过财务管理，不断增加汽车服务企业的利润，使利润最大化。在经营决策和管理中坚持利润最大化，可提高汽车服务效率、降低汽车服务成本。

2. 股东财富最大化

股东财富是指股东持有企业的股票的市场价值。股东财富最大化是指股东持有企业股票的市场价值达到最大。尤其对于上市公司而言，公司经营状况会影响股票市场价格的表现。高收益、高成长性、低风险的公司股票价格会表现良好。因此，股东持有这类上市公司的股票，其财富会随着公司盈利能力的提高而增长。这种增长，有利于汽车服务企业的资金筹集。

3. 企业价值最大化

企业价值最大化是指通过企业的合理经营，采用最优的财务决策，在考虑资金的时间价值和风险的情况下使企业的总价值达到最大，进而使股东价值和债权人价值达到最大。

汽车服务企业的财务管理，应考虑提高员工的收入，取得员工的支持，应考虑依法缴纳国家税收，对社会做出贡献，形成良好的经营环境，这都有利于汽车服务企业实现利润最大化。因此，汽车服务企业要实现财务管理目标，不能仅考虑企业利润，还要考虑员工的利益和企业对国家、社会的贡献等。

三、汽车服务企业的财务管理任务及内容

1. 建立健全财务管理机构

汽车服务企业一般需要根据企业规模，建立财务管理机构，配备一定数量的财务人员，包括负责现金管理、总账等的员工，这些员工还负责收入、分配等财务及管理工作，以保证企业资金良好运转。

2. 建立健全财务管理制度

汽车服务企业应当根据国家的法律法规要求，以及行业主管部门的具体规定，结合本企业的特点制定企业的财务管理制度。筹资、投资、运营资金、利润分配等，都要实施责任制。

3. 成本、费用管理

汽车服务企业的成本、费用管理是指对汽车服务经营过程中汽车服务经营费用的发生和汽车服务成本的形成所进行的预测、计划、控制、分析和考核等一系列管理工作。加强成本、费用管理是增强汽车服务能力、增加利润和提高企业竞争力的重要手段。

4. 筹资管理

筹资也称融资。筹资管理要解决的是如何取得企业所需资金，主要解决4个方面的问题。①筹集多少资金？筹资是为生产经营服务的，筹资数量要考虑投资的需要。企业应根据经营计划和投资计划预测出一定时期的资金缺口量，以确定筹资量。②向谁取得资金？企业的筹资渠道较广，可从企业内部筹资，也可从企业外部筹资。国家、法人、个人都可成为企

业资金的提供者。针对不同的提供者应采取不同的筹资方式。③什么时候取得资金？资金取得的时间应与资金的使用时间相匹配。资金到位不及时，会影响项目进度、交货期等，进而带来不能抓住市场机会的直接损失和失去信誉的间接损失。④获取资金的成本是多少？通过不同渠道、不同方式获取的资金，付出的成本是不同的。在及时、足额地保证资金需求的前提下，应力求降低资金成本，尽可能使企业价值最大化。

5. 投资管理

投资是指以收回现金并取得收益为目的而发生的现金流出。汽车服务企业的投资主要有两个方面：一方面是进行长期投资，即对厂房、企业用地、维修设备、检测仪器等固定资产的投资管理，也称资本投资管理；另一方面是进行短期投资，即对短期经营的整车、配件等存货进行的投资管理。

6. 资产管理

汽车服务企业的资产管理包括流动资产管理、固定资产管理、无形资产管理、递延资产管理及其他资产管理。资产管理的目标是合理配置各类资产、充分发挥资产的效能，最大限度地加速资产的周转。

7. 其他管理

除上述管理任务外，财务管理还包括汽车服务收入和盈利管理、利润分配管理、企业内部经济核算管理和企业资产评估等。汽车服务企业设立、合并、分立、改组、解散、破产等事项的管理也是财务管理的内容。它们共同构成财务管理不可分割的统一体。

四、汽车服务企业的财务关系

汽车服务企业在资金运用中与有关方面发生的经济关系即为财务关系。汽车服务企业资金的筹集、使用、耗费、收入和分配，与企业各方面都有着广泛联系。做好汽车服务企业的财务管理工作，需要处理好企业的财务关系。财务关系概括起来有以下5个方面。

1）企业与国家之间的财务关系，即汽车服务企业应按照国家税法规定缴纳各种税款，在应缴纳税款的计算和缴纳等方面体现国家与企业的分配关系。

2）企业与投资者和受资者之间的财务关系，即汽车服务企业投资与分享投资收益的关系。

3）企业与债权人、债务人及往来客户之间的财务关系，即汽车服务企业和债权人的资金借入和归还及利息支付等方面的财务关系、企业之间的资金结算关系和资金融通关系，包括债权关系和合同义务关系。

4）企业与其他企业之间的财务关系，即汽车服务企业与整车、配件等其他企业之间存在的资金结算等经济关系。

5）企业与员工之间的财务关系，即汽车服务企业与员工之间的工资、奖金发放等关系，体现员工个人与企业在劳动成果上的分配关系。

第二节 汽车服务企业的资产管理与投资管理

资产是企业所拥有或控制、能用货币计量，并能为企业提供经济效益的经济资源，包括各种财产、债权和其他权利。资产计价着重以货币作为计量单位，反映企业在生产经营的某

一个时点上所实际控制资产存量的情况，以及在生产经营的某一个期间，企业资产流量的真实情况。企业是资产实际控制权的空间范围。在这个范围内的资产，企业对其具有实际经济管理权，能够自主地运用资产从事生产经营活动，同时享有并承担与资产所有权相关的经济利益和相应的风险。因此，对于企业来说，管好用好资产是关系到企业兴衰的大事，必须予以高度重视。

汽车服务企业的资产按流动性通常可以分为流动资产、固定资产、无形资产、递延资产和其他资产。这里仅介绍流动资产管理、固定资产管理。

一、资产管理

1. 流动资产管理

流动资产是指可以在1年内或者超过1年的一个营业周期内变现或者运用的资产。按资产的占用形态，流动资产可分为现金、短期投资、应收账款及预付款和存货。这里仅介绍现金管理、应收账款管理及库存管理。

（1）现金管理　现金是指可以立即用来购买物品、支付各项费用或用来偿还债务的交换媒介或支付手段，主要包括库存现金和银行活期存款，有时也将即期或到期的票据看作现金。现金是流动性最强的资产，拥有足够的现金对降低企业财务风险、增强企业资金的流动性具有很重要的意义。

现金管理的目的是在保证企业生产经营所需现金的同时，节约使用资金，并从暂时闲置的现金中获得最多的利息收入。企业库存现金没有收益，银行存款的利息率也远远低于企业的资金利润率。现金结余过多，会降低企业的收益，但现金太少，又可能出现现金短缺，影响生产经营活动的情况。现金管理应力求做到既保证企业日常所需资金，以降低风险，又避免企业有过多的闲置现金，以增加收益。

汽车服务企业现金管理的主要内容包括：编制现金收支计划，以便合理地估算未来的现金需求；对日常的现金收支进行控制，力求加速收款，延缓付款；用特定方法确定理想的现金余额，即当企业实际的现金余额与最佳的现金余额不一致时，采用短期融资或归还借款和投资于有价证券等策略来达到比较理想的状态。

企业可通过现金周转模式、存货模式及因素分析模式等方法确定最佳现金余额，作为企业实际应持有现金的标准，并进行现金的日常控制。其主要内容是：一要加速收款，尽可能地加快现金的回收；二要控制支出，尽量延缓现金支出的时间；三要进行现金收支的综合控制。因此，要实施现金流入与流出同步管理；实行内部牵制制度，即在现金管理中，要实行管钱的不管账，管账的不管钱，使出纳人员和会计人员相互牵制、相互监督；要及时进行现金的清理，库存现金的收支做到日清月结，确保库存现金的账面额与银行对账单余额相符合；现金（日记账款额）、银行存款日记账款额分别与现金（总账款额）、银行存款总账款额相互符合，做好银行存款管理，对超过库存限额的现金应存入银行统一管理，并按期进行清查，保证存款完全完整。当企业有较多闲置不用的现金时，可投资于国库券、企业股票等，以获得较多的利息收入；当企业现金短缺时，再出售各种有价证券获取现金。这样，既能保证企业有较多的利息收入，又能增强企业的变现能力。

（2）应收账款管理　应收账款及预付款是一个企业对其他单位或个人有关支付货币、销售产品或提供劳务而引起的索款权。它主要包括应收账款、应收票据、其他应收款、预付货款等。汽车服务企业涉及的应收账款及预付款业务主要是：企业提供汽车服务从而发生的非商品交易的应收款项、企业向外购买设备或材料配件等从而发生的预付款项、其他业务往来及费用的发生涉及的其他应收款项。

汽车服务企业因销售产品、提供汽车维修劳务等发生的收入，在款项收到之前属于应收账款。应收账款是企业因销售产品、材料，提供劳务等业务，应向购货单位或接受劳务单位收取的款项。汽车服务企业因提供汽车配件及汽车服务等发生的收入，在款项尚未收到时属于应收账款。近年来，由于市场竞争的日益激烈，汽车服务企业应收账款数额明显增多，已成为流动资产管理中一个日益重要的项目。应收账款的功能在于增加销售、减少存货。同时，也要付出管理成本，甚至发生坏账。为此，要加强对应收账款的日常控制，做好企业的信用调查和信用评价，以确定是否同意顾客赊欠款。当顾客违反信用条例时，还要做好账款催收工作，确定合理的收账程序和讨债方法，使应收账款政策在企业经营中发挥积极作用。

（3）库存管理　库存是指汽车服务企业在提供汽车服务过程中，为销售或耗用而储存的各种物资。对于汽车服务企业来说，库存主要是为耗用而储备的物资，一般是指汽车维修材料、配件等。它们经常处于不断耗用与不断补充之中，具有鲜明的流动性，且通常是企业数额最大的流动资产项目。库存管理的主要目的是控制库存水平，在充分发挥库存作用的基础上，尽可能地减少存货，降低库存成本。为此，企业要首先制定库存规划，即在确定企业存货占用资金数额的基础上，编制存货资金计划，以便合理确定存货资金的占用数量，节约使用资金，并且要在存货的日常控制方面进行严格管理。在企业日常生产经营过程中，要按照库存计划的要求，对存货的使用和周转情况进行组织、调节和监督。

2. 固定资产管理

固定资产是使用年限在1年以上，单位价值在规定的标准以上，并且在使用过程中保持原来物质形态的资产。固定资产是汽车服务企业中资产的主要种类，是资产管理的重点。

（1）固定资产的种类及固定资产投资的特点

1）按经济用途，固定资产可分为：生产用固定资产、销售用固定资产、科研开发用固定资产和生活福利用固定资产4种。汽车服务企业的固定资产主要是生产用固定资产，且多为专用设备。

2）按使用情况不同，固定资产可分为：使用中的固定资产、未使用的固定资产和不需用的固定资产3种。

3）按所属关系不同，固定资产可分为：自有固定资产和融资租入的固定资产。

固定资产投资一般具有以下特点：回收时间较长、变现能力较差、资金占用数量相对稳定、实物形态和价值形态可以分离。

（2）固定资产的日常控制　为了提高固定资产的使用效率，保护固定资产的安全完整，做好固定资产的日常管理工作至关重要。其主要内容包括以下几个方面。

1）实行固定资产的分级分口管理。企业固定资产种类和数量较多，其使用涉及企业内部各部门。为此，应在企业内部建立各职能部门，如各部门在固定资产管理方面的责任制。实行固定资产的分级分口管理，即在企业财务部门的统一协商下，按固定资产的类别，由企业各职能部门负责归口管理，按各类固定资产的使用地点，由各级使用部门负责具体管理，并进一步落实到班组和个人。这样，便可做到层层有人负责、物物有人管，使固定资产的安全保管和有效利用得到可靠保证。

2）建立固定资产卡片和固定资产登记簿制度。为了详细反映和监督企业各项固定资产的使用及增减变动情况，管好用好固定资产，需要设置固定资产卡片和固定资产登记簿，以进行固定资产的明细核算。

固定资产卡片由财务部门填制，一份留存作为固定资产明细核算之用，一份交管理部门保存作为管理的依据。固定资产在使用过程中，由于改建、扩建或技术改良等原因引起原值、折旧额的变动，应根据有关凭证及时登记入卡。固定资产在企业内部各使用部门之间转移时，应由固定资产管理部门填制必要的凭证，通知移交、接收部门和财务部门，据此办理固定资产转移手续，并将固定资产卡片一并转移。

为了按使用部门分类反映固定资产的增减变动和存在情况，财务部门应设置固定资产登记簿，每一类固定资产开设账页，并按使用保管部门将固定资产的年初余额汇总入登记簿内。当固定资产发生增减变动时，应根据经过核签的增减凭证，逐笔或汇总记入登记簿内，并结出月末金额。

通过建卡和登记办法，有利于促进使用单位加强对设备的维修，提高设备的完好程度，做到账实相符，为管好、用好固定资产打下良好的基础。

3）按财务规定计提固定资产折旧。固定资产折旧是指固定资产因磨损而转移到产品中去的那部分价值。管好用好固定资产折旧，认真计提固定资产折旧是固定资产日常管理的重要内容。

现规定的固定资产折旧计提范围为：厂房，在用的机器设备、仪器仪表、运输车辆、工具器具，季节性停用和修理的设备，以经营租赁方式租出的固定资产及以融资租赁方式租入的固定资产。

不计提折旧的固定资产包括：厂房以外的未使用、不需用的固定资产，以经营租赁方式租入的固定资产及已提足折旧仍继续使用的固定资产等。

计提折旧的起止时间计算：固定资产从投入使用开始，即发生价值损耗，应开始计提折旧，分摊资产成本，固定资产报废或停止使用时应停止计提折旧。按现行制度规定：折旧按足月原价计提，月份内开始使用的从下月起计提折旧，月份内减少或停止使用的从下月起停止计提折旧。

折旧计算方法的选择：按现行制度规定，企业计提固定资产折旧时一般使用平均年限法；经审批同意，对机器设备也可采用双倍余额递减法或者年数总和计提折旧法。后两种方法属于加速折旧法，有利于加速资金的回收和周转，改善企业财务状况。

4）合理安排固定资产的修理。固定资产在使用过程中，由于受机械磨损、化学腐蚀等而发生损耗，但各个部件的磨损程度并不相同。为了保证其正常使用，并发挥应有的作用和维持良好的状态，必须经常对其进行维护和修理。在进行固定资产修理时所发生的修理费用可直接计入有关费用，但当企业的修理费用发生不均衡且数额较大时，为了均衡企业的成本或费用负担，可采用待摊或者预提的办法。采用预提的办法，实际发生的修理费用冲减预提费用。实际修理费用大于预提费用的差额计入有关费用，小于预提费用的差额冲减有关费用。

5）科学进行固定资产的更新。固定资产的更新是指对固定资产的整体补偿，即以新的固定资产来更换需要报废的固定资产。固定资产更新有两种形式：一种是完全按原样进行更新，即按原来的技术基础、原来的规模、原来的结构和原来的用途进行更新，以实现固定资产的实物再生产；另一种是在先进技术基础上的更新，即以先进的效率和性能更好的、能产生更大经济效益的设备更新陈旧落后的设备，不断提高企业的技术水平。特别是近年来随着汽车工业的迅速发展，对汽车服务企业的技术进步要求越来越高，更需要企业以这种内涵式扩大再生产的更新途径，加速企业上规模、上水平、有重点、有步骤地进行固定资产更新。

二、投资管理

投资是企业开展正常生产经营活动并获取利润的前提，也是企业扩大经营规模、降低经营风险的重要手段。投资按回收时间的长短可分为短期投资和长期投资。短期投资又可称为流动资产投资，是指能够并且准备在1年内收回的投资，主要是指对现金、应收账款、存货、短期有价证券等的投资。长期投资是指在1年以上才能收回的投资，主要是指对厂房、机器设备等固定资产的投资，也包括对无形资产和长期有价证券的投资。

企业在进行投资分析与决策时，需要认真考虑与投资相关的影响因素。一般来说，企业投资应重点考虑的因素有投资收益的大小、投资风险的高低、投资的约束条件和投资的弹性分析等。

1. 现金流量的定义

现金流量也称现金流动量，是指投资项目在计算期内因资本循环可能或应该发生的各项现金收支，其中现金收入称为现金流入量，现金支出称为现金流出量。现金流入量与现金流出量相抵后的差额称为现金净流量，现金净流量也称净现金流量。

在一般情况下，投资决策中的现金流量通常是指现金净流量。现金流量是计算项目投资决策评价指标的主要依据和重要信息之一。必须注意的是，本章阐述的现金流量与财务会计中现金流量表中使用的现金流量，无论是在具体构成内容方面还是在计算口径方面两者都存在较大的差异。这里的现金既指可以指库存现金、银行存款等货币性资产，也可以指投资方案需要投入或收回的相关非货币性资产（如原材料、设备等）的重置成本或变现价值。

2. 项目投资决策评价指标

投资决策是对各个投资方案进行分析和评价，从中选择最优方案的过程。为了客观、科学地分析评价各种投资方案是否可行，应使用不同的决策指标，从不同的侧面或不同的角度反映投资方案的内涵。各项指标在大多数情况下对方案的取舍是一致的，但有时会出现不一致的情况。所以按某一指标来确定对投资方案的取舍，有时会造成偏差。在投资决策分析评价中，应根据具体情况采用适当的方法来确定投资方案的各项评价指标，以供决策参考。例如，在汽车租赁企业，投资决策就是对汽车租赁这一项目进行经济效益分析，得出项目经营的总利润，然后结合项目组织管理，确定投资方案是否可行。

项目投资决策评价指标可分为非贴现指标和贴现指标两大类。非贴现指标又称静态指标，不考虑资金的时间价值，计算比较简单。其评价指标有投资回收期（静态）、平均报酬率等。贴现指标又称动态指标，考虑资金的时间价值，计算较为复杂。其评价指标有净现值、现值指数、内部收益率等。

3. 项目投资决策风险分析

在前面的决策中，对各种项目的现金流量都是假定到期肯定能够实现的。事实上，由于固定资产投资决策涉及的时间长，不确定因素较多，项目的成本、收益很难做到准确预测，所以项目投资决策在不同程度上存在着风险。例如，在汽车租赁企业，投资周期长、不确定因素多，所以很难预测其成本和收益，因此就需要进行投资决策风险分析。项目投资决策风险分析的方法较多，常用的方法是风险调整贴现率法和风险调整现金流量法。

第三节 汽车服务企业的成本费用管理

一、汽车服务企业的成本费用的概念及分类

1. 成本费用的概念

汽车服务企业的成本费用是指汽车服务企业为了车辆维修、配件销售等汽车服务经营活动的开展所支出的各项费用，以货币额表现。它包括3个部分：物化劳动的转移价值、汽车服务中所消耗的材料及辅料的转移价值、员工的劳动报酬及剩余劳动所创造的价值。

实现利润最大化是汽车服务企业经营的目标，在汽车服务价格既定、汽车服务量一定的情况下，成本的高低是实现利润大小的决定因素。因而，汽车服务企业应想方设法地加强成本管理，降低成本。

2. 成本费用的分类

按照成本费用的经济用途划分，成本费用可分为直接费用（直接材料费用、直接人工费用、其他直接费用）和期间费用。汽车服务企业的成本费用如图7-1所示。

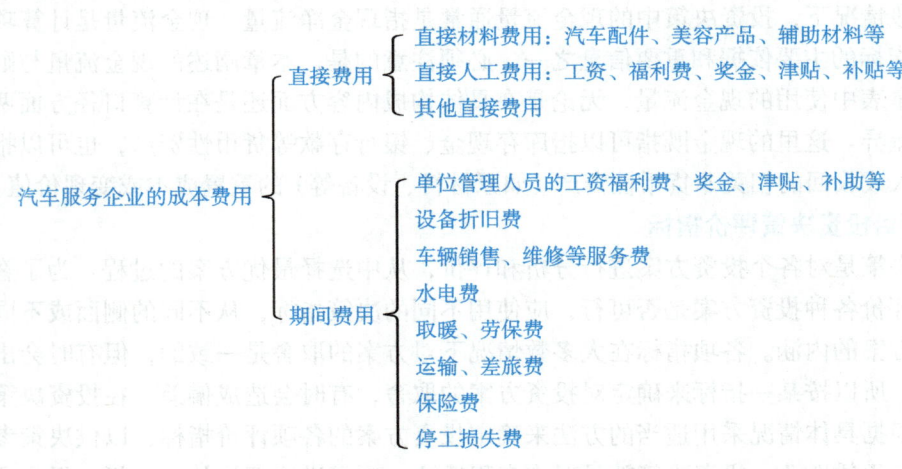

图7-1 汽车服务企业的成本费用

（1）直接费用

1）直接材料费用是指汽车服务企业在服务经营过程中实际消耗的汽车配件、美容产品、辅助材料等的支出。

2）直接人工费用是指汽车服务企业直接从事服务经营活动人员的工资、福利费、奖金、津贴和补贴等人工费用。

3）其他直接费用是指在汽车服务中发生的那些不能归入直接材料费用、直接人工费用的各种费用，如固定资产折旧费、修理费等。

以上3类费用是计入汽车服务企业服务成本的费用。

（2）期间费用　期间费用是指汽车服务企业行政管理部门为组织和管理汽车服务经营活动而发生的管理费用，以及为车辆和配件销售维修等发生的进货运输费用和销售、维修费用等。

二、汽车服务企业的成本费用管理的任务和要求

1. 成本费用管理的任务

汽车服务企业成本费用管理的基本任务，就是通过预测、计划、控制、核算、分析、考核与奖惩，来反映汽车服务企业服务经营的经济成果，挖掘降低成本的潜力，努力降低成本，减少费用支出。

2. 成本费用管理的要求

1）努力降低汽车服务消耗和原材料采购成本。汽车服务企业利润最大化的实现，首先取决于企业的汽车服务经营规模，即汽车服务经营业务量的大小。但是，汽车服务经营成本的高低，同样处于决定性地位。降低成本与扩大业务量均可增加营业额（降低成本增加的利润比扩大业务量增加的利润要更快、更有效）。因此，在成本费用管理中，必须努力降低汽车服务消耗、降低配件等原材料的采购成本，才能明显提高汽车服务企业的经营效益。

2）努力降低人工成本。人工成本在汽车服务成本中所占比例很大，而且呈上升趋势。因此，降低人工成本对降低汽车服务总成本具有重要的意义。可通过合理用工、优化汽车服务项目中员工的配比、增加高性能汽车服务设备、提高员工汽车服务技能和效率，达到降低人工成本的目的。

3）实行全员成本管理。汽车服务企业成本费用的形成，与企业的全体职工有关。企业要将成本降低的指标要求落实到企业内部各职能部门，实行全员成本管理，充分发挥各个部门和全体员工在加强成本管理中的积极作用；要把成本费用计划，按照全员成本管理的要求，按部门分别落实责任指标，定期考核执行情况；要分析成本费用升降的原因，采用奖惩等措施，做到分工明确、职责清楚、奖惩合理。

4）正确完整地计算成本。汽车服务企业的成本核算资料必须正确完整，如实反映汽车服务经营过程中的各种消耗。对汽车服务经营过程中所发生的各项费用，企业必须设置必要的生产费用账簿，以审核无误、手续齐全的原始凭证为依据，按照成本核算对象，把成本项目、费用项目按部门进行核算，做到真实准确、完整和及时。

5）加强成本考核工作。汽车服务企业要对内部各成员责任中心定期考查，审核成本计划指标的完成情况，并评价成本管理工作的成绩。成本考核以成本计划指标作为考核标准，以成本核算资料作为考核依据，以成本分析结果作为评价基础。通过成本考核，企业领导者可以监督各成本责任中心按时完成成本计划，也可以全面、正确地了解企业成本管理工作的质量和效果。

三、汽车服务企业的成本计划

1. 成本计划及要求

汽车服务企业的成本计划是汽车服务企业按照成本费用决策要求，进行汽车服务经营所需的成本费用计划，是汽车服务企业服务经营计划的重要组成部分，是进行成本控制、成本分析以及编制财务计划的重要依据。

为了发挥成本计划的作用，企业在编制成本计划时，应特别体现下列要求。

1）重视有关人员提供的成本预测资料。
2）符合实现目标利润对成本降低指标的要求。
3）遵守国家成本开支规定。
4）协调好成本计划指标与其他汽车服务业务技术经济指标之间的平衡与衔接。
5）成本计划指标的确定要实事求是，既要先进又要可行，并有必要地采取合适的措施予以保证。

2. 成本计划的编制程序

（1）收集和整理基础资料　汽车服务企业在编制成本计划之前，相关人员要广泛收集和整理所必需的各项基础资料，并加以分析研究。所需资料包括汽车服务企业制定的成本降低任务、指标或承包经营的承包指标，企业计划采取的经营决策和经营计划等有关指标，各种技术经济定额，历史成本资料，同类企业的成本资料，企业内部各部门费用计划和劳务价格，其他有关资料等。

（2）分析报告期成本计划的预计执行情况　汽车服务企业正确的成本计划，应是在总结过去经验的基础上制定出来的。因此，应对报告年度计划执行情况进行预计和分析，计算出上年实际单位成本，为成本计划提供编制依据。

（3）编制成本计划　汽车服务企业编制成本计划有以下两种方法。

1）企业统一编制。以企业财会部门为主，在其他部门配合下，根据经营计划要求，编制企业成本计划。

2）分级编制。企业把确定的目标成本、成本降低率，以及各种关键性的物质消耗指标与费用开支标准下达到各汽车服务部门。各汽车服务部门根据下达的指标，结合本部门的具体情况，编制出各自的成本计划。企业财会部门根据各生产部门上报的成本计划，进行汇总平衡，从而编制整个企业的成本计划。经过批准，再把成本计划指标分解，层层下达到各汽车服务部门，据以编制各部门的经营成本计划。

四、汽车服务企业的成本预测

1. 成本预测的概念

汽车服务企业的成本预测就是根据企业成本特性及有关数据资料，结合汽车服务企业的发展前景和趋势，采用科学的分析方法，对一定时期某些业务成本水平、成本进行预计和测算。成本预测可以让企业更好地控制成本、做到心中有数、避免盲目性、减少不确定性，为更好地进行汽车服务决策提供依据。

2. 成本预测的内容

汽车服务企业成本预测的内容主要包括：全面进行汽车服务市场调查，掌握汽车服务市场的需求情况，预测汽车服务市场的需求数量及其变化规律，掌握汽车及配件等价格变动情况；进行企业内部调查，预测汽车服务技术、汽车服务能力和经营管理水平和可能发生的变化，掌握汽车服务费用的增减和成本升降的有关资料，及其影响因素和影响程度；根据企业内外部各种资料和汽车服务市场发展趋势，预测成本。

3. 成本预测的方法

汽车服务企业成本预测常用目标利润法。目标利润法又称倒扣计算法或余额计算法，其特点是保利润、挤成本。它是首先制定目标利润，随后考虑税金、期间费用等项目，推算出目标成本的大小。其测算公式为

$$目标成本 = 预测经营收入 - 应纳税金 - 目标利润 - 期间费用$$

五、汽车服务企业的成本控制

1. 成本控制的途径

汽车服务企业要全员、全方位控制成本，可以通过以下途径实现。

1）提高全员的劳动生产率。劳动生产率的提高，意味着在相同的时间和相等的固定费用下，可以从事更多的汽车服务工作，取得更多的收入。

2）节约汽车服务过程中各种材料的消耗。

3）提高汽车维修等设备的利用效率。

4）提高汽车服务的质量，减少返工和不必要的消耗。

5）创建品牌汽车服务，通过较高的品牌汽车服务价格，降低成本所占比例。

6）加速车辆配件、机油等所用资金的周转，减少资金占用。

7）节约其他开支，严格遵守国家的相关规定和执行企业的财经制度。

2. 成本开支的基本程序

（1）**制定成本控制标准** 应根据汽车服务企业成本预测与成本计划，制定成本控制标准，确定标准的上下限。

（2）**建立成本控制组织体系和责任体系** 要由财务部门负责，在各个成本发生点建立成本控制责任制，定岗、定人、定责，并定期检查，对成本的形成过程严格按照成本标准进行控制和监督。

（3）**反馈成本信息，及时纠正偏差** 为及时反馈信息，企业应制定信息反馈凭证和表格，确定信息反馈时间和程序，并对反馈的信息进行分析，要将实际消耗和标准进行比较，计算成本差异，分析、揭示产生差异的原因，并及时加以纠正。企业还应明确纠正措施、执行人员及时间，以达到成本控制的目的。

3. 成本控制的方法

（1）**绝对成本控制** 汽车服务企业的绝对成本控制是指把支出控制在一个绝对的金额范围内的一种成本控制方法。标准成本和预算控制是绝对成本控制的主要方法。

（2）**相对成本控制** 汽车服务企业的相对成本控制是指为了增加利润，从汽车服务量、成本和收入三者的关系出发来控制成本的方法。实行这种成本控制方法，可以知道当汽车服

务企业的汽车服务量达到何值时，企业的利润最高。

（3）**全面成本控制**　汽车服务企业的全面成本控制是指对生产经营全过程的所有成本的控制。

（4）**定额法**　定额法是以事先制定的汽车服务定额成本为标准，在汽车服务费用发生时，及时提供实际发生的费用脱离定额成本的差异额，让管理者及时采取措施，控制汽车服务费用的发生额，并且根据定额和差异额计算产品实际成本的一种成本计算和控制方法。

（5）**成本控制即时化**　成本控制即时化就是通过现场服务管理人员每天下班前记录当天发生的人工、汽车材料、汽车维修设备等使用数量与汽车服务项目完成数量，经过部门经理或者交接班人员的抽检，及计算机软件的比较分析得出成本指标是否实现及其原因的成本管理方法。

（6）**标准成本法**　标准成本法是指以预先制定的标准成本为基础，用标准成本与实际成本进行比较，核算和分析成本差异的一种汽车服务成本计算方法，也是加强成本控制、评价经济业绩的一种成本控制制度。

（7）**经济采购批量**　经济采购批量是指在一定时期内进货总量不变的条件下，使采购费用和存储费用总和最小的采购批量。

（8）**本量利分析法**　本量利分析法是在成本形态分析和变动成本法的基础上发展起来的，主要研究成本、汽车销售数量、汽车维修项目数量、价格和利润之间的数量关系的方法。它是汽车服务企业进行预测、决策、计划和控制等经营活动的重要工具，也是管理跨级的一项基础内容。

（9）**线性规划法**　线性规划法是运筹学的一个重要分支。线性规划法是以汽车服务成本为控制目标，在汽车服务企业资源的约束条件下，用运筹学中线性规划的数学方法，对企业资源进行最佳分配，获取最佳经济效益，控制汽车服务成本。

（10）**价值工程法**　价值工程法是指通过集体智慧和有组织的活动对汽车服务项目进行功能分析，以最低的总成本，可靠地实现汽车服务的必要功能，从而提高汽车服务的价值。

（11）**成本企划**　成本企划是汽车服务企业成本的前馈控制方法，它不同于传统的成本反馈控制，即先确定一定的方法和步骤，根据实际结果偏离目标值的情况和外部环境变化采取相应的对策，调整先前的方法和步骤，针对未来的必达目标，对目前方法与步骤进行弹性调整，因而是一种先导性和预防性的控制方式。

（12）**目标成本法**　目标成本法是一种以市场为导向、以目标成本为依据，用目标成本计算方法计算目标成本，通过目标成本的分解、落实、控制和考核等手段，对汽车服务企业经营活动的全过程实行全面的综合性管理，以期达到全面提升企业效益的一种综合科学管理方法。它首先确定客户会为汽车服务付多少钱，然后回过头来设计能够达到期望利润水平的汽车服务经营流程。

以上成本控制方法，要坚持经济性原则，根据企业、部门、岗位和成本项目的实际情况选用。

六、汽车服务企业的目标成本管理

1. 目标成本的制定与核算

目标成本管理体现的管理思想：成本是管理决策的结果，对于汽车服务企业来说，成本

控制不是始于汽车服务，而是始于汽车服务策划阶段。在汽车服务策划阶段，就要制定与核算汽车服务的目标成本。企业要考虑目标利润，可用逆向工程的方法考虑目标成本。为保证目标成本的先进性与可行性，在制定前应掌握大量的资料，如本企业的历史性资料、国内外同行的近期资料等，经反复比较、分析、测算才能最后确定。然后将目标成本按产品零部件，层层分解为若干个小指标，落实到分厂、车间、工段、小组及个人，理顺管理系统。

在进行新车销售策划时确定目标售价，并将其作为新车销售开发提案中的主要内容之一。目标售价不仅要考虑新车销售的所有成本，包括购车支出、广告等宣传费、车辆运输费、人员的工资和奖金、场地费用、税收，还要考虑利润等。此外，还要参考当时的汽车价格水平和竞争对手的同类产品价格，预测新产品投放市场时市场上产品的价格变化和竞争对手在价格上可能发生的变化。

在进行车辆维修服务策划时，要确定目标汽车维修成本，包括汽车配件和汽油等维修辅料的消耗、人员的工资和奖金、场地费、设备折旧费、新设备购置费、检测费、税收、利润等。此外，还要考虑当地同类汽车维修企业的成本水平，企业可持续发展的汽车维修成本，顾客逐年可接受的车辆维修成本。

2. 目标成本的控制

汽车服务企业的各部门按目标成本分解形成的责任指标，控制各责任部门的汽车服务经营活动，目标成本的日常控制则由责任部门自理，汽车服务企业与责任部门存在指导与督促关系。用会计核算方法进行目标成本核算，用电算化手段对目标成本的实施进行记录计算、汇总，可系统地反映目标成本的执行情况，这对发现执行中的问题极其有用。

3. 目标成本的考评与奖惩

目标成本的考核与奖惩，即将责任部门和个人所承担的目标成本的责任指标与目标成本实际完成情况进行对比，做层层考核与合理评价，对在降低成本上做出努力和贡献的部门和员工给予肯定，并根据贡献的大小给予相应的奖励，以稳定和提升员工进一步努力的积极性。同时，对缺少成本意识、成本控制不到位、造成浪费的部门和个人，给予处罚，以促其改进、完善。对责任部门和个人所承担的技术经济责任指标，做层层考核与合理评价，是开展目标成本管理的关键。它关系到激励机制的建立和完善，并促使职工尽可能地节约原材料和能源，以及减少废品损失和降低产品成本，使职工既注重完成的数量，又注重完成汽车服务项目的质量和节约开支。

七、汽车服务企业的成本否决制度

1. 成本否决

成本否决就是即使其他指标完成得再好，只要突破了分配给部门、团队或个人的目标成本，员工的工资和奖金等就要受到影响。分配给部门、团队或个人的目标成本由汽车服务企业的目标成本决定。

2. 成本否决制度

成本否决制度是要树立起"成本权威"，将成本作为影响、引导和矫正员工行为的杠杆，实现成本一票否决。成本否决制度的建立需要确立成本分析、成本核算、成本保证和成本考核4个体系。

实行成本否决的两个基本点：一是不讲客观、不搞分析，严格考核；二是实行彻底的成本否决权，即如果成本指标完不成，其他指标完成得再好，所有的奖金将被否决，同时与员工职位升级挂钩。

在汽车服务企业管理中，成本否决制度规定，所有汽车服务成本加各项费用与汽车服务市场价格相比至少要相等，决不能亏损，使广大职工与企业真正形成责、权、利相统一的利益共同体。成本管理纵向到底、横向到边，上至公司管理层，下至公司每名员工，人人分担成本指标和费用指标，使汽车服务经营过程中的每个环节都要算市场账、成本账，从而建立起一整套比较完整的目标成本责任网络体系。

课后习题

1. 汽车服务企业的财务管理目标和任务是什么？
2. 汽车服务企业的流动资产管理、固定资产管理和投资管理的含义是什么？
3. 汽车服务企业的成本费用管理的任务和要求是什么？
4. 汽车服务企业的成本控制途径及方法是什么？
5. 汽车服务企业的目标成本管理方法有哪些？

延安 250 型越野汽车

第八章　汽车服务企业的信息管理

【学习目标与要求】

1. 了解汽车服务企业的信息管理系统的主要特点与基本功能。
2. 了解基于电子商务的汽车服务管理系统。
3. 掌握 ERP 系统的功能模块和 ERP 系统的结构。
4. 掌握典型 4S 店综合服务与营销系统的主要功能。
5. 掌握网络营销的本质和方式。

【素质培养目标】

1. 培养诚实守信精神。
2. 培养顾客至上意识。

【学习重点】

1. 掌握 ERP 系统的功能模块和 ERP 系统的结构。
2. 掌握典型 4S 店综合服务与营销系统的主要功能。
3. 掌握网络营销的本质和方式。

【学习难点】

掌握 ERP 系统的功能模块和 ERP 系统的结构。

【案例引入】

信息安全管理是企业数字化发展的生命线

运通集团始建于 20 世纪 80 年代，长期致力于汽车行业的发展，现已形成集团化、跨

地域经营、品牌化管理的全新模式。2019年,运通集团已在全国拥有70多家汽车4S店,集团旗下经营奔驰、奥迪、宝马等中高端品牌汽车,在全国11个城市都有布局,已发展为全国最具影响力的汽车经销商集团之一。

近年来汽车销售市场面临着新的挑战。一是2018年,在汽车行业销售市场萎缩的情况下,运通集团规模却越来越大,每年保持新建5~6家经销店。加上运通集团建店是重资产投入,基本是自己购买土地并规划建设,在经营上面临着一定的压力,更需要形成自身的特点面对竞争。二是互联网、新零售企业纷纷涉足汽车流通行业,给汽车销售市场带来新的冲击。三是汽车制造业本身也面临着变革,从传统的燃油到电气化、智能化,使造车企业的销售策略向多元化发展,未来会选择搭建自营平台。运通集团信息技术部总监表示:"基于这些压力,近两年运通集团在信息化建设上投入增多,尤其加强了信息安全方面的建设。"

不同于其他企业可以完全自建信息化系统,4S店的信息化有独特性,受主机厂管理,4S店必须使用主机厂的系统。当客户去4S店做汽车保养或者买车时,店员先要在主机厂的系统中录入客户信息,再在集团自建的系统中录入一遍,也就是说做一笔业务需要同时在两个系统中录入信息,这是全行业的特点。该总监解释:"作为一个独立的经销商集团,运通集团肯定要建立自己的信息化系统。如果厂商系统出现安全事故,会快速地蔓延到经销店,因为经销店必须用厂商系统,而且必须开放某些端口。这无形中增加了维护安全的费用和难度。我们只能在这个基础上加强自己的安全。"

近两年运通集团信息部从人工智能、智慧园区角度做了很多系统开发,例如获取客户信息、智能到达系统等;最近还开发出一个交互大屏,能把店里的很多服务转化成客户自助操作,在提升工作效率的同时,提升了客户体验。这些应用投入使用后,运通集团的客户数据呈现几何级增长,这些数据是公司最核心的资产。目前,运通集团信息安全项目类的工作已经占所有项目工作量的1/3。从建立客户会员制开始,运通集团的领导就要求把保护客户信息,包括企业经营的数据作为安全的第一要务。该总监表示:"不管是从数据防泄露,还是防Web攻击层面,我们在集团内外都做了很多工作,主要的合作方就是360公司。360公司作为运通集团信息化安全的整体咨询方、安全设备提供商,是运通集团比较依靠的合作伙伴。"

运通集团将公有云和私有云统一建设,建立"两地三中心"。公有云完全按照基于Docker的搭建方式,实现了多点部署,把安全风险降到最低。运通集团私有云采用比较先进的超融合技术,搭建很多虚拟情景,虚拟机的数量已经成百上千。这给运通集团的安全建设带来新的挑战。该总监说:"以前更多的时候把机房保护好就可以了。现在更多的时候是要开放机房,不管是接口,还是端口,还是一些管理模式,都需要创新。对我们来说,信息安全的压力前所未有。加上最近行业内出现的信息安全事件,也时刻提醒我们还是不能掉以轻心。"

第一节 汽车服务企业的信息管理系统

传统企业管理是对人力、财力、物力等基本资源的管理。但在现代企业中,信息已与人、财、物等资源一样,成为企业的一种基本资源。企业忽视了对信息的管理,就不能提高

第八章 汽车服务企业的信息管理

效率,就难以保证企业的竞争力,更难以提供良好的服务,也就谈不上现代化管理。管理离不开信息,信息在管理的全过程中起着基础性作用。

一、汽车服务企业的信息、信息管理系统及其作用

1. 汽车服务企业的信息

汽车服务企业的信息是指经过加工,能对企业的汽车服务经营、财务、物资与设备管理、人事管理、文化与形象管理等产生影响的数据、资料、信息、情报和知识等。

汽车服务企业的信息既包括汽车服务企业的内部信息,又包括汽车服务企业的外部信息。汽车服务企业的内部信息包括整车或配件等物资的库存信息,汽车维修的成本、利润、设备等信息,企业的人力资源情况,企业的服务技术资料,各种规章制度信息。汽车服务企业的外部信息包括国家经济政策信息,汽车服务市场需求信息,整车与配件销售供应、价格等信息,客户的姓名、电话、地址等个人信息。这些信息都是汽车服务企业所需的信息,是企业宝贵的资源。为保证汽车企业正常开展服务经营,必须做好信息管理工作。

2. 汽车服务企业的信息管理系统

汽车服务企业的信息管理系统是一个以人为主导,利用计算机软件、硬件、网络通信设备,以及其他办公设备(手机、电话、传真机、打印机等),进行汽车服务企业管理,业务信息收集、传输、加工、储存等集成化的人机系统。

3. 汽车服务企业的信息管理系统的作用

(1)**为汽车服务企业管理服务** 汽车服务企业的信息管理系统为汽车服务企业管理服务,可实现对汽车服务企业所需信息的收集、储存、处理、传递分析等的管理,能对汽车消费者提供信息服务、发布汽车广告消息,实现汽车产品网上交易电子化、与整车制造商信息传递与网络共享化、汽车服务企业内部管理和汽车物流控制信息化等。

(2)**开展汽车服务企业电子商务** 电子商务是信息管理系统在商务方面的应用,可实现企业对企业、企业对消费者、企业对政府、个人对政府的汽车服务经营,包括整车、汽车配件及汽车美容产品等网上订购、销售、网上支付,可开展汽车服务企业网络广告活动,开设汽车服务企业的网上电子账户,进行汽车服务企业员工招聘等。

二、汽车服务企业的信息管理系统的主要特点与基本功能

1. 信息管理系统的主要特点

(1)**在管理中全面使用计算机** 汽车服务企业的主要管理工作(如汽车服务计划、汽车服务市场预测、合同管理、设备管理、财务成本管理、物资管理、劳动人事管理等)都用计算机辅助,企业、公司最高层的决策也借助于计算机提供信息。

(2)**应用数据库技术和计算机网络** 应用数据库技术和计算机网络,全面收集、组织与企业管理有关的数据,由数据管理系统进行管理和控制,实现系统数据实时处理和资源共享。在信息系统中广泛应用计算机局域网络和远程网络(广域网),提高了信息系统处理信息和传递信息的能力,克服了地域限制,甚至可以跨越国界,为设在各地的汽车服务连锁企业提供信息服务。

(3)**采用决策模型解决结构化的决策问题** 在信息管理系统中普遍使用了决策模型来解

151

决结构化的决策问题，即可以利用一定的规则和公式来解决例行的和反复进行的决策问题，如用线性规划求解生产资源最优配置等问题。这种决策主要面向企业中下层管理人员。同时，在信息管理系统中这些决策模型通常只是作为程序的一部分，而没有成为管理信息系统中的一个独立的组成部分。

总之，信息管理系统的三要素是：系统观点、数学方法和计算机应用。

2. 信息管理系统的基本功能

信息管理系统的功能是多种多样的，各种不同的信息管理系统除了特有的一些功能外，都具有信息收集、组织和存储、处理、传递、提供等基本功能。

（1）信息收集 任何信息管理系统，如果没有实际的信息，理论上的功能再强，也是没有实际用处的。根据信息的来源不同，信息可分为原始信息和二次信息。原始信息是指在信息发生的当时当地、在信息描述的实体上直接取得的信息。二次信息是指已经被别人加工处理后记录在某种介质上，与所描述的实体在时间、空间上分离了的信息。这两种不同来源的信息，在收集时有不同的要求。原始信息收集的关键是全面完整、及时准确、科学地把所有需要的信息收集起来。二次信息收集的关键是有目的地选取所需要的信息，并正确地解释所取得的信息在不同信息系统之间的指标含义等。

（2）信息组织和存储 信息管理系统必须具有信息组织和存储功能，否则它就无法突破时间与空间的限制，发挥提供信息、支持决策的作用。信息组织和存储的目的是处理信息，便于检索。同时，为了更有效地利用存储及处理设备，当涉及信息存储问题时，需要考虑存储量、信息格式存取方式、存储时间、安全保密等问题，以保证信息不丢失、不走样、整理及时和使用方便。

（3）信息处理 信息经过加工处理，将更加集中、精练，更能反映本质。为了满足对信息的各种需求，系统总需要对已经收集到的信息进行某些加工处理。加工可分为数值运算和非数值数据处理两大类。数值运算包括各种算术代数运算，如统计学中的各种统计量的计算及各种检验，运筹学中的各种最优化算法以及模拟预测方法等。

（4）信息传递 信息传递是现代化管理的基本要求。信息传递的广义是信息在媒介之间的转移。严格地说，所有信息处理都是信息在组织内部的传递，也就是信息在物理位置上的移动。信息传递是通过文字、语言、电码、图像、色彩、光、气味等传播渠道进行的。信息传送方式有单向传送、双向传送、半双向传送、多通道传送等。

随着信息管理系统规模的扩大和发展，信息传递任务越来越重要，信息管理系统的管理者与计划者必须充分考虑需要传递的信息的种类、数量、频率、可靠性要求、传送方式等一系列问题。

（5）信息提供 信息处理的目的是进一步解释其性质和含义，最终向管理者、决策者提供服务。一般以报表、查询和对话等方式提供状态信息、行动信息和决策支持信息等。人以各种手段和形式将计算机提供的信息转换为计算机能识别的信息，将计算机输出的信息转换为用户容易识别的文字、图像、图形、声音等形式。

企业内有不同的需求、阶层及专门领域，需要有不同的系统。没有任何单一的信息系统可以完全满足企业内所有的需求。在纵向层级维度，企业可以划分为战略层、管理层、执行层；在横向功能维度，企业可以划分为采购、生产、销售、财务以及人力资源等部门，系统要分别满足这些不同部门的需求。汽车服务企业信息管理系统服务对象如图 8-1 所示。

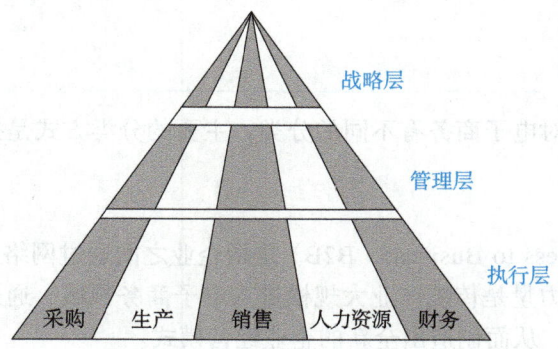

图 8-1　汽车服务企业信息管理系统服务对象

三、汽车服务企业信息管理的基本任务

1. 建立健全信息管理制度

汽车服务企业应当根据国家的法律法规要求，以及行业主管部门的具体规定，建立健全信息管理制度，并监督执行，保证信息系统安全。

2. 建立健全信息系统

汽车服务企业要根据企业规模、业务量建立健全信息管理系统，包括计算机硬件和软件系统，并及时升级软件，更换必要的硬件，保证信息管理系统的运行速度，有效收集、整理、传播、存储、共享信息，并进行必要的系统日常运行维护及监督。

3. 指导使用信息系统

指导使用信息系统主要是指信息管理人员指导、培训员工使用信息系统，解决信息系统使用过程中的问题，帮助员工利用信息管理系统开拓汽车服务业务。例如，发布新车信息车辆网络销售。汽车服务企业的员工使用信息管理系统首先要接受技术培训和考核，考核合格后才允许使用系统，做到先培训，后使用。

第二节　电子商务在汽车服务中的应用

电子商务是世界性的经济活动，就其实质来说是信息系统在商务方面的应用。电子商务是运用电子计算机及网络技术等现代科学手段进行的商务活动，它离不开对信息资源的利用和管理。电子商务能高效利用有限资源，加快商业周期循环、节省时间、降低成本、提高利润和增强企业的竞争力。从业务流程来看，电子商务是指信息技术的商业事务和工作流程的自动化应用。

如今电子商务已发展成为一个独立的学科，企业的信息化是它发展的基础。电子商务正在改变工业化时代企业客户管理、计划、采购、定价及衡量内部运作的模式。消费者开始要求能在任何时候、任何地点，以最低的价格及最快的速度获得产品。企业不得不为满足这样的需求而调整客户服务驱动的物流运作流程和实施，以及与业务合作伙伴（供应商、客户等）

协同商务的供应链管理。ERP为企业实现现代供应链管理提供了坚实的信息平台，是企业进行电子商务的基础。

一、电子商务的分类

按照不同的方式可对电子商务有不同的分类，主要的分类方式是按交易对象对电子商务进行分类。

1. 企业对企业

企业对企业（Business to Business，B2B）是指企业之间通过网络进行电子商务活动。推动这种模式发展的主要力量是传统产业大规模进入电子商务领域，通过电子商务改善市场营销和企业内部管理方式，从而创造出全新的企业经营模式。

2. 企业对消费者

企业对消费者（Business to Customer，B2C）即企业通过网络为消费者提供一个新型的购物环境——网上商店，实现网上购物、网上支付。这种模式着重于以网上直销取代传统零售业的中间环节，创造出了商品零售新的经营模式。

3. 企业对政府

企业对政府（Business to Government，B2G）这种商务活动覆盖企业与政府之间的各项事务。例如，政府采购清单可以通过网络发布，通过网上竞价方式进行招标，企业可以以电子交换方式来完成。除此之外，政府还可以通过这类电子商务实施对企业的行政事务管理，如政府用电子商务方式发放进出口许可证、开展统计工作，企业可以通过网上办理交税和退税等。

4. 个人对政府

个人对政府（Government to Customer，G2C）即政府通过网络实现对个人相关方面的事务性处理，如通过网络实现个人身份的核实报税、收税等政府对个人的事务性处理。

5. 消费者对消费者

消费者对消费者（Customer to Customer，C2C）方式是大家比较熟悉的方式，如网上拍卖等。

在这些交易类型中，B2B是主要形式，占总交易额的70%~80%。这是由于企业组织的信息化程度和技术水平比个体消费者的明显要高。

二、电子商务系统的构成

电子商务是商业新模式，各行业的企业都将通过网络链接在一起，使各种现实与虚拟合作成为可能。电子商务是一种以信息为基础的商业构想的实现，可用来提高贸易过程中的效率。其主要内容有信息管理、电子数据交换、电子资金转账。

三、基于电子商务的汽车维修与管理

1. 基于电子商务的汽车维修与管理的模式

当前汽车市场的需求结构、消费环境、消费内容、消费方式等都已发生质的变化，私人消费的额度已经超过整个汽车市场的一半。为了顺应网络时代的变迁，传统的商务活动正在进行重生性的革新，形成了全新的商务模式与商务结构。在此环境下，逐步形成新型的交易渠道和交易方式，改善了交易活动与时间之间的冲突，铲除了交易活动与空间之间的阻碍，萌生了更加完善的交易市场环境。汽车维修行业可以与电子商务高度结合，形成新型的在电子商务基础上的汽车维修系统，进而形成销售、汽配零件、汽车维修、信息反馈与智能反馈完美结合的五位一体的维修服务模式。某汽车维修服务广告如图8-2所示。

图8-2　某汽车维修服务广告

（1）**外部连接中心与电子商务技术的融合**　首先，建立维修中心官网，顾客在进行汽车维修之前就能够了解该维修中心的维修技术、维修信誉、维修费用等信息，形成维修信息的高度透明化；其次，将进入维修中心的顾客信息、车辆信息、维修意愿等信息输入中心系统，进行统一保存与保密，形成完整的电子报告，传输给维修部供其使用；最后，在休息服务中心，为客户提供自助点餐环境，不需要服务人员的专职服务。例如，将服务休息室做环形设计，将所准备的餐品分类别放置在各分区内，供客户自己选择食用。

（2）**配建厂房与电子商务技术的融合**　企业通过对大量数据的挖掘和收集，利用互联网新型的软件技术，为维修中心设计具有高度实用性的仓库，包括厂房的面积、格局、仓库的零件数量和种类等详细的信息；根据专业的仓库设计图，合理安排零件的摆放位置。这样，不仅可以使库存的容量达到最优，也可以节省管理经费，降低整体经营成本，实现利润最大化。

（3）**汽车维修技术与电子商务技术的融合**　汽车维修技术与电子商务技术的融合主要是指通过网络传输，建立汽车维修网上论坛。每一位汽车维修工人都可以将独创的维修技巧上传至网络，供其他人观摩学习。同一维修站可以分享不同的技术，不同的维修站也可以共享他人的技术，实现高度共享，全面学习，培养全方位的维修工人。

2. 基于电子商务的汽车维修与管理的优势

网络技术的全球化，使企业或个人的交易活动更加灵活多变。时间、空间都不再是交易活动的限制因素，在任何时间、任何地点，只要有网络都可以进行交易活动，使企业或个人在无限的空间和有限的时间内同更多的客户进行无阻碍地沟通与交流。这种跨越空间和时间

的全球化网络，将汽车维修与电子商务紧密地结合起来，形成基于电子商务的汽车维修与管理模式。

（1）产业与售后服务业的超链接　它可以为人们提供从购买到维护、维修、美容等一系列的服务，建立一定数量高等专业的维修地点，设置统一规定的维修系统，将维修系统与汽车销售企业进行联通，实现资源共享，减少空间资源的占用。每一位顾客在购买车辆时输入车主信息和车辆信息，销售企业将车辆信息和车主信息传输到各个维修系统中，无论车主去哪家店维修都会直接进行维修工作，减少了输入车主和车辆信息的工作，使工作的时效性和准确性得到明显提高。

（2）汽配零件厂商与产业的贯通　目前，汽配厂商与产业的贯通已经基本实现。汽车生产厂商普遍采用外包模式，各种零件都来自不同的零件生产厂商。汽车生产厂商只负责将这些零件进行准确地组装形成成品车辆，发往汽车销售企业进行销售。汽车生产厂商通过与信赖的零件生产厂商形成长期的合作伙伴关系，将需要的零件信息传输给各零件生产厂商。零件生产厂商收到信息就会立即行动，在有限的时间内生产出保质保量的零件，并在规定的时间内送到需要零件的目的地。各厂商之间通过网络信息传递，实现信息共享，将需求的零件类型、数量等信息公布，实现有需求必有供应的模式。

（3）维修企业、汽配零件厂商与运输企业的配合　交通运输业发展迅速，运输方式多样，运输工具种类繁多，运输速度快。维修企业、汽配零件厂商、运输企业三者之间形成了产业有序连接。维修企业将需要的零件信息传输给各个汽配零件厂商，汽配零件厂商收到信息就会立即行动，在有限的时间内生产出保质保量的零件，并与运输企业取得联系，将零件送往目的地，与此同时运输企业与维修企业可以进行实时沟通，维修企业可以实时掌握零件的运输情况。三方通过网络信息传递，实现信息共享，将需求的零件类型、数量等信息传输到系统中，维修企业、汽配零件厂商与运输企业共享这些信息，并在最短的时间内做出合理的方案，进行生产、运输等工作，真正实现实时操作。

（4）前台与库存厂房的连接　每一位顾客在购买车辆时都需要输入车主信息和车辆信息，销售企业将车主信息和车辆信息传输到维修系统中，这样维修系统中就会存有车辆的各种信息。但是，只这样做还是不够的，需要将前台与库存厂房进行直接连接，实现资源共享，不需要通过中间维修部门，就能够直接得到库存的存货信息。这样就可以直接告诉顾客可不可以马上进行维修活动，如果条件不允许，需要等待多长时间，让顾客清晰地知道情况，建立更加信任的关系。

与此同时，休息服务中心也与其他各部门进行紧密连接，其中包括了解维修中心的真实进展情况。这一点主要通过在休息区内设置LED屏幕来展现，让顾客在休息的同时可以时刻关注维修的进展，同时为维修工作连续且有节奏地进行提供保障。这不仅加快了维修的速度，也节省了更多的时间，形成了相对传统的维修模式较为完善的维修方式。

（5）实现基于电子商务的汽车维修与管理　实现维修行业的电子商务化就是将所有的相关行业和工作都整合起来，形成综合的管理模式，各模块之间进行紧密地网络链接，通过信息的发送、上传，实现信息资源的高度共享。无论是哪一方出现问题，都可以及时发现错误，并以最快速度找到错误的根源，实时采取措施解决问题，将失误率降到最低。这样能够挽回损失，使维修行业更加稳固、快速地发展进步。

第八章 汽车服务企业的信息管理

第三节 汽车服务企业的资源计划

一、资源计划的产生与发展

随着全球市场的形成，一些实施制造资源计划（Manufacturing Resource Planning Ⅱ，MRP Ⅱ）的企业感到，仅仅面向企业内部集成信息已经不能满足实时了解信息、响应全球市场需求的要求了。

MRP Ⅱ的局限性主要表现在：经济全球化使企业竞争范围扩大，这就要求企业在各个方面加强管理，并要求企业有更高的信息化集成，要求企业对整体资源进行集成管理，而不仅仅是对制造资源进行集成管理；企业规模不断扩大，多工厂要求协同作战、统一部署，这已超出 MRP Ⅱ 的管理范围；信息全球化发展的趋势要求企业之间加强信息交流和信息共享，因此信息管理要求扩大到整个供应链的管理。

在这种背景下，美国加特纳咨询公司在1993年首先提出企业资源计划（Enterprise Resource Planning，ERP）概念，随着科学技术的进步及其不断向生产与库存控制方面的渗透，解决合理库存与生产控制问题所需要处理的大量信息，以及企业资源管理的复杂化，要求信息处理的效率要更高。传统的人工管理方式难以满足以上要求，只有依靠计算机系统才可以实现现代化管理。

ERP建立在信息技术基础上，利用现代企业的先进管理思想，全面集成了企业的所有资源信息，是为企业提供决策、计划、控制与经营业绩评估的全方位和系统化的管理平台。

随着人们认识的不断深化，ERP覆盖了整个供需链的信息集成，并且不断被赋予更多的意义，已经能够体现精益生产、敏捷制造、同步工程、全面质量管理、准时生产、约束理论等诸多内容。近年来，ERP研究和应用发展更为迅猛，被各大媒体广泛报道，各种与其相关的研讨会大量召开，出现了各具特色的应用软件产品，ERP的概念和应用也以企业信息化领域为核心，逐渐深入政府、商贸等其他相关领域。

从最初的定义来看，ERP只是一个为企业服务的管理软件，经过不断发展，全球最大的企业管理软件公司SAP在20多年为企业服务的基础上，对ERP的定义提出了革命性的"管理+IT"的概念，主要包括以下内容。

1）ERP不仅是一个软件系统，而且是一个集组织模型、企业规范和信息技术、实施方法为一体的综合管理应用体系。

2）ERP使企业的管理核心从"在正确的时间制造和销售合适的产品"，转移到了"在最佳的时间和地点，获得最大利润"。这种管理方法和手段的应用范围也从制造企业扩展到了其他行业。

3）ERP从满足动态监控发展到引入商务智能，使以往简单的事务处理系统，变成了真正具有智能化的管理控制系统。

我们今天说的ERP，通常是基于SAP公司在1990年以后的定义来说的。ERP是整合了现代企业管理理念、业务流程、信息与数据、人力物力、计算机硬件和软件等的企业资源管理系统。ERP为企业提供全面解决方案，除了制造资源计划原来包含的物料管理、生产管理、

财务管理以外，还提供如质量、供应链、运输、分销、客户关系、售后服务、人力资源、项目管理、实验室管理、配方管理等管理功能。ERP 涉及企业的人、财、物、产、供、销等方面，实现了企业内外部的物流、信息流、价值流的集成。

二、ERP 的管理思想

ERP 管理思想的核心是实现对整个供应链和企业内部业务流程的有效管理，主要体现在以下 3 个方面。

1. 对整个供应链进行管理的思想

在知识经济时代，随着市场竞争的加剧，传统的企业组织和生产模式已不能适应发展的需要。与传统的竞争模式不同的是，企业不能单独依靠自身的力量来参与市场竞争。企业的整个经营过程与整个供应链中的各个参与者都有紧密的联系。企业要在竞争中处于优势，必须将供应商、制造厂商、分销商、客户等纳入一个衔接紧密的供应链中。这样才能合理有效地安排企业的产供销活动，才能满足企业利用全社会一切市场资源进行高效的生产经营的需求，以期进一步提高效率并在市场上获得竞争优势。简而言之，现代企业的竞争不是单个企业之间的竞争，而是一个企业供应链与另一个企业供应链的竞争。ERP 实现了企业对整个供应链的管理，这符合了企业竞争的要求。

2. 精益生产、敏捷制造和同步工程的思想

与 MRP 相比，ERP 支持混合型生产系统，在 ERP 中体现了先进的现代管理思想和方法。其管理思想主要体现在以下两方面。

一方面，体现在"精益生产（Lean Production，LP）"，即企业按大批量生产方式组织生产时，纳入生产体系的客户、销售代理商、供应商，以及协作单位与企业的关系已不是简单的业务往来，而是一种利益共享的合作关系。基于这种合作关系，组成了企业的供应链。这就是精益生产的核心。例如，客户订 100 辆汽车，就生产 100 辆汽车，并按合同如期交车。对于汽车服务企业来说，精益生产就是与汽车制造商精益生产相匹配的车辆生产后的销售与维修等精益汽车服务，它们共同形成统一的精益生产系统。

另一方面，表现在"敏捷制造（Agile Manufacturing，AM）"，即企业面临特定的市场和产品需求，在原有的合作伙伴不一定能够满足新产品开发生产的情况下，企业通过组织一个由特定供应商和销售渠道组成的短期或一次性的供应链，形成"虚拟工厂"，把供应和协作单位看成企业组织的一部分，运用"同步工程（Simultaneous Engineering，SE）"组织生产，用最短的时间将产品打入市场，同时保证产品的高质量、多样化和灵活性。这就是"敏捷制造"的核心。计算机网络的迅速发展为"敏捷制造"的实现提供了有利条件。对于汽车服务企业来说，敏捷制造就是敏捷销售和敏捷维修等敏捷服务。例如，客户订车后，等待提车的时间短，并有多种车型维修可满足客户需求；在客户的车辆出现故障时，及时安排维修，并迅速排除故障，是对新型车、新技术的快速、敏捷响应和适应。此外，在汽车服务过程中，针对客户服务的需求，也要敏捷响应和适应，走在汽车服务行业的前列。

3. 事先计划和事中控制的思想

在企业管理过程中，控制往往是企业的薄弱环节，很多企业在控制方面由于信息滞后，使得信息流、资金流、物料流不同步，控制更多是事后控制。ERP 的应用改变了这种状况，

体现了事先计划和事中控制的思想。

ERP的计划体系主要包括：主生产计划、物料需求计划、能力计划、采购计划、销售执行计划、利润计划、财务预算和人力资源计划等，并且这些计划功能和价值控制功能已经完全集成到整个供应链中。

可以将事先计划和事中控制的思想引入汽车服务企业，即进行汽车服务计划和汽车服务过程控制。

三、ERP系统的功能模块

ERP系统包括以下主要功能模块：供应链管理、销售与市场、分销、客户服务、财务管理、制造管理、库存管理、工厂与设备维护、人力资源、报表、制造执行系统、工作流服务和企业信息系统等。此外，ERP系统还包括金融投资管理、质量管理、运输管理、项目管理、法规与标准和过程控制等补充功能。ERP将企业所有资源进行整合管理，简单地说ERP系统是将企业的三大流（物流、资金流、信息流）进行全面一体化管理的信息系统。它的功能模块已不同于以往的MRP或公益MRP Ⅱ的模块，不仅可用于一般生产企业的管理，而且一些非生产企业也可导入ERP系统进行资源计划和管理。

四、ERP系统的结构

ERP系统可以整合企业的主要流程成为一个单一的软件系统，允许信息在组织内平顺流动。该系统主要是针对企业内的流程进行管理，但也可管理同客户和供应商的交易。

ERP系统从各个不同的主要企业流程之间搜集数据，并将数据储存于单一广泛的数据库中，让公司各部门均可使用。由此，管理者可获得更准确、更及时的信息来指导企业每天的运作，并从整体上考察企业流程及信息流。

利用ERP系统帮助企业管理内部制造、财务与人力资源流程已成为主流。

五、典型4S店综合服务与营销系统的主要功能

1. 客户关系管理

综合服务与营销系统全面集中管理客户资源，包括潜在的客户与成交的客户；记录了客户的基本资料与详细资料，包括与客户接触的完整记录；通过对客户资源和关系的有效管理，从而到达以下目标。

（1）**防止客源流失** 业务员往往只能看到有限的客户资料与业务数据，即使业务员流动，也无法带走其他业务员的客户数据。同时，原来的客户数据完好地保存在数据库内，继续为公司所用，便于业绩考核。

（2）**有效监督指导业务员的工作** 业务员对客户的所有联系活动都有记录，一方面可有效监督业务员的工作情况，另一方面根据业务员联系客户的进展情况进行工作指导。

（3）**全面提高服务质量** 通过对车辆档案、特殊日期记载等资料为客户提供本贴的维护、保险、年检提醒，以及温馨的节日、生日关怀，从而提高服务质量，提高客户的满意度和忠诚度。

（4）为营销策划提供准确数据　通过记录分析客户特征、购车意向、意见反馈等数据，为营销策划提供准确的决策数据，如根据客户来源、客户区域、年龄段、意向价位、关注内容等分布情况制定广告策略、促销政策等。

2. 车辆管理

（1）车辆采购　记录车辆采购渠道、所购车型、配置、颜色、数量、价格、选配内容等信息，并可随时查看采购合同的履行情况，根据实际情况更改采购合同数据。

（2）车辆入库　车辆入库包括车辆采购入库、销售退货入库、车辆移入车库。详细记录入库车辆的基本信息，包括车型、配置、颜色、底盘号、发动机号、保修卡号、合格证号等信息，并可打印车辆入库单。

（3）车辆出库　车辆出库包括销售出库、采购退货出库、车辆移出车库等的出库确认，并可打印车辆出库单，减少车辆库存数量。

（4）车辆库存　查询在库车辆及车辆基本信息。

3. 车辆销售管理

（1）车辆订购　在没有现货交付客户时，系统提供车辆订购功能，主要记录需要的车型、配置、颜色等基本信息，记录车辆价格、付款方式、交货时间等基本约定，有代办的要记录代办项目及收费情况，有赠品的还可进行相关数据的录入。系统还提供订购单、订购合同等打印输出功能。

（2）车辆销售　记录客户及所购车辆详细信息，以及定价、优惠、合同价与实际价、付款方式、车辆流向、车辆用途、业务员等基本信息。有代办的要记录代办项目及收费情况，有赠品的还可以进行相关数据的录入。系统还提供销售单、销售合同等打印输出功能。

（3）销售代办　根据合同约定，替客户代办相关项目，登记对方单位、代办成本的数据，便于财务付款及单车收益核算。

（4）合同查询　查询订购合同及销售合同的履行情况，包括是否选车、费用是否付清、销售代办是否完成、发票是否已开、车辆是否入库等。

（5）财务管理　根据采购、销售等业务，完成定金、车款、代办款等收款工作，以及车辆采购、销售代办产生的付款工作，对销售车辆开具销售发票及时进行收益核算。

4. 业务管理

（1）资料文档　管理公司及业务上的相关资料及文档，如管理公司合同、规章制度、车辆信息等资料和文档。

（2）商家档案　记录关注商家的基本信息，包括名称、地址、经营车型、联系人、联系电话等信息。

（3）销售询价　记录市场调查的基本信息，包括车辆售价、有无货源、货源基本情况等信息，并可按日期、车型等条件进行查询。

5. 统计查询

系统提供涵盖车辆采购、订购、销售、车辆入库和出库、车辆库存、财务收付、客户管理等相关数据的报表，包括采购合同台账、车辆销售台账、车辆入库和出库明细表、车辆库存报表、客户档案表、车辆库存周期、车辆销售收益、财务收付款明细表、销售业绩统计表等。

第四节 网络营销

一、网络营销的概念与特点

1. 网络营销的概念

网络营销是指基于互联网、移动互联网平台，利用信息技术与软件工具，完成商家与客户之间交易产品、提供服务的过程。网络营销是通过在线活动创造、宣传和传递客户价值，并对客户关系进行管理，以达到一定目的的新型营销活动。

2. 网络营销的特点

随着信息产业的高速发展，以互联网为传播媒介的网络营销成为当今最热门的营销推广方式。随着上网人数的迅速增加，网络覆盖的受众面越来越广，网络营销的影响力越来越大，特点也越来越明显。

（1）跨时域性　营销的目的是占有市场份额。由于互联网能够超越时间约束和空间限制进行信息交换，使营销脱离时空限制进行交易成为可能，企业有了更多的时间和更大的空间进行营销，可以每周7天，每天24h随时随地地提供全球性营销服务。

（2）交互性　企业可以通过互联网展示商品图像、提供商品信息查询，来实现供需互动与双向沟通，还可以进行产品测试与消费者满意度调查等活动。互联网为产品联合设计、商品信息发布，以及各项技术服务提供了最佳工具。

（3）人性化　互联网上的促销不仅是一对一的、理性的、消费者主导的、非强迫性的、循序渐进式的，而且是一种低成本与人性化的促销，可避免推销员强势推销的干扰，并通过信息提供和交互式交谈，与消费者建立长期良好的关系。

（4）经济性　企业通过互联网进行信息交换，代替以前的实物交换，一方面可以减少印刷费用和邮递成本，实现无店铺销售，免交租金，节约水电与人工成本；另一方面可以减少由于反复多次交换带来的损耗。

（5）多维性　网络营销是多维的，它能将文字、图像和声音有机地组合在一起，传递多感官的信息，让顾客如身临其境般地感受商品或服务，大大增强网络营销的实效。网络营销能进行完善地统计，可以跟踪和衡量营销效果。

（6）超前性　互联网是一种功能强大的营销工具，它同时兼具渠道、促销、电子交易、互动客服，以及市场信息分析与提供等多种功能。它所具备的一对一营销能力，正好符合定制营销与直复营销的发展趋势。

（7）整合性　一方面，网络营销将商品信息与收款、售后服务做了很好的集成，因此是一种全程的营销渠道。另一方面，企业可以借助互联网将不同的营销活动进行统一设计和协调实施，以统一的传播方式向消费者传达信息，以避免不同传播过程中的不一致性产生消极影响。

（8）高效性　互联网传递的信息数量与精确度远超过其他媒体，并更适应市场需求。企业通过及时更新产品或调整价格，能够达到及时有效地了解并满足顾客需求的目的。

（9）技术性　网络营销是建立在以高速发展的IT技术为支撑的互联网基础上的，企业

实施网络营销必须有一定的技术投入和技术支持。

二、网络市场调研的概念与方法

1. 网络市场调研的概念

网络市场调研是指在互联网上针对特定营销环境进行简单调查设计、收集资料和初步分析的活动，以及利用各种搜索引擎寻找竞争环境信息、客户信息、供求信息的行为。网络市场调研将成为最广泛的主流调研方法之一。网络市场调研既适用于个案调研，又适用于统计调研。

2. 网络市场调研的方法

网络市场调研有两种方法：一种是直接进行的一手资料调研，即网上直接调研；另一种是应用互联网的媒体功能，在互联网上收集二手资料，即网上间接调研。

（1）**网络市场直接调研方法**　网络市场直接调研指的是在互联网上收集一手资料或原始信息的过程。按调研思路的不同，网络市场直接调研的方法有4种：网上观察法、专题讨论法、在线问卷法和网上实验法。其中，使用最多的就是专题讨论法和在线问卷法。

1）网上观察法。网上观察法的实施主要是利用相关软件和人员记录登录网络浏览者的活动。相关软件能够记录网络浏览者浏览网页时所点击的内容。

2）专题讨论法。专题讨论法可通过新闻组、电子公告牌或邮件列表讨论组进行。

3）在线问卷法。在线问卷法即请求浏览企业网站的每个人参与企业的各种调研。在线问卷法可以委托专业的公司进行。

4）网上实验法。网上实验法可以通过在网络中所投放的广告进行实验，可以设计几种不同的广告内容和形式在网页或者新闻组上发布，也可以利用电子邮件发送广告。

（2）**网络市场间接调研方法**　网络市场间接调研主要是利用互联网收集与企业营销相关的市场、竞争者、消费者以及宏观环境等方面的二手资料信息。二手资料的来源有很多，如公共图书馆、贸易协会、市场调查公司、专业团体、诸多综合型互联网内容提供商、专业型互联网内容提供商等。

网上查找资料主要通过3种方法：利用搜索引擎；访问相关网站，如各种专题性和综合性网站；利用相关的网上数据库。

1）利用搜索引擎查找资料。利用一个搜索入口，输入关键词，反馈出的搜索结果是与关键词相关的信息。

2）访问相关网站查找资料。如果知道某一专题的信息主要集中在某些网站，可直接访问这些网站，获得所需的资料。

3）利用相关的网上数据库查找资料。网上数据库有付费和免费两种。市场调查用的数据库一般都是付费的。

三、网络营销的策略组合

互联网的商业应用改变了传统的买卖关系，带来了企业市场营销方式的变革，对市场营销提出了新要求。随着互联网技术和市场营销的相互结合、相互作用，形成了网络营销的产品、价格、促销和渠道的策略组合。

1. 产品策略

在网络营销中，企业的产品和服务要有针对性，产品形态、产品定位和产品开发要体现互联网的特点。

（1）**产品形态** 适合网上销售的产品有信息产品、有形产品和网上服务。信息产品是指计算机软件、音乐、文献等，可以直接通过网络下载。有形产品的网上销售需要相应的物流配送系统作为支撑。网上服务包括远程教育服务、保险服务、宾馆预订及其他形式的信息服务等。由于顾客的特点和网上体验的局限性，适合做网上销售的产品有以下4个特点。

1）产品标准化。这类产品的质量和性质有统一的标准，产品之间没有多大的差异，在购买前后质量都非常稳定，不需要在购买时进行检验或比较，如图书、杂志、家电等。

2）重购性。有些产品需要在使用之后才能对产品的好坏做出评价，顾客通过重复购买对产品的质量和性能逐渐熟悉，如化妆品、家具用品等。

3）时尚性。这种产品在实体店中不容易进行深入了解，但在网上却容易找到相关信息，如时装等。

4）廉价性。网上的廉价产品能更好地满足网民的需求，网民可以选择既物美价廉又称心如意的商品。

（2）**产品定位** 在消费者定位上，网络营销的产品和服务的目标应与互联网用户的需求一致，网络营销所服务的消费者首先是互联网的用户，产品和服务要尽量符合互联网用户的特点。在产品特征定位上，卖家可以先进行网上调查，收集广大客户的信息，明确消费者的爱好及消费特点，准确进行产品定位和市场定位。

（3）**产品开发** 由于互联网体现的信息的对称性，企业和顾客可以随时随地进行信息交换。在产品开发中，企业可以迅速向顾客提供新产品的结构、性能等方面的资料，并进行市场调查，顾客可以及时将意见反馈给企业，提高企业开发新产品的速度，降低开发新产品的成本。

通过互联网，企业还可以迅速建立和更改产品项目，并应用互联网对产品项目进行虚拟推广，从而以高速度、低成本实现对产品项目及营销方案的调研和改进，并使企业的产品设计、生产、销售和服务等各个营销环节能共享信息、互相交流，促使产品开发从各个方面满足顾客的需要，以最大限度地实现顾客满意。

2. 价格策略

在网络营销中，产品和服务的定价要考虑以下4个方面。

（1）**国际化** 由于互联网营造的全球市场环境，企业在制定产品和服务的价格时，要考虑国际化因素，即针对国际市场的需求情况和产品价格情况，来确定本企业产品的价格策略。

（2）**超低化** 由于网络营销使企业的产品开发和促销等成本降低，企业可以进一步降低产品价格。同时，由于互联网市场的开放性、互动性和透明性，顾客可以就产品及价格进行充分比较、选择。因此，要求企业以尽可能低的价格向顾客提供产品和服务。

（3）**弹性化** 由于网络营销的互动性，顾客可以和企业就产品价格进行协商，也就是可以议价。另外，企业也可以根据每个顾客对产品和服务提出的不同要求，来制定相应的价格。

（4）价格解释体系　企业通过互联网向顾客提供有关产品定价的资料，如产品的生产成本、销售成本等，建立价格解释体系，为产品定价提供理由并答复顾客的询问，使顾客认同产品价格。

3. 促销策略

网络促销是指利用现代化网络技术向虚拟市场发布有关产品和服务的信息，以激发顾客的需求欲望，刺激顾客购买产品和服务，扩大产品销售而进行的一系列宣传介绍、广告、信息刺激等活动。网络促销工具包括导购、有奖促销、赠品促销、积分促销、虚拟货币促销、折扣促销、免费资源和服务促销等。

随着顾客需求变化的日益加快，顾客的个性越来越突出，企业可以通过营销数据库，自动将定制化的服务直接送给顾客。企业还可以根据顾客的购买偏好，根据不同的商品、不同的购买方式开展促销活动，把服务、质量、营销有机地结合起来。

4. 渠道策略

企业在进行网络营销时，一个重要的方面是选择渠道，主要有以下5种选择渠道的方式。

（1）会员网络　网络营销中一个最重要的渠道就是会员网络。会员网络是在企业建立虚拟组织的基础上形成的网络团体，通过会员制，促进顾客相互联系和交流，以及顾客与企业的联系和交流，培养顾客对企业的忠诚，并把顾客融入企业的整个营销过程中，使会员网络的每一个成员都能互惠互利、共同发展。

（2）分销网络　企业提供的产品和服务不同，分销渠道也不一样。如果企业提供的是信息产品，企业就可以直接在网上进行销售，需要较少的分销商，甚至不需要分销商。如果企业提供的是有形产品，企业就需要分销商。企业要想达到较大规模的营销，就要有较大规模的分销渠道，建立大范围的分销网络。

（3）快递网络　提供有形产品的企业，要把产品及时送到顾客手中，就需要通过快递公司的送货网络来实现。规模大、效率高的快递公司建立的全国甚至全球范围的快递网络，是企业开展网络营销的重要条件。

（4）服务网络　网络营销服务分为网上产品服务营销和客户服务营销两种。如果企业提供的是无形服务，可以通过互联网实现服务功能。如果企业提供的是有形服务，需要对顾客进行现场服务，就需要建立服务网络，为不同区域的顾客提供及时的服务，也可以通过专业性服务公司的网络达到为顾客服务的目的。服务网络要充分实现售前、售中和售后服务。

（5）生产网络　为了实现及时供货以及降低生产、运输等成本，企业要在一些目标市场区域建立生产中心或配送中心，形成生产网络，并同供应商的供货网络及快递公司的送货网络相结合。企业在进行网络营销中，根据顾客的订货情况，通过互联网和企业内部网对生产网络、供货网络和送货网络进行最优组合调度，可以把低成本、高速度的网络营销作用发挥到极限。

四、网络营销的方式

网络营销的本质是企业通过在互联网上做营销、做广告来宣传品牌、产品和服务，然后让客户直接进入购物网站或去实体店购买产品或服务。网络营销的具体方式主要有以下几种。

1. 搜索引擎营销

搜索引擎营销是指基于搜索引擎平台的网络营销,即利用人们对搜索引擎的依赖和使用习惯,在人们检索信息的时候尽可能地将营销信息传递给目标客户。它是目前主要的网络营销手段之一。搜索引擎营销的主要方法包括竞价排名、分类目录登录、搜索引擎登录、付费搜索引擎广告、关键词广告、搜索引擎优化(搜索引擎自然排名)、地址栏搜索、网站链接策略等。

2. 博客营销

博客营销是通过博客网站或博客论坛接触博客作者和浏览者,利用博客作者个人的知识、兴趣和生活体验等传播商品信息的营销活动。博客营销的本质在于通过原创专业化的内容进行知识分享、争夺话语权、建立起个人品牌、获得"意见领袖"的身份,进而影响读者和消费者的思维和购买行为。

3. 电子论坛营销

电子论坛营销,就是利用电子论坛这种网络交流平台,通过专业的电子论坛帖子策划、撰写、发放、监测、汇报等流程,在电子论坛空间提供高效传播,包括各种置顶帖、普通帖、连环帖、论战帖、多图帖、视频帖等,再利用电子论坛强大的聚众能力,举办各类踩楼、灌水、贴图、视频等活动,让网友与品牌之间进行互动,从而让目标客户更加深刻地了解企业的产品和服务,最终达到宣传企业品牌、产品和服务的目的。

4. 即时通信营销

即时通信营销是企业通过即时通信工具推广产品和品牌的一种手段,具体有两种。

第一种,网络在线交流。中小企业建立网店或者企业网站时一般会有即时通信功能,这样潜在的客户如果对产品或者服务感兴趣自然会主动和在线的商家联系。

第二种,广告。中小企业可以通过即时通信工具,发布一些产品信息、促销信息,或者可以通过图片发布一些网友喜闻乐见的表情,同时加上企业要宣传的标志。

5. "病毒"式营销

"病毒"式营销利用的是用户口碑传播原理。在互联网上,这种"口碑传播"更为方便,可以像"病毒"一样迅速蔓延,因此"病毒"式营销成为一种高效的信息传播方式。而且,由于这种传播是用户之间自发进行的,因此几乎是不需要费用的网络营销手段。"病毒"式营销是一种常用的网络营销方法,常用于进行网站推广、品牌推广等。

6. 网络知识性营销

网络知识性营销是利用百度的"知道""百科"或企业网站自建的疑问解答板块等平台,通过与用户之间提问、解答的方式来传播企业品牌、产品和服务的信息。网络知识性营销主要是因为扩展了用户的知识层面,让用户体验了企业和个人的专业技术水平和高质量服务,从而对企业和个人产生信赖和认可,最终达到传播企业品牌、产品和服务的目的。

7. 网络事件营销

网络事件营销是企业、组织主要以网络为传播平台,通过精心策划、实施可以让公众直接参与并享受乐趣的事件,达到吸引或转移公众注意力,改善、增进与公众的关系,塑造企业、组织良好的形象的目的，以谋求企业更大效益的营销传播活动。

8. 网络口碑营销

网络口碑营销是把传统的口碑营销与网络技术有机结合起来的新的营销方式，是应用互联网互动和便利的特点，在互联网上，销售人员通过文字、图片、视频等口碑信息与目标客户进行互动沟通，从而加深目标客户的印象，最终达到网络营销的目的。

9. 网络直复营销

网络直复营销是指生产企业通过网络，直接发展分销渠道或直接面对终极消费者销售产品的营销方式，如 B2C、B2B 等。通过把传统的直销行为和网络有机结合，演变成了一种全新的、颠覆性的营销模式，即为网络直复营销。

10. 网络视频营销

网络视频营销指的是企业将各种视频短片以各种形式放到互联网上，以达到宣传企业品牌、产品以及服务信息的目的的营销手段。网络视频广告的形式类似于电视视频短片，它既具有电视短片的种种特征，如感染力强、形式、内容多样、肆意创意等，又具有互联网营销的优势，如互动性、主动传播性、传播速度快、成本低等。可以说，网络视频营销将电视广告与互联网营销集于一体。

11. 网络图片营销

网络图片营销是指企业把设计好的、有创意的图片，在各大论坛、空间、博客和即时聊天等工具上进行传播或通过搜索引擎自动抓取的营销方式，最终通过传播企业品牌、产品、服务等信息，达到营销的目的。

12. 网络软文营销

网络软文营销又叫网络新闻营销，是指通过网络上的门户网站、地方或行业网站等平台传播一些具有阐述性、新闻性和宣传性的文章，包括一些网络新闻通稿、深度报道、案例分析等，把企业、品牌、人物、产品、服务、活动项目等相关信息以新闻报道的方式，及时、全面、有效、经济地向社会公众广泛传播的新型营销方式。

13. RSS 营销

RSS（Really Simple Syndication）也叫聚合 RSS，是在线共享内容的一种简易方式。RSS 营销是指利用 RSS 这一互联网工具传递营销信息的网络营销模式。RSS 营销的特点决定了其比其他邮件列表营销具有更多的优势，是对邮件列表的替代和补充。使用 RSS 营销的大多是行业业内人士，如研发人员、财经人员和企业管理人员。他们会在一些专业性很强的科技型、财经型、管理型等网站，用邮件形式订阅杂志和日志信息，从而达到了解行业新信息的目的。

14. SNS 营销

SNS（Social Networking Services）即社会性网络服务。SNS 营销是指利用 SNS 网站的分享和共享功能，在六维理论的基础上实现的一种营销。例如，曾经红极一时的人人网、开心网等都是 SNS 网站。这些网站旨在为人们提供社会性网络的互联网应用服务。SNS 营销是随着网络社区化而兴起的营销方式。SNS 社区快速发展的时间并不长，但是 SNS 现在已经成为一种备受广大用户欢迎的网络交际模式。

课后习题

1. 汽车服务企业的信息管理系统的主要特点是什么?
2. 简述新电子商务的汽车维修与管理模式。
3. ERP系统的功能模块和ERP系统的结构有哪些?
4. 典型4S店综合服务与营销系统的主要功能有哪些?
5. 简述网络营销的含义及方式。

第一台国产电动轮自卸车

第九章　汽车服务企业的企业文化与形象

【学习目标与要求】

1. 了解企业文化的内容与特征。
2. 了解企业形象的内容与特征。
3. 掌握汽车服务企业的企业文化建设的原则和方法。
4. 掌握汽车服务企业的企业形象塑造的原则和基本方法。

【素质培养目标】

培养建立"学习型组织"的能力。

【学习重点】

1. 掌握汽车服务企业的企业文化建设的原则和方法。
2. 掌握汽车服务企业的企业形象塑造的原则和基本方法。

【学习难点】

掌握汽车服务企业的企业形象塑造的原则和基本方法。

【案例引入】

典型车企的企业文化

一、东风雷诺汽车有限公司的企业文化

2015年11月，东风雷诺汽车有限公司（简称东风雷诺）发布了自己的企业文化纲要。

这家车企在首款国产化车型即将亮相之前，率先在企业文化"软实力"方面迈出了重要一步。

东风雷诺企业文化体系的核心理念是"三个一"，即"一个团队、一种声音、一致行动"；企业的使命是"生活·创新·更精彩"；企业的愿景是"活力·多元·创造"；企业的价值观是"行胜于言"。其中，"一个团队"指的是东风雷诺人，"一种声音"指的是合资公司利益最大化，"一致行动"指的是透明、信任、合作与进取。

此外，东风雷诺秉承"以客户为本"的宗旨，推出"诺相随"政策，承诺对客户提供3年保修、5年维护、免费救援等10余项优质售后服务，从而为中国消费者提供"安心、贴心、放心、关心"的全面保障。

二、上海汽车集团股份有限公司的企业文化

上海汽车集团股份有限公司（简称上汽集团）是国内规模领先的汽车上市公司。近年来，上汽集团深入推进"电动化、智能网联化、共享化、国际化"的"新四化"战略，加快创新转型的同时，深入部署推进企业文化建设，以独特的企业文化为基石，向成为具有全球竞争力和影响力的世界一流汽车企业的目标大步迈进。上汽集团企业文化的主要内容如下。

（1）愿景　为了用户满意，为了股东利益，为了社会和谐，上汽集团要建设成为品牌卓越，员工优秀，具有核心竞争能力和国际经营能力的汽车集团。

（2）使命　坚持市场导向，依靠优秀的员工队伍，持续创新产品和服务，为各相关方创造价值。

（3）价值观　满足用户需求、提高创新能力、集成全球资源、崇尚人本管理。

第一节　企业文化与形象概述

一、企业文化

1. 企业文化的含义

企业文化即组织文化，是指在一定的社会、政治、文化背景条件下，企业员工普遍认同并自觉遵循的一系列理念和行为方式的总和。这种文化以人为核心，以财富创造和幸福体验为目的，通常表现为企业的使命、愿景、行为准则、道德规范和沿袭的传统与习惯等。

企业文化是企业的灵魂，是推动企业发展的不竭动力。培育与建设健康向上的企业文化，建立高激励性、高凝聚性的企业团队，是企业管理的核心内容。

2. 企业文化的结构

企业文化的结构可分为物质文化层、行为文化层、制度文化层和精神文化层，如图9-1所示。

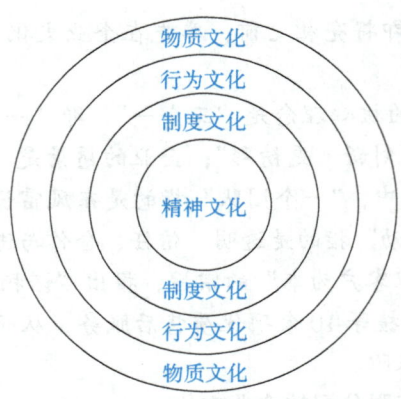

图 9-1　企业文化的结构

（1）**物质文化层**　物质文化层是企业文化的第 1 层，由企业标准服务环境、企业产品和各种物质设施等器物性文化构成。它是企业文化的表层。

（2）**行为文化层**　行为文化层是企业文化的第 2 层，由企业领导的行为、企业模范人物的行为和企业员工的行为与态度等构成，表现在汽车服务经营、人际交往关系中。它是企业文化的中间层。

（3）**制度文化层**　制度文化层是企业文化的第 3 层，主要由企业的领导体制、组织机构、企业管理制度、企业民主和文化活动等方面构成。它也是企业文化的中间层。

（4）**精神文化层**　精神文化层是企业文化的第 4 层，由企业在生产经营过程中形成的企业精神、企业经营哲学、企业道德、企业价值观念、团体意识等精神成果和文化观念构成。它是企业文化的核心层，是企业文化的源泉。

企业的物质文化、行为文化、制度文化和精神文化是密不可分的。它们相互影响、相互作用，共同构成企业文化的完整体系。

3. 企业文化的内容

根据企业文化的定义可知其内容是十分广泛的，但其中最主要的应包括以下几点。

（1）**经营哲学**　经营哲学也称企业哲学，是一个企业所特有的从事生产经营和管理活动的方法论。它是指导企业行为的基础。一个企业在激烈的市场竞争环境中，面临着各种矛盾和多种选择，要求企业有一个科学的方法论来指导，有一套逻辑思维的程序来决定自己的行为，这就是经营哲学。

（2）**价值观念**　企业的价值观是指企业员工对企业存在的意义、经营目的、经营宗旨的价值评价和为之追求的整体化、个性化的群体意识，是企业全体职工共同的价值准则。只有在共同的价值准则基础上，才能产生企业正确的价值目标。有了正确的价值目标，才会有奋力追求价值目标的行为。因此，企业价值观决定着员工行为的取向，关系着企业的生死存亡。只顾企业自身经济效益的价值观，会偏离社会主义方向，不仅会损害国家和人民的利益，还会影响企业形象；只顾眼前利益的价值观，会急功近利，只顾眼前，使企业失去后劲，导致失败。

（3）**企业精神**　企业精神是指企业基于自身特定的性质、任务、宗旨、时代要求和发展方向，并经过精心培养而形成的企业成员群体的精神风貌。企业精神要通过企业全体员工有意识的实践活动体现出来，因此它又是企业职工观念意识和进取心理的外化。企业精神是企业文化的核心，在整个企业文化中占支配地位。企业精神以价值观念为基础，以价值目标为动力，对企业经营哲学、管理制度、道德风尚、团体意识和企业形象起着决定性的作用。可以说，企业精神是企业的灵魂。

企业精神通常用一些既富于哲理，又简洁明快的语言予以表达，便于员工铭记在心，时刻用于激励自己，也便于对外宣传，容易在人们脑海中形成印象，从而在社会上形成个性鲜明的企业形象。

（4）企业道德　企业道德是指调整本企业与其他企业之间、企业与顾客之间、企业内部员工之间关系的行为规范的总和。它是从伦理关系的角度，以善与恶、公与私、荣与辱、诚实与虚伪等道德规范为标准来评价和规范企业。企业道德同法律规范和制度规范不同，不具有那样的强制性和约束力，但具有积极的示范作用和强烈的感染力，当被人们认可和接受后具有自我约束的力量。因此，它具有更广泛的适应性，是约束企业和职工行为的重要手段。

（5）团体意识　团体意识是企业内部凝聚力形成的重要心理因素。企业团体意识的形成使企业员工把自己的工作和行为都看成是实现企业目标的一个组成部分，使企业员工为作为企业的成员而感到自豪，对企业的成就产生荣誉感，从而把企业看成自己的利益共同体和归属。因此，企业员工会为实现企业的目标而努力奋斗，自觉地避免产生与实现企业目标不一致的行为。

（6）企业形象　企业形象是企业通过外部特征和经营实力表现出来、被消费者和公众所认同的企业总体印象。由外部特征表现出来的企业形象称表层形象，如招牌、门面、徽标、广告、商标、服饰、营业环境等。这些都给人以直观的感觉，容易形成印象。通过经营实力表现出来的形象称为深层形象，它是企业内部要素的集中体现，如人员素质、生产经营能力、管理水平、资本实力、产品质量等。表层形象是以深层形象为基础的，没有深层形象这个基础，表层形象就是虚假的，也不能长久地保持。服务企业由于主要是经营商品和提供服务的，与顾客接触较多，所以表层形象显得格外重要，但这绝不是说深层形象可以放在次要位置。

（7）企业制度　企业制度是指在生产经营实践活动中所形成的，对人的行为带有强制性，并能保障一定权利的各种规定。从企业文化的层次结构看，企业制度属中间层次，是精神文化的表现形式，是物质文化实现的保证。企业制度作为职工行为规范的模式，使个人的活动得以合理进行，内外人际关系得以协调，员工的共同利益受到保护，从而使企业有序地组织起来为实现企业目标而努力。

4. 企业文化的特征

企业文化的特征是由其结构和功能决定的。企业文化特征一方面是作为构成企业文化基本元素的企业文化特质所具有的特征，另一方面是作为综合的企业文化所具有的特征。不同企业的企业文化千差万别，但经过科学的抽象概括，不难找出普遍特点。一般来说，企业文化具有以下普遍特点。

（1）人文性　企业文化是一种以人为本的文化，企业内外的一切活动都应以人为中心，其最本质的内容就是强调人的理想、道德、价值观、行为规范，以及在企业管理中的核心作用，用愿景鼓舞人、用精神聚拢人、用机制激励人、用环境培育人。从企业内部来看，企业

不应是单纯地制造产品、求利润的机器，应该是使员工能够发挥聪明才智、和谐相处的大家庭。从企业外部来看，企业与社会不应单纯是商品交换关系，企业生产经营的最终目的是为了满足广大人民的需要，更是为了促进人类社会的发展。

(2) 社会性　企业存在于社会中，社会文化时刻影响着企业文化，并在企业文化中体现。企业文化是企业这个经济社会群体的共同价值取向、行为准则等，是一种社会群体心理文化、物理文化和行为文化，属于社会文化的一部分。

(3) 集体性　企业的价值观念、道德标准、经营理念、行为规范和规章制度等都必须是由企业内部的全体成员共同认可和遵守的。企业文化是依靠企业全体成员的共同努力建立和完善起来的，所以企业文化具有集体性，并产生团体意识。

(4) 个体差异性　企业文化强调把握企业的个性特征，强调按照企业自身的特点进行有效管理。任何企业都有自己的特殊品质，从生产设备到经营品种，从生产工艺到经营规模，从规章制度到企业价值观，都有自己的特点。例如，汽车服务企业就有鲜明的汽车服务个性和特色，具有相对独立性。即使是生产同类产品的企业，也会有不同的文化设施、不同的行为规范和技术工艺流程。所以每个企业的企业文化都具有鲜明的个体性、差异性特色。

(5) 综合性　企业文化不但具有差异性，而且具有综合性。不同的企业文化之间会相互吸取、融合、调和差异中有营养的部分，从而使企业文化表现出综合性。企业文化的综合性大体上可划分为以下3个层次。一是对不同民族、不同地区、不同城市的宏观文化的综合。这里还包括有选择的成分。二是对不同企业的微观文化的综合，把其他企业文化中适合本企业文化的部分吸收进本企业的文化。三是对企业各基层单位、广大员工萌生出的文化胚芽进行概括、加工性地综合。

(6) 规范性　企业文化是由企业内部全体成员所创造出来的。企业文化具有整合功能。这就要求企业员工的个人思想和行为要与企业利益密切相关，应当符合企业的共同价值观，与企业文化认同一致。当企业员工的思想和行为与企业文化发生矛盾时，应当服从企业整体文化的规范要求。在这一规范下，企业力图使个人利益与集体利益、个人目标与企业目标统一起来。

(7) 时代性　企业的时空环境是影响企业生存与发展的重要因素。企业文化的生成与发展、内容与形式都要受到一定时代的经济体制、政治体制、社会结构、文化风尚等的制约，从而使企业文化反映时代特征。一方面，不同时代具有不同的企业文化；另一方面，同一个企业在不同时代，其文化也有不同特点。每一时代的企业文化都深刻反映了那个时代的特点、风貌、政治和经济条件。可见，时代特点感染着企业文化，企业文化又反映着时代风貌。

(8) 民族性　从一定意义上来说，任何企业文化都是某一民族文化的微观表现形式。因此，民族性成为企业文化必然具备的一个重要特征。例如，欧洲企业崇尚个人价值观，强调个人高层次的需求，还注重理性与科学，强调逻辑推理和理性分析。美国的企业注重社会契约化、法律化和理性化。日本的企业主张"和"的观念，推行终身雇用制，强调员工把性命和事业融为一体。韩国的企业则重视精忠职守，主张对家庭、社会、部下、自己负责。

5. 企业文化的功能

企业文化的功能是指企业文化在企业生产经营、管理中的作用。企业文化能促进企业形象的树立和员工潜力的发挥，使员工同心协力、开拓进取，为提高企业经济效益和推动社会进步起主动、积极的作用。企业文化主要有以下功能。

（1）导向功能　企业文化的导向功能是指企业通过制度文化、伦理道德规范约束企业全体员工的言行，使企业领导和员工在一定的规范内活动。企业通过广大员工认可的价值观获得的一种控制功能来达到企业文化的自我控制。企业的控制行为可分为外部控制和内部控制两类：外部控制是通过行政、经济、法律、规章制度等手段来进行的，如利用上下级关系、奖惩规则、签订合同、明确"责、权、利"关系等确定企业的行为规范，外部控制对多数人来说带有强制性、支配性；内部控制是通过目标凝聚、价值凝聚、理想凝聚来实现企业的价值取向、明确企业的行动目标、确立企业的规章制度和行为方式，把员工引导到企业既定的目标上去，并转化为他们的自觉行动。

（2）约束功能　企业文化的约束功能主要通过完善管理制度和道德规范来实现。一方面，有效的规章制度作为企业内部的规定，企业领导者和职工都必须遵守和执行，从而形成约束力。另一方面，道德规范虽然不是明文规定的要求，但会以潜移默化的方式从伦理关系的角度形成一种群体行为准则。人们一旦违背了道德规范的要求，就会受到群体舆论和感情压力的无形约束，使自身产生自控意识，达到内在的自我约束。

（3）激励功能　激励功能是指最大限度地激发员工的积极性和首创精神，以实现企业宗旨和共同目标。企业除了运用奖金、分红等经济手段来调动员工的积极性之外，还必须运用精神激励，具体包括信任激励、关心激励和宣泄激励，培养员工的集体观念和忠诚、奋斗、创新等精神。

（4）调适功能　调适功能是指为员工创造一种良好的环境和氛围，给员工以心理调适、人际关系调适、环境调适和氛围调适。企业的员工来自不同的地方，具有不同的技能和知识。员工们从事许多不同种类的工作，带有各种各样的个人动机和需求。企业文化能在员工之间起到沟通协调作用，在融洽的企业文化氛围中通过各种正式的、非正式的交往，使管理人员和员工加强联系、传递信息、沟通感情。这样，不仅能改变员工头脑中的等级观念，而且能使员工和谐地融合于集体之中。

（5）凝聚功能　企业文化以人为本，尊重人的感情，从而在企业中营造出一种团结友爱、互相信任的和谐气氛，强化了团体意识，使员工之间形成强大的凝聚力和向心力。员工把企业看成一个命运共同体，把本职工作看作实现共同目标的重要组成部分，使企业步调一致，形成统一的整体。这时，"企业兴我兴"成为员工发自内心的真挚感情，"爱公司如家"就会变成他们的实际行动。

（6）辐射功能　企业文化不仅在本企业中发挥作用，还会通过各种渠道对社会产生影响。企业通过宣传、产品、服务、员工行为等向社会和其他企业发散和辐射企业精神、企业价值观和企业伦理道德规范等，使企业文化得到传播。企业良好的精神面貌会起到示范作用，将带动其他企业竞相仿效，甚至可以提高宏观管理水平和改进企业的微观管理。

二、企业形象

1. 企业形象的含义

企业形象一词源于英文 Corporate Identity（CI），翻译成中文为"企业识别"或"企业形

象"。企业形象是指企业的产品、服务、人员素质、经营作风和公共关系等给社会公众留下的总体印象。它是企业素质的综合体现，是企业文化的显在反映，是社会公众对企业的总体评价。

树立良好的企业形象，对创建品牌、增强企业核心能力、竞争能力、提高企业经营管理水平和经济效益等方面都具有极其重要的作用。良好的企业形象对企业员工而言，可增强企业员工的向心力、凝聚力，从而为企业吸引更多高素质的人才。同时，形象好的企业更容易赢得消费者的信任和支持。

2. 企业形象的内容

企业形象一般以知名度、信誉和声望等形式存在于社会大众的观念之中。这些观念都是人们在对企业客观实在形象的接触中形成的。企业的物质形象、品质形象、制度形象、精神形象和习俗形象在经营中的表现，构成了客观实在的企业形象。

（1）物质形象　物质形象可以比喻为企业形象的骨架，其直观性最强，衡量尺度最硬，是构成企业形象的基础。物质形象包括企业向社会提供的产品和服务，企业的厂房、厂区环境及设备技术水平，企业的经济效益和物质福利待遇，以及企业排放废物对生态环境的影响等。无论哪个企业，在上述各方面进行扎扎实实的改进，都会有益于企业形象的提升。

（2）品质形象　品质形象可比喻为企业形象的血肉，它是由企业全体员工的因素而展现的企业形象。企业领导人的素质、作风和领导才能对企业形象所起的作用最大。在一定条件下，企业领导的形象代表着企业形象。企业各岗位上的职工，特别是与公众直接交往的销售、服务、公关人员，他们的工作精神、态度和作风，随时都在影响企业形象的形成。企业英雄、模范人物的形象越高大，事迹越感人，就越为企业形象添光彩。

（3）制度形象　制度形象可以被喻为企业形象的内脏。一个企业如果具有合理的组织机构，科学、健全的规章和制度，而且这些规章和制度都能被严格遵守，那么这个企业就会具备灵活的、应变性很强的运行机制。有了这种内部机制，企业就能主动地自我更新，不断使企业形象更完美。

（4）精神形象　精神形象即企业的价值观、精神状态、理想追求等，可以将它比喻为企业形象的灵魂。这些是无形的东西，但体现在有形东西之中。没有它们，企业形象就没有生气、没有活力，就会像服装店中身着华丽服装摆出各种姿势的模特一样。模特人型与演员模特尽管穿着同一套服装，但给人留下的印象却完全不同。原因就在于演员的精神、气质、态度与服饰融为一体，大大提高了整体形象。

（5）习俗形象　习俗形象是以物质性、活动性为特征的风俗习惯，其直观性很鲜明，因此可以像服饰一样修饰企业形象。企业的礼仪和公关礼节、传统作风、商标、品牌、厂徽、厂服、荣誉称号的展示等都是构成企业独具个性的形象的一部分。以上5种形象有的有形，有的无形，有的是静态的，有的是动态的，它们互相联系、彼此渗透、和谐统一，共同构成企业完整的形象。

3. 企业形象的分类

企业形象是一个多维度、多层次的概念，可以从不同角度对企业形象进行分类。

（1）特殊形象与总体形象　按企业形象的内容，可以将企业形象分为特殊形象和总体形象。

1）特殊形象是企业针对某一类公众设计、形成的形象。例如，某股份有限公司在经营管理中，对职工、股东、管理者、用户、政府、传播媒介、社区等公众树立的不同形象，就是特殊形象。针对企业形象的某一个方面，企业留给公众的印象，也是特殊形象，如某企业良好的厂区环境、优质的产品、完善的服务等。企业的特殊形象是企业改善自我形象的突破口，是构成企业整体形象的基础。

2）总体形象是各个特殊形象的综合和抽象，是社会公众对企业的整体印象。形成总体形象的具体因素除了产品、服务、环境等具体形象外，还有企业的许多综合因素和指标。例如，企业的发展史、市场占有率、经济效益及社会贡献等。总体形象可以是对不同公众所建树的特殊形象的总和，也可以是各种形象因素所构成的特殊形象的总和。一般用知名度与美誉度来表示一个企业的总体形象。

（2）内部形象与外部形象　按评价主体和认定尺度的不同，可以将企业形象分为内部形象和外部形象。

1）内部形象又称主体企业形象，是指企业职工通过对本企业综合考察、认识后形成的总体印象。它是企业形象在职工头脑中的反映和评价。内部形象完美，能使全体员工增强对企业的满意感、自豪感和荣誉感，从而增强企业的凝聚力，强化职工与企业"命运共同体"的群体意识。反之，则会减弱和淡化这种荣辱与共的意识。

2）外部形象又称社会企业形象，是一个企业在社会公众（消费者、社区居民、机关公务员等）心中留下的印象，或者说是企业形象在社会公众头脑中的反映。一般来说，社会公众对企业的评价和印象，并不需要对企业进行长期了解和全面考察，只是就他们和企业发生关系的那个方面去评价企业并形成对该企业的印象。

（3）有形形象与无形形象　按企业形象可见性的不同，可以将企业形象分为有形形象和无形形象。

1）有形形象也可称为企业的硬件形象，指的是社会公众能通过自身感觉器官直接感受到的企业实体形象。有形形象主要包括企业的产品形象、员工形象、环境设施形象等。可以说，产品形象是工业企业最主要的实体形象，企业只有创造出优质、适用、新颖、美观、价格合理的产品（商品）形象，才能满足广大消费者日益增长的物质文化需要。如果企业是服务性企业，那么其所提供的服务质量则是该企业的重要形象。员工形象是塑造企业形象的根本和保证，全体员工在劳动热情、业务技能、劳动效率、服务态度、服饰仪表、言谈举止等方面给社会公众留下的印象至关重要。环境设施形象是塑造企业整体形象的基础，一个装备优良、设施先进、环境优美的企业自然给人以现代化的感受，而那种设施简陋、装备陈旧、环境脏乱的企业给社会大众的第一印象就是低劣的企业形象。

2）无形形象指的是隐藏在企业内部的企业精神、管理风格、企业信用、经营战略等无形因素给社会公众留下的印象。其中，企业信用是无形形象中的主体内容，它体现在企业的经营管理活动中，是看不见摸不着的。企业信用的好坏，在一定程度上会左右公众对该企业所采取的行动。信用是无形的，但对企业来说却是一笔极有价值的财富。在现实中，人们总是先感受到有形的东西，才能在头脑中进一步抽象综合成一个无形形象。由于无形形象是建立在有形形象基础之上的，因此对于企业来说，改变自身形象，首先要做的就是改变自己的有形形象。这种改变较之无形形象的改变，比较迅速也比较容易，如产品质量的提高会迅速

改变企业在公众心目中的有形形象。但无形形象的改变,更深刻、作用更大。企业要树立良好的信誉和卓越的企业文化,需要企业各部门、各方面长期的努力。它对公众产生的影响,远远大于有形形象。

(4) 现实形象与理想形象　按企业形象的塑造过程,可以将企业形象分为现实形象和理想形象。

1) 现实形象是企业塑造形象之前现实的、为社会公众所认同的形象。一般可以通过形象调查,用一定的方法测得企业的现实形象。现实形象可能是良好的、受公众欢迎的,也可能是平庸的,甚至是低劣、不符合公众意愿的形象。这种现实形象不仅是塑造企业新形象的起点,而且是影响企业生存和发展的最现实的因素。企业只有正确地认识和评价自身的形象,找到缺陷和不足,才能塑造出期望的理想形象。

2) 理想形象也称期望形象或目标形象,是企业期望在公众心目中达到的最佳形象。它是企业改善自身形象的努力方向。任何一个企业,要改善自身的形象,首先就要设计自己的理想形象。理想形象的设计要经过认真调查研究,了解社会公众的意见和要求,发挥自身的优势,弥补现实形象的不足,充分体现时代风貌和要求。理想形象往往在企业新创立或有重大改变,如转产、扩产时进行评定,作为企业以后塑造形象的奋斗目标。

(5) 正面形象与负面形象　按社会公众的评价态度不同,企业形象可以分为正面形象和负面形象。社会公众对企业形象认同或肯定的部分就是正面形象,抵触或否定的部分就是负面形象。

(6) 直接形象与间接形象　按公众获取企业信息的媒介渠道不同,企业形象可以分为直接形象和间接形象。通过公众直接接触企业的产品和服务、亲身体验形成的企业形象是直接形象。企业通过大众传播媒介或公众非亲身体验形成的企业形象是间接形象。

(7) 主导形象与辅助形象　根据公众对企业形象因素的关注程度不同,企业形象可以分为主导形象和辅助形象。公众最为关注的企业形象因素构成主导形象,其他一般因素则构成辅助形象。例如,公众最关心汽车的质量和价格,这构成汽车厂家的主导形象。汽车厂家的企业理念、员工素质、企业规章、厂区环境等公众不太关心,则构成企业的辅助形象。

4. 企业形象的特征

企业形象形成以后,就在一段时间内保持不变、具有相对稳定性。这一形象通过各种传播渠道,如大众传播媒介和个体传播媒介,逐渐影响社会公众对企业的态度。公众的态度将会支配着公众对企业的情感倾向、判断、思考、舆论和行为。公众对企业的情感倾向、判断、舆论和行为通过传播又反过来构成这一企业的信息的一部分,从而影响其他人对企业的印象,形成一个循环过程。公众正是在这种不断循环中修正他们心中有关这一企业的形象的,这就是企业形象发生作用的机制。

因此,企业形象作为某一特定范围内人们对企业印象的综合,既不等同于企业所发生的所有客观事实,又不等同于某个个体的印象,而是具有自身的一些特征。

(1) 整体性　企业形象是企业在长期生产经营活动中给社会公众留下的整体印象。企业形象由多种要素构成,主要表现在以下 5 个方面。

1) 综合因素,包括企业的发展历史、社会知名度、美誉度,以及市场占有率、经济效益、社会贡献等。

2）企业人员素质及服务水平，包括人员知识结构、文化素养、服务态度、服务方式、服务质量等。

3）生产与经营管理水平，如产品品种、产品结构、质量、经营方式、经营特色、基础管理、专业管理、综合管理水平等。

4）物质设施，包括厂址、设备、营业场所陈列和布局等。

5）公共关系，如公关手段、信息沟通形式、广告宣传形式等。

（2）社会性　离开了社会，没有社会商品交换，人们就不可能对企业产生印象，企业形象更不可能形成。企业形象的社会性主要表现在以下两个方面。一是，企业形象是社会的产物，是不以人的意志为转移的社会现象。虽然企业形象的具体产生过程是人们的主观意识对企业这一客观事物的反映，但是企业形象本身不是人们想它有就有、不想它有就没有的，而是由企业的社会性存在决定的。尽管人们不能左右它的存在，但可以认识它、主动塑造它，为企业的经营管理服务。二是，企业形象受特定的社会环境影响和制约，它不可能脱离一定的社会、文化、政治、经济条件而独立存在。在某一社会环境中好的企业形象。在另一社会环境中就不一定是好的企业形象。社会环境的变化也会影响企业形象的变化。

（3）多层次性　企业形象在不同的群体对象中有不同的理解和认识。公众可以根据背景、职业、层次被划分为不同的社会群体，如各级政府部门、企业领导、职工等。据此，可以将一个企业的形象划分为在各级政府部门行政人员心中的形象、在本企业领导者心中的形象、在职工心中的形象等。这些不同的社会群体对企业形象的认识途径、认识方法均有所不同，印象也不一样。

（4）相对稳定性　当社会公众产生对企业的总体印象之后，这一印象一般不会很快或轻易地改变，因此企业形象具有相对稳定性。其结果有两种，一是相对稳定的良好企业形象。也就是说，企业美誉度高、企业信誉强，可以产生巨大的物质力量，产生强大的"名厂""名店""名牌"效应。二是相对稳定的低劣形象。企业如果忽视了企业形象建设，把假冒伪劣产品打入市场，就会长时间难以摆脱社会公众对企业的不良印象。这需要企业经过较长时间的艰苦努力，才能消除影响，重塑企业形象。

（5）传播性　企业形象的塑造有其客观性，但其感受者是公众。企业为了能够在公众心中塑造良好的形象，必须借助传播这一主要渠道和手段。不同层次的公众对企业形象的看法通过个体传播媒介，如聊天、交谈的方式产生相互影响，也可以通过大众传播媒介，如报纸、广播和电视产生相互影响。体现企业形象传播性的明显例子是，新闻工作者心中的企业形象通常会在一般公众中产生很大的影响力，能影响一般公众对企业形象的评价倾向。

5. 企业形象的功能

企业形象在企业日常运作和企业经营发展上有极为重要的功能和作用。在市场经济条件下，企业作为经济细胞在市场中拼搏，通过竞争取胜才能获得发展。企业只可以靠自身的经营实力去赢得消费者，占有市场。企业形象的功能可以概括为以下4个方面。

（1）创造消费信心　企业形象优劣，首先反映在消费者的消费心理上。市场上只要出现名家、名牌商品，便会有消费者立即购买，即使是新产品，也会很快得到消费者认可。这是因为消费者对企业的好感，使他们相信企业产品的品质和周到的服务，因此放心购买。对于曾经名声不佳的企业生产的高质量新产品，消费者会保持极为审慎的选购态度。在选购犹豫

的心态下，消费者往往最终会做出买其他名牌的选择。

（2）**创造合作信心** 企业形象的优劣还会反映在与企业合作者的合作心理上。市场经济条件下的企业，既要独立经营，又离不开各方面的支持与合作。首先，良好的企业形象为吸引社会资金创造条件。社会投资者的投资目的是使资金增值，而最有希望实现这一目标和期望的，当然是那些经营有方、效益好、信誉高的企业。因此，企业形象成为投资者选择合作伙伴的重要条件。其次，每个企业的生产经营活动，在供货与销售环节上都需要与外界建立稳定可靠的合作关系。那些形象不佳、信誉不高，被认为不太可靠的企业，别人往往不愿意与之建立长期、稳定的供货或销货关系。

（3）**创造吸引人才的条件** 随着人才市场的发展，企业员工有了择业自主权。现代人寻找就业环境，不仅是为了获得高工资，还希望通过就业获得一种成就感和创造欲的满足。出于这种人生价值追求，人们当然愿意去声望高、名声好，而且经济效益好的企业工作。企业的强凝聚力也是留住人才最重要的条件。当然吸引人才的条件是多方面的，不可否认，企业形象是其中重要的条件之一。

（4）**实现资产增值** 企业形象是企业的无形资产，良好的企业形象不但有助于增加企业的销售量，而且可以使企业与竞争对手在相同的条件下获得超额利润，从而形成直接的实益性价值，企业形象自身因此也就具有了价值。

第二节　汽车服务企业的企业文化建设

企业文化建设涉及的内容较多，不同的国家制度、不同的民族特点、不同的经济政治环境、不同的行业、不同的地域等都会影响企业文化的建设。企业文化建设的过程，是一个将原有企业文化去莠存良的过程，通过对企业各种元素的深层次挖掘，使文化由隐性向显性转变，然后将阻碍企业发展的部分剥离，将有利于企业、促进企业发展的部分进行系统整合、形成文化、发挥作用。完善的企业文化建设可以使企业适应自身和市场的需求，从而得到健康有序的发展。

一、企业文化建设的基本原则

1. 以人为中心

企业是以人为主体的经济（社会）实体，人才是企业取之不尽、用之不竭的最大资源，是企业发展的最大动力。企业活动的目的是获取盈利，但又不能单纯以追求利润为企业的最高目标或宗旨，而应把企业人员的自由、幸福（这里包括企业盈利、个人收入等方面）作为企业发展的最高目标。企业文化必须以人为中心，充分反映人的思想文化意识。企业文化建设必须由企业全体人员积极参与，发挥创新精神，企业才能有生命力，企业文化才能健康发展。

2. 自我塑造

由于企业文化所具有的主体性、客观性、弥散性和社会性，企业文化只能通过塑造来构建。企业是企业文化塑造的主体，没有其他力量能取代企业，因此企业文化模式只能靠自身来塑造。

首先,企业文化是在企业这个特定的社会组织内形成的,其形成和发展过程体现为企业的自我完善过程,即企业在运行过程中不断发现并克服自身文化因素中不适应时代要求的内容,保持和发扬适应时代要求的优良文化传统。其次,企业文化各具特色,没有统一的模式可以照搬,只能根据本企业的实际情况和文化传统,来确定切实可行的发展目标,提出相应的奋斗口号,形成自身的价值观念和激励原则,从而塑造出具有本企业特色的企业文化。

3. 重在领导者

企业领导者既是企业文化的倡导者,又是企业的组织者和缔造者。由于企业领导者在企业文化塑造中具有决定性作用,从而决定了构建企业文化重在领导者的基本原则。

企业领导者在企业中所处的地位,使其可能熟悉和了解企业需要构建什么样的企业文化,才能保证企业经营成功。企业领导者的个人理想、信念、性格、气质、言谈、举止都会对企业员工产生影响。因此,企业领导者可以运用职位权力集思广益,把企业领导层的意见,在企业全体员工中推行,倡导并推动企业文化的开展。同时,企业领导者可以运用自己的威望和员工的信任,扮演企业文化宣传员,促进企业文化的构建。

4. 突出特色

企业文化对于不同企业,既具有共性,又具有个性,但在塑造企业文化时,除了共性以外,还应坚持本企业的个性,即要抓住本企业的特点和具体情况,塑造具有本企业特色的企业文化。

企业文化构建要突出企业性质特色,要突出企业的创业特点、规模大小和技术先进程度,充分显示企业的优势,在企业文化中打上属于本企业独有的烙印,突出企业的产品特色。

5. 科学求实

企业文化的构建虽然是一项主观活动,但企业必须立足于客观实际,符合企业定位,以科学的态度,实事求是地进行企业文化的构建。在企业文化构建过程中,企业要面对客观实际,不能脱离企业现实,人为拔高塑造企业文化,也不能想当然地提"口号";要追求"确凿事实",深入调查研究,掌握第一手资料,使构建的企业文化建立在正确的基础之上;要积极探讨企业文化的发展规律,研究强化构建企业文化的方法,正确对待和解决构建企业文化中遇到的问题,并在实践中逐步积累经验。

6. 追求卓越

追求卓越是一种高品位的劳动品质。构建企业文化就要追求卓越,使企业员工都欣赏所构建的企业文化,并与企业产生共鸣。

企业文化发展到一定程度,企业往往容易满足现状,变得保守,使企业文化的"文化力"减弱,也使企业丧失对卓越的追求。因此,构建企业文化必须坚持卓越原则,使企业员工始终感到有一股追求卓越的激情,树立一个接一个激动人心的目标,再一个接一个地去实现。

7. 面向时代

构建企业文化应面向时代,21世纪的企业文化起点要高,要有超前意识,体现出一种时代感。尽管我国当前的生产力水平与一些发达国家还有差距,但在构建企业文化上不能妄自菲薄,而是要树立起构建企业文化的自信。21世纪企业之间的竞争将是企业文化的竞争。企业的成败直接受到企业人员的素质和企业文化的影响。科学技术的发展使企业在"硬件"上日益接近,"软件"上的差距是企业未来的战略重点。中国有几千年的文明史,中华民族是

世界上最伟大的民族之一。中国人勤劳、勇敢、富有智慧和创造力。我国企业在面向全国的同时，必须面向世界，适应时代的要求，以高起点、高品位的企业文化作为支撑，确保在未来的竞争中立于不败之地。

8. 努力创新

构建企业文化是一个漫长的实践过程，关键是在实际工作中不断创新。这是企业文化建设具有生命力的源泉。一是将中国传统文化中的精华融入现代市场经济条件下的经营活动中去，使企业的经营理念富有中华民族的特色和风格，使企业文化的内容不断丰富。二是学习借鉴国外先进经验，在企业文化实践中消化吸收，为我所用，成我所长。三是继承优秀文化传统，借鉴国外先进经验，不断创新，而且必须对其有全面的认识，做出新的解释。总之，构建企业文化要考虑国情、时代、群众等有关因素。

二、企业文化建设的基本程序

企业文化建设是一项复杂而艰巨的系统工程。优秀的企业文化的构建不像制定一项制度，提出一个宣传口号那样简单，它需要企业有意识、有目的、有组织地进行长期的总结、提炼、倡导和强化。企业文化建设的基本程序如下。

1. 提出问题，统一思想

企业领导者根据企业内外的实际情况和主客观因素，先提出构建企业文化的意向，明确构建企业文化的目的和意义，再通过各种形式教育和发动企业员工，特别是企业各级管理人员和基层骨干，使他们充分认识到构建企业文化的重要性和紧迫性，把思想和行为统一到构建企业文化的总体部署上。

2. 组织力量，调查研究

企业要组织有关人员对企业文化进行调查研究，使企业能够准确了解现有的文化基础，了解企业人员的舆论和心态，为构建企业文化提供科学依据，提高构建企业文化的成功率。调查研究要遵循客观事实，不能主观臆想；要全面综合，不能以偏概全；要讲时效，不能延误；要有计划，不能漫无边际。调查分析的重点应放在企业文化发展史、企业文化发展的内在机制、企业人员的素质、企业文化发展环境、企业价值观等方面。

3. 设计规划，论证试验

设计规划是根据企业文化现实和未来文化发展设想，在调查分析的基础上制定的构建企业文化的方案，确立未来的企业价值观，并围绕所确立的价值观建立相应的企业目标、企业制度、企业道德、企业文化礼仪等，从而将企业文化的整个体系构建出来。设计规划要做到全面与重点相结合，主观与客观相结合，独创性与连续性相结合，计划性与灵活性相结合；要做到对本企业文化定位准确，指标明确，内容既科学又简练，措施切实可行。规划制定之后，要进行论证，并在经过选择的区域内加以推行，从经验和实践两个方面充分论证规划的可行性，通过论证与试验寻找创立企业文化的突破口，以较小的代价获得理想的收获。论证要走群众路线，对反对意见要大度宽容，采取民主与集中相结合的科学方法。

4. 严密组织，传播执行

在设计规划经过论证试验被企业大多数员工认可以后，企业要将文化计划变成文化现实，这是一个最复杂、最多变、最漫长，也是最为关键的阶段。在此阶段，一定要严密组织，防止信息误差，防止可能出现的、短暂的无序状态，防止纸上谈兵，必须直接、实际、具体地实施文化计划。在企业文化传播执行中要注意随着情况的变化及时调整和修正设计规划，发挥企业员工的积极性、主动性和创造性；要利用企业全部的传播媒介，筹划宣传攻势，强化员工的企业文化意识，力求使企业新文化、新观念家喻户晓，深入人心，及时收集反馈信息进行整理；要用各种方式统一企业员工对文化规划的认识，保证领导者与员工之间的信息畅通；要解决好实施过程中可能产生的冲突和矛盾，坚决反对否定企业文化的舆论和行为。

5. 注重实效，评估调整

根据设计规划要求，企业对规划的实施效果要进行检查、评价和估计，以判断其优劣，调整目标偏差，使构建的企业文化向健康、正确的方向发展。评估调整要注重实效，设立评估目标、建立理想化的参照系；广泛收集信息，按照确定的标准进行判断。企业内部如果对评估存在意见分歧，应通过沟通达成一致意见；对评估结果要正确分析，避免调整的盲目性。为保证调整的顺利进行，企业需要制定出详细规定，明确调整对策，自上而下地进行，并建立激励机制、保证调整的顺利进行。

6. 确立模式，巩固发展

经过前面几个阶段，企业文化已初步确立，至此大规模的文化改造已经完成，即使还存在一些旧文化的影响，也已经不是主要的文化力量了。企业文化确立后，企业文化建设将要由浅入深、由横向变纵向开始新的发展，至此企业文化模式的功能已经显示出来了，企业和员工开始从企业文化中获益，人们对企业文化的态度由强制性向自觉性转变。但是，文化发展是循序渐进的，企业文化也不是一成不变的，需要通过不断否定来进行完善。

三、企业文化建设的基本方法

建设企业文化的方法有很多种，它与企业的经营管理活动相随、互相渗透、互相推动。企业文化建设的基本方法有以下几种。

1. 领导者牵引法

企业领导者是企业文化的倡导者和最有权力的指挥者。一个企业构建什么样的企业文化往往是由企业领导者首先提出并做出最后决定的。所谓领导者牵引法，就是指企业领导者在企业文化构建中开阔视野、拓宽思路、用心谋划、提出建议、积极协调、严密组织、舍得投入、科学运作、追求一流和以身作则。

2. 更新观念法

企业要构建良好的企业文化，首先要做的就是更新观念。所谓更新观念法，是指在构建企业文化之前，首先确立正确的企业文化理念与方针，针对企业的不同人员，运用各种传媒手段、各种形式和丰富多彩的活动，分层次、有系统地进行宣传引导，统一思想认识，从而实现企业文化观念上的"去旧更新"。

3. 突出中心法

人是企业文化建设的中心，构建企业文化必须突出以人为中心。所谓突出中心法，是指真正把员工作为人来加以重视和尊重，围绕人来做文章，使一切工作服从于人、服务于人，极大地激发员工的热情，关心和满足员工在物质和精神上的需求，重视并调动员工搞好企业文化的积极性、主动性和创造性，最终使员工成为一个有益于企业和社会的人。

4. 优化载体法

企业文化的载体是企业文化存在和发挥作用的物质结构和手段，是企业文化的物化形态。所谓优化载体法，是指在构建企业文化的同时，优化主体载体、组织载体、制度载体和物质载体，即提高人的素质，健全组织，完善制度，搞好物质建设和保障，使各种载体充分作用于企业文化，成为企业文化的良好物质实体。

5. 稳定结构法

企业文化的结构由物质文化层、行为文化层、制度文化层和精神文化层组成。所谓稳定结构法，是指正确把握企业文化各结构之间的关系，有效控制和促进各结构之间的影响和作用，紧紧抓住精神文化层，强化制度文化层和行为文化层，不断改善物质文化层，使其成为一个完整稳定的系统体系，确保企业文化的正常运作。

6. 训练培养法

良好的企业文化离不开对员工的训练和培养。所谓训练培养法，是指企业根据企业文化的要求，运用技术培训、技术表演、操作演练、集体活动等形式，对员工进行教育和训练，使其了解企业的历史、立场、方针和未来；掌握工作条件和规则，知道应遵循或遵守的制度规范；具有正确的工作态度、精神面貌、礼节礼仪，以及应具备的形象；树立正确的人生观、价值观，有协调精神、责任感强、积极性高，真正成为一个有"文化"的员工。

7. 民主驱动法

企业民主既是搞好企业文化的目的，又是搞好企业文化的手段。所谓民主驱动法，是指企业依据一定的企业文化，把每个员工都看成是企业共同体中不可缺少的一员，真正确立员工的主人翁地位，从制度上保障员工的合法权益，密切领导与员工的关系，让员工在企业经营管理等一系列重大问题上真正具有发言权、参与权和监督权，畅通民主渠道，健全民主机制，注意发挥职工代表会、工会等群众组织的作用，充分调动员工的积极性，有力促进企业文化的发展。

8. 目标管理法

企业目标对企业文化具有导向作用。所谓目标管理法，是指企业根据本企业文化所要达到的目的，制定相应的目标，包括战略性目标、策略性目标以及方案和任务，把企业文化的内容用目标加以量化和细化，要求、鼓励和吸引全体人员为实现目标努力工作并承担责任，把计划、实施、考核、评价等都纳入目标管理体系之中，确保企业文化充分发挥作用。

9. 职责挂钩法

确定企业文化的责任内容，对企业文化建设具有独特的作用。所谓职责挂钩法，是指在企业文化建设中，将责任落实到每个岗位的每个人，调动每个人的积极性，充分发挥每个人的主动性，打破企业文化中的"大锅饭"现象，解决"大家负责、无人负责"的问题。

10. 轻重缓急法

构建企业文化应采取哪些步骤，没有成规，需要企业根据实际情况而定。所谓轻重缓急法，是指企业将影响企业文化形成的各种因素分类排队，分清轻重缓急和难易，按照先重后轻、先急后缓、先易后难的次序来安排建设企业文化的步骤。当然，有些问题虽难，但对全局来说属于重和急的问题，也应优先解决。

11. 机构作用法

构建企业文化固然离不开员工的作用，但专门机构的作用同样不可忽视。所谓机构作用法，是指企业为了保证企业文化构建工作的顺利进行，建立专门的组织机构，制定规划，培训骨干，对员工进行企业文化方面的教育，向领导提出建议，组建企业文化试点等。

12. 优势发挥法

塑造企业文化，离不开党的领导。所谓优势发挥法，是指在塑造企业文化的过程中，充分发挥企业党组织的政治核心作用，在政治上保证企业文化沿着正确的方向健康发展；在组织上发挥企业党组织对工会、共青团的组织领导作用，与企业行政领导协调一致地开展工作，保证构建企业文化各项活动顺利有效地开展。

四、企业文化面临的挑战与创新

我国的企业文化与世界先进的企业文化相比，还存在一定的差距。当企业面临知识经济和世界经济一体化的挑战时，创新已变得刻不容缓。企业文化创新将成为未来企业的第一竞争力，从而决定企业的生命力。企业文化创新的实施，必须处理好中国特色与符合"国际惯例"的关系，必须借助于现代企业制度的建立，必须重塑敢于冒险、勇于创新的企业家精神。

1. 企业文化面临的挑战

企业文化在我国的实践，使一部分企业逐步形成能够参与国际竞争的核心竞争力，但大部分企业尚处在探索和完善之中。然而竞争在一天天加剧，机遇和挑战也一天天向我们逼近，纵观世界形势，企业文化面临的挑战主要有以下几点。

（1）**知识经济的兴起对企业文化的挑战** 知识经济问题是中国乃至世界经济发展面临的新课题。21世纪的科技进步将比20世纪更显著，信息技术的革命性变革将会给人类经济和社会发展带来巨大的挑战。随着全球性的产业结构重组，数以万计的职业将会消失，同时又有大量的新职业应运而生，这种态势将会给企业文化带来十分严峻的挑战。

（2）**世界经济一体化对企业文化的挑战** 近年来，世界各国的经济相互依存、相互渗透、不断加深，经济区域化和全球化成为不可阻挡的潮流，这股潮流使企业风险更趋于国际化。随着外商投资规模的扩大、投资领域的拓宽，以及投资方式的多样化，使中国企业在"家门口"就将面临极其残酷的国际市场竞争，企业文化的冲撞也在所难免。如果没有强有力的企业文化支撑，必然会被外来企业文化的潮水吞没。

（3）**经济市场化的加速推进对企业文化的挑战** 随着我国改革开放的深入，社会主义市场经济建立进程的明显加快，国有企业市场化、政府行为市场化的力度将加大，难度也将加大。企业如何克服困难，如何形成强有力的企业文化去应对这种挑战已成为一个迫在眉睫的新课题。

上述的各种挑战将改变工业社会企业文化的基础，从而给企业文化带来以下4个方面的调整。

1）企业文化将成为知识经济条件下企业管理重要的甚至是主要的手段。

2）企业文化将是人们自觉创造的结果，而不是企业生产经营中的一种副产品。

3）作为人们自觉行为结果的企业文化在市场环境急剧变化的背景下要不断创新，而不

能仅依赖企业过去的成功经验。

4）企业文化将变得更包容，在强调主导价值观与行为准则的同时，允许异质价值观和行为准则的存在。

2. 企业文化的创新

（1）企业制度创新 企业的制度文化和价值文化分别构成了企业的刚性和柔性激励与约束机制。企业制度文化创新包括企业制度创新和制度体系创新。诺贝尔经济学奖获得者道格拉斯·C.诺思教授指出："有效率的经济企业是增长的关键，西方世界兴起的原因就在于发展了一种有效率的经济企业。"这说明企业制度创新和制度体系创新是推动企业发展的重要因素。

企业制度文化创新，既要符合法律逻辑，又要符合道德情感逻辑。因为制度规范与人性之间存在内在的联系，如果制度规范与人性不相容，那么制度规范将失去生命力。在企业制度文化创新实践中，一方面要重视以理性和效率原则为基础的正式制度文化的创新；另一方面不能忽视以情感和人性为本的非正式制度文化的培植。

近年来，西方大公司加快了重组、合并、兼并的步伐，进行企业制度创新，目的是为了赢得新的竞争优势。在企业重组和兼并过程中，不同的企业文化存在着碰撞、整合的过程，这个过程也是新的、包容性更强的企业文化形成的过程。在我国，企业制度创新还存在着一些问题，如企业内部领导体制和企业管理制度问题、如何规范改制问题等，无不表明我国企业制度创新的任务还相当艰巨。

（2）思维方式创新 思维是人类的理性认识过程，是人脑对客观事物间接和概括的反映。思维方式创新是指改变传统的思维习惯和逻辑起点，形成一套全新的思维方式和方法，释放一种内在的创造力。建立和形成一种新的思维方式，实际上是获得了一枚分析和解决理论及现实问题的金钥匙，使企业能从全新的视角、新的高度对企业文化进行定位和理解，对竞争策略、生存方式等另辟蹊径，对企业目标的实现起到定位准确、捷足先登的作用。

20世纪80年代以来，美国企业的持续创新使其国际竞争力增强。思维创新是深层次理性化的哲学创新，是新思路和新方法的母体。有了新的科学的思维方式，才会有新的思路和新的出路，而新的思路和方法能给企业发展带来有效的出路和良好的效益，这也是不少企业取得成功的关键。企业要想长盛不衰，必须不断地自我摒弃、自我否定，不断进行思维方式的创新。

（3）企业家精神 企业家精神是指企业家特殊技能（精神和技巧）的集合。因此，培育卓越的企业家队伍是21世纪各国经济发展的重要依托。企业竞争或国家之间的经济竞争从形式上看似乎是产品的竞争、劳务的竞争和科技的竞争，但实质上却是企业家和企业文化之间的竞争。成功的企业文化是成功的企业家的人格化，是企业家德才、创新精神、事业心、责任心的综合反映，是企业家在长期实践活动中总结提炼出来的。成功的企业家在企业中既是成功的管理者，又是员工的精神领袖，他们以自己的新思维、新观念、新价值判断来倡导和培植企业文化。这种企业文化既具有时代特色，又与本国传统精神相融合，是先进、科学、有生命力的文化与现代企业的完美结合。

目前，我国企业在竞争力上与世界优秀企业存在较大差距，一个重要的原因便是企业家队伍建设跟不上时代发展的步伐。企业经营者存在学历低、观念陈旧、创新能力差的问题。

而要真正实现企业文化的创新，必须在制度上为企业家的成长创造宽松的条件。

（4）**中国特色与国际惯例** 　中华文明有几千年的历史，从历史长河中流淌下来的文化是企业文化建设与创新的源泉。企业要充分发挥传统文化的优势，就应该把历史传统当作一种资源，采取积极开发、巧妙利用的态度。继承和发扬优秀的传统文化，还只是企业文化创新的一部分，另一部分是如何吸收外来文化。在全球经济一体化的趋势下，企业竞争的规则越来越趋于国际惯例，外国企业及其产品成批地涌向中国，造成企业活动全球化、抢占市场白热化。企业面对国际化竞争，必须实施企业文化创新战略，主动吸收外来文化的精髓。总而言之，我国企业的中国特色不能丢，国际准则也必须遵守，即企业的中国特色一定要符合国际惯例，这也是世界经济一体化、企业竞争国际化的必然要求。

（5）**企业文化创新需要注意的问题**

1）企业文化创新必须首先转变观念。企业文化创新是指整个企业的价值观、企业精神、企业目标、企业制度、企业道德、企业文化礼仪等的转变。在这一转变过程中，核心问题是企业价值观的转变。

2）特色是企业的生命，企业文化创新应突出企业的特色。

3）在企业文化创新过程中，要注意避免走过场。

4）在企业文化创新过程中，要避免出现从众行为。正确的做法是立足于实际情况，取他人之长补自己之短。

总之，塑造企业文化、创新企业文化是促进企业发展的良策，因为在市场经济下，企业问题归根结底是人的问题，也就是企业文化的问题。

第三节　汽车服务企业的企业形象塑造

在现代市场经济中，企业形象是一种无形资产和宝贵的财富，可以和人、财、物这3种资源并列，其价值甚至还可能超过有形资产。在当今国际市场，竞争越来越激烈，企业之间的竞争已经不仅仅是产品、技术、质量等方面的竞争。现在的市场竞争首先是形象的竞争，推行企业形象塑造，实施企业形象战略，已成为现代企业的基本战略。

一、企业形象塑造的基本原则

任何企业要想在公众中建立信誉，保持良好的形象，并不是一件容易的事，因而必须注意遵守以下几条原则。

1. 社会认同原则

企业形象是企业与社会沟通的窗口、桥梁和纽带。企业形象的设计与塑造并非是企业单方面的行为，还是企业与社会的双向交流过程。企业在形象塑造时，首先要重视并充分考虑的是来自社会的意见和建议，尤其是主要顾客群体的意见和建议。

2. 信誉形象至上原则

诚信是企业在市场竞争中最有效的方式，也是企业形象中的重点。可以说信誉形象至上是企业的安身立命之本。企业形象塑造就是要向公众持续不断地传达信誉至上的理念，取得公众的信赖和认同，以培养企业发展壮大的根基。纵观国外的"长寿公司"和国内的百

年老店,它们无不以诚信享誉世界,有口皆碑。因此,信誉至上原则是企业形象塑造的根本原则。

3. 凸显特色形象原则

企业要给公众留下深刻的印象,除了诚信以外,还必须避免趋同,要凸显特色。这需要企业形象塑造不仅要面向企业内部,还要面向企业外部,研究顾客的需求,研究对手的策略。只有这样,企业才能凸显特色,给公众留下深刻的印象。

4. 总体形象原则

企业给社会公众的印象是整体印象,即企业的总体形象。而企业的总体形象塑造是建立在企业各部分形象基础之上的,因此要注意企业各部分形象的塑造及其集成。

5. 领导者身教原则

企业形象的塑造,必须从领导者自身抓起。领导者要率先垂范,身体力行,带头树立形象、抓形象、管形象。榜样的力量是无声的命令,只要领导者形象确立起来了,企业形象塑造工作就会事半功倍。

二、企业形象塑造的基本程序

企业形象塑造的基本程序如下。

1. 分析企业形象现状

分析企业形象现状,就是对本企业进行企业形象调查,包括企业总体形象和信誉等企业实情调查。企业可通过调查表,也可通过询问顾客对企业的印象,或者与企业内部员工座谈,认真考察本企业的企业形象;在此基础上,客观地分析企业内外对企业形象的认同情况,分析企业的知名度,并做出正确的企业形象现状评估。

2. 制定总体规划

在明确企业形象现状的基础上,企业要根据塑造企业形象的基本原则和企业的具体情况,制定出塑造良好的企业形象的总体规划以及应达到的具体目标。

3. 设计企业标志

在企业领导者带领下,由领导者和各部门共同完成企业标志的设计,可借助企业识别系统进行企业标志的设计与管理。

4. 展示企业标志

把设计好的企业标志应用于具体的载体上或活动中,即将企业标志应用于新闻发布会、产品展览会、销售洽谈会等。总之,要通过企业标志努力使良好的企业形象在社会公众心中产生共鸣,让社会公众对企业形象产生深刻印象。

5. 企业形象的全面总结、监控与完善

首先,将企业的期望形象与实际形象进行比较,充分肯定成绩,总结经验;其次,分析企业形象塑造中存在的问题及主客观原因;最后,提出企业形象塑造的新思路,不断吸取经验,将塑造良好的企业形象活动提高到一个新的水平,使其做出新的贡献。需要注意的是,企业形象塑造不是静态的,而是动态的信息流管理。为了达到形象塑造的目标,企业必须对企业形象管理的过程进行监控,并采取相应的措施进行形象完善。

三、企业形象塑造的基本方法

1. 提升内部形象

（1）确立崇高的汽车服务企业价值观　汽车服务企业价值观，一般包括以下内容。

1）把国家利益和消费者利益放在首位，向顾客提供一流的汽车产品和汽车服务。

2）员工是企业的主体，要充分发挥员工的积极性、主动性和创造性，培养员工的集体精神，强化汽车服务企业的存在价值、增进内部团结和凝聚力，形成一种"自上而下"的团结意识和"企业是我家"的归属感。

3）强调企业之间、部门之间、职工之间的互相沟通和协作，创造良好的企业软环境。

（2）提高汽车服务质量　消费者和社会公众主要是通过汽车产品和服务来了解与评价一个汽车服务企业的。因此，塑造汽车服务品牌形象要在提高汽车产品和汽车服务质量上下功夫，做好汽车售前和售后服务。只有汽车产品和汽车服务质量提高了，才有可能在社会公众心中树立起良好的服务形象，从而促进汽车服务企业形象的提升。

2. 设计企业形象识别系统

汽车服务企业可以应用企业识别系统，对自身的理念文化、行为方式，以及视觉识别进行科学而系统的设计，从而进行统一传播，使企业形象鲜明而富有感染力，以获得公众的认同，提高企业形象。

3. 创建品牌服务形象

汽车服务企业整体形象塑造要与企业品牌相结合，要为创造良好的企业品牌服务形象保驾护航。品牌商品已成为当今市场经济中最基本的细胞。品牌是企业最重要的形象资产和集中体现，已成为企业基本生存和发展的动力。因此，汽车服务企业应努力创建品牌汽车服务形象，并开展相应的研究。

4. 提升企业外部形象

塑造良好的汽车服务企业外部形象的手段是加强广告宣传及公关活动，具体手段主要如下。

1）通过汽车产品、服务广告和企业形象广告等传播媒介，广泛、反复宣传企业的服务目标、宗旨和价值观等。

2）参与社会公益事业活动，如在春节来临时对车辆提供免费检测诊断、讲解行车安全知识，为春节回家返乡及驾车出行者的安全保驾护航。企业通过这些社会公益活动来提升公众形象，其效果与产品广告有同样的社会影响力。

3）通过形象标志及建筑造型给人以深刻的印象，有利于企业形象的塑造。

4）赞助举办引人瞩目的活动，如体育运动会、大型文艺演出等，引起社会舆论和公众对汽车服务企业的关注。

5）同宣传渠道保持密切的关系，及时向外界报道企业动态，加深公众对汽车服务企业形象的认识。

四、汽车服务企业的企业形象设计

企业形象识别系统是指将企业经营理念与精神文化传达给企业内部与社会大众，并使其

对企业产生一致的认同感或价值观,从而达到形成良好的企业形象和促销产品目的的设计系统。企业形象包括企业理念、企业行为和企业视觉三大基本要素。企业形象识别系统则由理念识别系统、行为识别系统和视觉识别系统构成,它们相互联系、相互作用、有机配合。企业形象正是通过企业形象识别系统设计出来的。企业形象识别系统如图9-2所示。

图 9-2 企业形象识别系统

1. 企业理念设计

企业理念是企业在长期的经营实践中形成的并被员工认同和接受的企业哲学、企业目标、价值观念、企业精神的结合体。企业理念是企业的灵魂,制约着企业运行的方向、速度、空间、机制和状况,反映了企业为长期经营与繁荣而确立的战略目标,是企业员工精神力量的基础,从而成为企业市场行为和社会行为的规范准则,也是构成企业形象最基本、最重要的要素。

(1) **企业理念设计的原则** 企业理念设计,是要确定或提升企业的经营宗旨、经营方针、价值观和精神风貌,目的是增强企业理念的识别力和认同力,因此作为企业灵魂的企业理念设计,必须遵循如下原则。

1)个性化原则。企业理念的个性化,就是要在其设计中,从企业经营目标、自身环境、内部条件、历史传统、独特风格等方面出发,找出本企业与其他企业的理念差异,从而创造出独具个性的企业理念。

2)民族化原则。企业理念设计应根据自身的民族精神、民族习惯、民族特点,来体现本民族的形象。"只有民族的,才是世界的",只有在民族文化的范围内得到普遍认同,才能在世界范围内弘扬企业的民族文化个性。中国现代企业的理念设计,固然要赋予社会主义市场经济条件下新的内涵,但也必须坚持和弘扬民族精神。

3)概括化原则。企业理念设计应用简洁的文字,精确、明白、概括地表示出来。这种高度概括的企业理念,既要易读、易记、易懂,又要便于向公众传达。

根据上述原则，在企业理念设计过程中，首先要搞好企业内外调查：既要了解企业的经营方向、行业特点及运行情况，又要了解企业的社会地位、公众期望及实际业绩，通过分析和比较，以确定企业理念的诉求方向；其次要在调查与分析的基础上，把构成企业理念的经营宗旨、经营方针、经营价值观及企业精神等基本要素加以界定，以确定其基本含义；最后，要用准确、简练的语言文字表达企业理念。这种文字表达要富有哲理、引人思索、生动形象、动人以情，以增强理念的感染力。

（2）企业理念设计的内容　企业理念设计包括企业经营宗旨设计、企业经营方针设计、企业价值观设计、企业精神设计等。

1）企业经营宗旨设计。任何企业的生产经营活动，都有自己的经营目的。企业经营宗旨是企业经营的最高目标和根本目的，它体现了企业的理想与追求。企业经营宗旨设计，实质上是企业自身的社会定位。企业经营目标定位涉及如何处理经济目标、社会目标和文化目标之间的关系。企业经营宗旨设计或社会定位，直接影响着企业与社会的关系，决定着企业的生存与发展。

2）企业经营方针设计。经营方针是指企业在经营思想指导下，为实现经营宗旨所确定的基本原则，它是企业一切活动的指南。经营方针不同于企业本身的工作守则、行为标准、操作要求等各种具体行为规范，它规定了企业经营活动必须统一遵守的最高准则，保证企业发展不可偏离的方向。

3）企业价值观设计。企业价值观是指在企业中占主导地位的、企业绝大多数员工所共有的、对企业经营行为有意义的总观点和总看法，它是整个企业理念的基础。企业价值观是企业中占主导地位的观念，也就是说，有什么样的企业价值观，就会有什么样的企业宗旨、使命、经营方针及行为规范等。企业价值观通过潜移默化的形式渗透企业经营管理活动的全过程，决定着企业及其员工的行为取向和判断标准。

4）企业精神设计。企业精神是企业生产经营活动中，为谋求自身的存在和发展而长期形成的，并被企业员工认同和接受的一种先进群体意识。企业精神是企业的精神动力，代表着企业员工的精神风貌，渗透在企业宗旨、战略目标、经营方针、职业道德、人事关系等各个方面，反映在厂风、厂纪、厂容、厂誉等各个层面上。企业精神对企业员工具有强大的凝聚力、感召力、引导力和约束力，能够增强员工对企业的信任感、自豪感和荣誉感，并使外界通过企业精神产生对企业的信任和好感，以获得社会公众的认同和支持。

2. 企业行为识别设计

当企业理念设计完成之后，紧接着企业就要进行企业行为识别设计。企业行为识别是企业理念的传播形式，涵盖了企业内部和外部所有经营管理活动，通过企业的具体行为来塑造企业形象。同企业理念识别相比，企业行为识别内容具体、实实在在、便于操作，是企业理念的外化或表现。

（1）企业行为识别的结构　企业行为识别贯彻于企业整个生产经营活动中，规范着企业的组织、管理、教育、生产开发，以及对社会的一切活动。具体来说，企业行为识别由对内和对外两个方面构成。

1）企业内部行为识别是指在独特的企业理念指导下，通过员工教育等一系列活动，使企业理念渗透企业及其员工的行为之中，以形成和提升企业形象。它主要包括员工教育、组

织设计、强化管理、环境建设、研究开发、福利制度、行为规范、企业文化建设等。企业通过这些活动，全面提高每个员工的素质，使每个员工为实现企业目标而竭尽全力。

2）企业外部行为识别是指在独特的企业理念指导下，通过广泛而有成效的对外经营活动，取得社会公众的广泛认同，达到理解、支持企业的目的。它主要包括市场调查、产品开发、市场服务、营销策划、公关活动、广告宣传、公益活动等。企业通过这些活动，将企业宗旨、商品质量、人员素质、经营特色、工作绩效等企业形象信息，传播给社会公众，使社会公众对企业产生认同感和信赖感，从而在社会公众中树立成功的企业形象。

（2）企业行为识别设计的内容

1）员工教育设计。员工既是企业管理的主体，又是企业管理的客体。员工作为管理主体，要具有较高的政治素质、文化素质、技术素质和操作技能；员工作为管理客体，要具有较高的政治素质、文化素质，以及理解、接受、遵从管理者的要求的能力。企业员工的这些素质直接决定着企业的生存与发展，并影响企业的形象。企业要造就高素质的员工队伍，就要加强对员工的教育与培训。

2）组织结构设计。现代企业组织的基本结构，主要有3种可供选择的模式，即功能垂直结构模式（U形结构）、事业部型分权结构模式（M形结构）和母子公司分权结构模式（H形结构）。

3）管理行为设计。企业管理行为是企业为达到企业目标而在生产经营领域中进行的管理活动，主要包括计划管理、生产管理、质量管理、技术管理、财务管理、营销管理、人事管理、基础管理等内容。

3. 企业视觉识别设计

企业视觉识别设计是继企业理念和企业行为识别设计之后的又一重要识别设计。它是企业理念和行为识别的集中而直接的反映，是将企业识别系统中非可视的内容转化为静态的识别符号，以丰富多样的应用形式，在最广泛的层面上，塑造独特的企业形象。

企业视觉识别是企业整体形象的静态识别符号系统，它是通过个体可见的识别符号，经组织化、系统化和统一化的识别设计，传达企业经营理念和情报信息的形式。企业视觉识别涉及项目最多、层面最广、效果最直接，可使社会公众快速而明确地识别和认知企业。

企业视觉识别一般由基本要素和应用要素两大部分构成。企业视觉识别的基本要素主要包括：企业名称、企业标志、企业标准字、企业标准色、企业造型和象征图案、企业专用印刷字体、企业宣传标语和口号、企业吉祥物等。这些要素是用于表达企业经营理念的，它要求形式与内涵的完美统一。企业视觉识别要素的应用，主要包括：事务性办公用品、办公室器具设备和装饰、招牌旗帜标示牌、建筑物外观群落、衣着制服、展览橱窗、交通工具、广告媒介、产品包装、包装用品、展示陈列、工作场所规划等。这些要素是传达企业形象的具体载体，因此在进行对应用要素所包括的内容设计时，必须严格遵循基本要素的规定，使应用要素能够形成统一的视觉形象。

在企业视觉识别要素设计中，企业名称、企业标志、企业标准字、企业标准色等基本要素的设计最为重要。

第九章 汽车服务企业的企业文化与形象

 课后习题

1. 名词解释：企业文化、企业形象、企业精神。
2. 企业文化建设的原则和方法是什么？
3. 汽车服务企业的企业形象塑造的基本方法有哪些？
4. 汽车服务企业的企业形象设计的内容有哪些？
5. 企业文化面临哪些挑战是什么？

照亮东风汽车的马灯

191

第十章　汽车服务企业的战略管理

【学习目标与要求】

1. 了解企业战略的概念与内涵。
2. 了解企业战略的框架。
3. 掌握企业战略环境分析的方法。
4. 掌握企业战略制定、实施与控制的方法。

【素质培养目标】

1. 培养目标意识。
2. 培养合作意识。

【学习重点】

1. 掌握企业战略环境分析的方法。
2. 掌握企业战略制定、实施与控制的方法。

【学习难点】

掌握企业战略制定、实施与控制的方法。

【案例引入】

百年通用败于战略

2009年6月1日，美国最大汽车生产商——通用汽车公司（简称通用）正式申请破产保护。破产重组后，新通用公司变成了"国有企业"，当时美国财政部注资后得到"新通

第十章 汽车服务企业的战略管理

用"超过7成的股份。

为什么曾经几十年位居世界第一的汽车巨头，沦落到破产的局面？

有学者指出百年通用败于战略，通用的战略失误主要表现在以下3个方面。

（1）产品战略的失误 世界石油能源逐渐减少，通用没有致力于节能技术的研究，相反却加大了大排量汽车的投入。1998年，通用从美国综合公司并购了悍马，当时通用浅显地认为，石油危机已经成为历史，未来石油的价格将保持在较低水平。相反，在节能技术方面，"土星"开发和试验电动车先后被放弃。通用在2007年进行了比较长的产品战略上的转型，包括小型车的研发、推出、投入，以及新能源汽车领域研发的启动都已经在进行，但是战略转型晚了一些。2008年，突如其来的金融危机使汽车销量下降，成本和原材料价格上涨、产品落后等问题较为凸显。通用最大的错误就是放弃EV1电动车项目。通用放弃了在电动车技术方面的领先优势，让丰田普锐斯混合动力车后来居上。

（2）技术创新战略的失误 通用在制造技术方面创新不足，把主要精力用于了商业模式方面的创新。通用在技术创新上投入不足，相比竞争对手丰田、本田、大众来说，其产品更新换代比较慢。但是，通用非常重视商业模式创新，而且取得了非常好的成绩，但这种创新是在产业链上的创新，而不是在制造环节上的创新。通用在制造技术方面确实创新不足，使制造技术不如日本、韩国，尤其在技术化、一体化方面相对比较滞后。商业模式创新必须建立在技术创新的基础上，当产品技术不足以支撑产品的销售时，任何商业模式创新都只能是空中楼阁。

（3）品牌战略的失误 通用破产的另一个重要原因是过度的品牌多元化。在通用的鼎盛时期，其旗下拥有凯迪拉克、别克、雪佛兰、土星、庞蒂亚克、奥兹莫比尔、欧宝、萨博等多个品牌，参股五十铃、菲亚特等多家公司，组建了一个庞大的汽车帝国。然而，随着时间的推移，多品牌战略日渐显露其弊端。首先，各个品牌都在独立运作，各自为政，造成品牌之间沟通困难，在研发、制造、营销、服务等方面未能有效整合，导致资源重复建设，增加了成本。其次，由于旗下品牌过多，品牌之间的界限模糊不清，不仅给消费者带来选择上的困惑，也造成了品牌之间的内耗。最后，由于品牌多，通用一直无法集中精力开发一款或数款能够真正拉动销量的全球战略车型。全球战略车型销量巨大，可以让成本降到最低，从而可以大幅度提高单车的销售利润。丰田、本田崛起的根本原因就在于卡罗拉、凯美瑞、雅阁、思域等全球战略车型的优异表现。但是，通用却不停地在各个细分市场上进行研发，不仅加大了研发成本，而且失去了宝贵的市场和利润增长空间。

第一节 企业战略概述

一、企业战略的概念与内涵

1. 企业战略的概念

在我国，战略一词最早用来指有关战斗的谋划。在西方，战略一词源于希腊语，意为指挥军队的艺术和科学。无论东方、西方，战略都源于军事，意指为将之道，其本义是对战争全局的筹划和指导。伴随人类社会的发展，战略一词被广泛应用到政治、经济和管理领域，并成为管理学领域的重要研究内容。

企业战略是战略一词在企业经营管理中的延伸和应用。企业战略是指企业在市场经济竞争激烈的环境中，在总结历史经验、调查现状、预测未来的基础上，为谋求生存和发展而做出的长远性、全局性谋划。

2. 企业战略的内涵

在企业经营活动中，管理者在不同的场合以不同的方式赋予企业战略不同的内涵。可以通过以下4点来理解企业战略的内涵。

1）企业战略管理由企业高层领导人负责，各级管理人员参与，以正确的战略思想为指导。

2）通过企业外部环境分析，寻求环境中存在的机会和可能发生的威胁；通过企业内部条件分析，用优势和劣势评价企业现有的和未来能够具备的能力。

3）选择和确定企业的长远发展方向、战略目标和企业各个层次的战略；制定和选择实现目标的战略计划和行动方案，并加以实施。

4）在战略实施过程中，要认真地分析、评价企业战略的实施情况，进行有效的控制；当企业的环境和企业内部条件发生变化，或者发现原先制定的战略存在不足时，企业应及时进行战略变革和战略转移。

加拿大管理学家明兹伯格借鉴市场营销学的四要素，提出了企业战略的5P定义，即计划（Plan）、计策（Ploy）、模式（Pattern）、定位（Position）和观点（Perspective）。

3. 企业战略的性质和特点

（1）全局性　企业战略是企业发展的蓝图，是指导整个企业一切活动的计划，是指导企业全局的总方针。也就是说，全局性企业战略是对企业的未来经营方向和目标纲领性的规划和设计，对企业经营管理的所有方面都具有普遍的、全面的和权威的指导意义。

（2）长期性　企业战略应以企业的长期生存和发展为出发点，研究诸多战略问题。企业战略通常着眼于未来3～5年乃至更长远的目标。

（3）竞争性　企业战略是企业在激烈的市场竞争中与对手抗衡的行动方案，制定战略就是为了克敌制胜。因此，它是为企业赢得市场竞争的胜利、保障企业的生存和发展服务的。

（4）创新性　企业战略区别于以往年度计划或长期计划的一个重要方面就是创新性。企业为了生存和发展，必须不断地强调开辟新的经营领域。只有将创造性贯穿于企业战略管理的全过程，企业才能在激烈的市场竞争中不断地获胜。

（5）风险性　企业战略是对未来的发展规划和行动方针，但由于企业的外部环境是动态的、变化莫测的，这就使管理者在做出重大战略决策时，总是伴随着很大的市场风险。

（6）相对稳定性　企业战略一经制定，就要在一定时间内保持相对稳定性，以发挥其指导作用，同时企业战略有时要根据经营环境进行局部调整，因此其稳定性是相对的、有弹性的。

4. 企业战略的层次

企业战略可以分为3个层次，即企业总体战略、企业经营战略和企业职能战略。企业战略的各个层次之间相互联系、相互配合，每个层次都构成了其他层次发挥作用的环境。同时，低层次战略又为高层次战略的实现提供保障和支持。

（1）**企业总体战略** 企业总体战略是企业最高管理层指导和控制整个企业的一切行为的最高行动纲领。企业总体战略应着重解决两个方面的问题：一是从企业全局出发，根据企业的外环境变化和内部条件，选择企业从事的经营范围和领域，也就是解决企业的业务、企业的发展和企业的投资决策等问题；二是在确定了所从事的业务范围后，在各项业务之间进行资源配置，以实现公司的战略目标。

（2）**企业经营战略** 企业经营战略也称竞争战略，主要解决在总体战略的指导下，企业在某一项特定业务上如何与竞争对手展开竞争的问题，即竞争方法问题。企业经营战略涉及企业在某一经营领域中扮演的具体角色，是企业赖以生存和与竞争对手竞争的工具。

（3）**企业职能战略** 企业职能战略是为贯彻实施和支持企业总体战略与经营战略，从而在企业特定的职能管理领域制定的战略。在既定的战略条件下，职能部门根据职能战略采取行动，集中潜力，支持和改进企业总体战略的实施，保证企业目标的实现。与企业总体战略和经营战略相比，职能战略更为详细、具体。它是由一系列详细的方案和计划构成的，涉及经营管理的所有领域，包括财务、人事、生产、营销、研究与开发、公共关系、采购、储运等。它是经营战略的延伸和细化，使经营计划更为具体、充实和完善。职能战略直接处理如何提高营销系统效率、客服（顾客服务）满意度、特定产品或服务的市场占有率等问题。

5. 企业战略的管理过程

企业战略的管理过程包括战略制定、战略实施和战略评价与控制。企业战略管理致力于对市场营销、研究与开发、生产制造、财务会计及计算机信息系统的综合管理，以实现企业的战略目标。

1）战略制定的主要内容为确定企业任务、分析企业的机遇和挑战、分析企业的优势和劣势、建立企业的战略目标、制定供选择的战略方案，以及进行战略决策。

2）战略实施要求企业建立年度目标、制定政策、配置资源，以便使企业制定的战略能够落实，实现预定的战略目标。战略实施需要一整套保障手段，包括培育支持战略实施的企业文化、建立有效的组织机构、制定预算、建立和使用信息系统，以及建立激励员工的报酬体系。

3）战略评价与控制是战略管理的最后阶段。战略评价包括考察企业战略的内在基础，将预期结果与实际结果进行比较，采取纠正措施以保证行动与计划的一致性。在战略评价的基础上，进行有效的战略控制。首先分析战略是否按照原计划进行，然后需要分析原定的战略是否取得了预期效果。

第二节 企业战略环境分析

企业在制定战略和实施战略之前，必须对外部环境进行分析，以识别环境变化给企业成长带来的机遇和挑战，同时也要对内部环境和资源条件进行分析，以确定企业在行业竞争中的优势和不足。

一、企业战略宏观环境分析

对企业来说，宏观环境属于不可控因素，主要包括与企业环境相关联的经济环境、技术环境、政治环境、社会环境和自然环境5个方面。

1. 经济环境

经济环境首先分析的是宏观经济的总体情况，即国内生产总值及其增长速度、人均收入等，它反映国家经济发展水平和国民富裕程度。宏观经济运行环境对企业的经营成败与发展具有重要影响。

国家经济政策会给企业经营带来巨大影响。当国家实行宽松的或紧缩的货币政策时，会使企业经营的融资成本或经营成本发生变化；国家税收政策和税率对企业的经营成本也会产生重要影响。此外，国家利率和货币汇率、失业率、消费者可支配收入及通货膨胀率等，均会影响企业的投资、产品的进出口，以及人力成本等。

另外，国家或区域经济活动所必需的基础设施，如交通运输、通信、互联网及能源和原材料的供应情况等"硬的经济环境"，决定着企业能否保证生产所需的原材料和成品的及时运输，也决定着企业是否能获得及时的市场信息。

2. 技术环境

技术环境主要是指国家或地区的技术水平、技术预算、新产品开发能力以及产业化程度等，是衡量一个国家或地区综合实力和发展水平的重要因素。例如，美国高技术产业在国内生产总值中占比40%～60%。技术对企业经营的影响是多方面的，技术进步将使社会对企业产品或服务的需求发生变化，从而给企业发展提供有利的机会。

另外，企业在制定战略时还应注意到，一项新技术的发明和应用可能会影响，甚至损害一些行业。

3. 政治环境

政治环境包括国家或地区的政治体制、方针政策、法律法规等。政治环境的变化对企业的经营行为和利益有明显的影响。政府一般通过以税率、利率为杠杆的财政政策、货币政策以及制定一些法律法规来间接影响市场行为和企业的经营活动，通过干预外汇汇率来调整国际金融与贸易秩序。政局稳定、政策连续性强，对企业战略制定十分有利。因此，在制定企业战略时，要正确判断政府政策的长期性和短期性行为。企业战略要对长期性政策做好充分准备，对短期性政策视其有效时间或周期做好充分反应。

4. 社会环境

社会环境包括文化、习俗、道德观念、公众意识和人口等。由于企业是组成社会的一个小团体，不可避免地受到社会环境的影响和制约。

文化是人们的价值观念、思想、态度、社会行为的综合体。不同国家有不同的文化传统、社会习俗和道德观念，如日本强调集体的和谐及团体协作，韩国强调层次尊重和服从权威的和谐。社会文化影响人们的消费观念、消费行为、消费偏好和购买决策等，同时也影响企业的经营行为和方式。

人口特征是社会环境的另一重要因素，直接影响消费行为。它包括人口数量、密度、年龄分布、地区分布、民族构成、职业构成、家庭规模、受教育程度等。

5. 自然环境

自然环境是一个国家或地区的客观条件，主要包括自然资源、地形地质、地理位置及气候等。

二、企业所在的行业环境分析

每个企业都属于某一行业，企业所在的行业和所要进入的行业，是对企业经营影响最大的和最直接的外部环境。

1. 行业宏观环境分析

1）行业所处的发展阶段分析，主要是分析企业所在的行业处于什么样的阶段：是处于起步阶段、初始发展阶段、快速发展阶段或成熟阶段，还是处于逐步衰退阶段。

2）行业在社会经济中的地位和作用分析：①行业现状和未来对整个经济社会及其他行业的影响程度；②行业在国际市场的竞争能力。

2. 行业环境与竞争分析

行业环境是指企业所处的经营领域的环境。行业环境涉及的5种要素及其关系如图10-1所示。

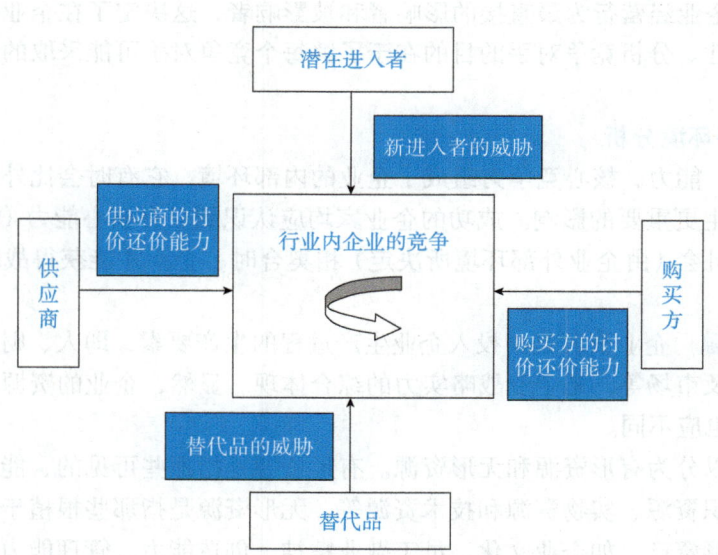

图10-1 行业环境涉及的5种要素及其关系

这5种要素的共同作用，决定了行业竞争的性质和程度，是形成企业在某一竞争领域的竞争战略的基础。管理者要充分了解这5种要素是怎样影响竞争环境的，这样才能明确在该行业中企业所处的战略地位。

（1）新进入者的威胁　它是来自行业外的潜在进入者，是最敏感的影响因素。一般而言，当行业具有较高的投资回报率时，就会吸引较多的潜在进入者。新进入者的竞争将会导致整个行业平均利润的下降，除非行业市场正处于迅速扩张期。

潜在进入者是否采取行动进入本行业，取决于其对进入屏障和退出屏障的认识。进入屏

障就是企业为进入某一行业所要克服的困难（技术障碍和风险），退出屏障是企业要退出某一行业所要承担的损失。

（2）购买方的讨价还价能力　购买方可能要求降低购买价格、要求高质量的产品和服务，结果是行业竞争者激烈竞争，导致行业利润下降。

（3）供应商的讨价还价能力　供应商一般通过提高价格和降低产品质量或服务质量来降低成本，从而对行业内的竞争企业显示自己的力量。

（4）替代品的威胁　替代品给行业产品的价格定了一个上限。如果替代品的价格较低，投放市场后就会使本行业产品的价格上限处于较低水平，这就限制了行业的利润水平。一般来说，如果顾客面临的转换成本很低，或替代品的价格更低，或质量更好，或性能相似甚至超过竞争产品时，替代品的威胁就会很强。企业在顾客认为具有价值的方面进行差异化（如价格、质量、服务、地点等），可以降低替代品的威胁。

（5）行业内企业的竞争　由于行业内的企业相互制约，一个企业的行为可能引发竞争。因此，企业为了追求战略竞争力和超额利润，都积极投身竞争。竞争手段通常表现为价格战、广告战、服务战、产品（服务）开发与创新竞争等。

3. 竞争对手分析

竞争对手是企业经营行为最直接的影响者和被影响者，这决定了在企业外部环境中分析竞争对手的重要性。分析竞争对手的目的在于了解每个竞争对手可能采取的战略行动及其他企业的反应。

4. 企业内部环境分析

企业的资源、能力、核心竞争力组成了企业的内部环境，它有时会比外部环境中的条件对企业的业绩产生更重要的影响。成功的企业家均应认识到只有核心能力（研究企业内部环境可以找到）与机会（由企业外部环境所决定）相契合时，企业才能获得战略竞争能力和超值回报。

（1）企业资源　企业资源是指投入企业生产过程的生产要素，即人、财、物、设备、技术、管理、信息及市场等，是企业战略实力的综合体现。显然，企业的资源实力不同，企业所能选择的战略也应不同。

企业资源可以分为有形资源和无形资源。有形资源是指那些可见的、能量化的资源，包括财务资源、组织资源、实物资源和技术资源等。无形资源是指那些根植于企业的历史、长期积累下来的无形资产，如企业文化、员工敬业精神、创造能力、管理能力，以及企业的品牌、声誉等。这些无形资产以一种独特的方式存在，很难被竞争对手了解、购买、模仿或替代。企业更愿意把无形资产作为能力和核心竞争力的基础，而且无形资产的价值是可以更深地挖掘和利用的。

（2）企业能力　企业能力来源于资源的有效整合，是企业核心竞争力的来源。有形资产和无形资产不断融合，形成企业所拥有的能力。企业能够利用洞察力和智慧创造并利用外部环境机会，建立持久性的优势。研究表明，企业在某职能领域建立起来的竞争能力与企业的经营状况有关。因此，企业必须致力于在多元化企业里建立一种智能型的核心竞争力。例如，比亚迪汽车公司在市场营销领域具有有效地推广其品牌的能力，使其成为著名的跨国汽车公司。

(3) 核心竞争力 核心竞争力是指那些能为企业带来竞争优势的资源和能力，是支持企业赖以生存和稳定发展的基础。每一种核心竞争力都是能力，但并非每一种能力都是核心竞争力。在实际操作中，一种能力要形成核心竞争力，从客户角度出发，是有价值的并且是不可替代的；从竞争者角度出发，是独特的并且是不可模仿的。也就是说，要判断一种能力是否为核心竞争力，只需要看它是否满足4个标准，即有价值的、独特的、不可模仿的和不可替代的。

第三节 企业战略选择

企业战略可分为总体战略、经营战略和职能战略。

一、总体战略

总体战略所要解决的问题是确定企业的经营范围，也就是企业在一个领域还是多个领域经营。因此，我们把公司战略分为多样化战略和专业化战略两类。

1. 多样化战略

多样化战略是指企业在两个或两个以上领域进行经营。出于分散经营风险、避免业务量减少、提高资源配置效率等方面的考虑，企业会采取多样化经营战略。根据业务之间的关联程度，多样化战略可分为：横向多样化、纵向多样化、同心多样化和复合多样化。

（1）横向多样化 横向多样化是指以现有的产品市场为中心，向水平方向扩展业务，也称水平多样化或专业多样化。这种战略由于是在原有市场、产品（或服务）的基础上进行多品种经营，因而开发、生产、营销技术关联度大，管理变化不大，比较适合原有声誉高、市场广且发展潜力大的企业。

横向专业化有3种类型：市场开发型，即以现有产品为基础，开发新市场；产品（或服务）开发型，即以现有市场为主要对象，开发与现有产品（或服务）同类的产品（或服务）；产品（或服务）、市场开发型，即以新开拓的市场为主要对象，开发新产品（或服务）。

（2）纵向多样化 纵向多样化是指在一个完整的产品价值链中，企业向上或向下发展经营业务。例如，4S店在经销整车的同时，也经销润滑油、配件等。

（3）同心多样化 同向多样化是指以技术或市场为核心的多样化，主要有3种形式：多种产品或服务都以相同的市场为统一的核心，如一家汽车服务公司经营汽车销售、配件销售、汽车装饰和个性化改装、汽车维修、保险和金融等，这些产品或服务都统一在"汽车消费者"市场；各种产品或服务都以相同技术为统一的核心，如维修服务公司同时经营汽车维修、工程机械维修等，可以共享机电维修技术；各种产品或服务以相同的市场、技术为统一的核心，如客运、货运、出租运输、汽车租赁等都以运输技术为基础统一于运输市场。

（4）复合多样化 复合多样化是指各产品或服务没有共同的主线和统一的核心的多样化，或者这类企业可以进入没有任何技术、经济关联的多项领域。例如，广汇集团除主营汽车外，将经营范围扩展到能源、电子、机械、建筑等行业。

多样化战略可以分散企业的业务，降低市场风险，同时也有利于企业发挥规模效应和品牌优势。但过分多样化会使企业经营战线过长，面临更大的管理失控风险。

2. 专业化战略

专业化战略是指企业仅在某一领域集中经营单一产品或服务，即企业将大部分资源集中在单一市场或单一产品或服务上的经营战略。实行专业化战略的企业可以为目标客户提供更多品种、规格的产品或服务。由于可以更好地研究目标客户的消费偏好及消费变化趋势，并且对这种变化能更快适应，因此实行专业化战略的企业可以更快速地生产出符合客户不断变化的需求的产品或服务。此外，资源和资金的集中，易于达到规模经济效应，但同时伴随着较大的市场风险，因为一旦企业产品或服务市场缩减，企业就会面临困境。

二、经营战略

1. 经营战略的类型

经营战略也称一般竞争战略。波特在《竞争战略》一书中指出企业为了获得相对竞争优势，可以选择成本领先、差异化和集中化3种不同类型的竞争战略。

（1）成本领先竞争战略 成本领先竞争战略是指企业通过在内部加强成本控制，在追求产量规模经济效益的基础上把成本降到最低限度，使企业在行业内保持成本领先的优势。

企业采用成本领先竞争战略，可以形成进入障碍，增强企业的讨价还价能力，降低替代品的威胁，保持领先的市场地位。但如果竞争对手的竞争能力更强，开发出成本更低的生产方法或采用模仿的办法，则采用成本领先战略就有可能处于不利的地位。

企业要想采用成本领先竞争战略取得好的效果，还要考虑所在的市场是否为完全竞争的市场；该行业的产品是否为标准化的产品或服务；大多数购买者是否以同样的方式使用产品或服务；产品或服务是否具有较高的价格弹性；价格竞争是否为市场竞争的主要手段等。如果企业的外部环境和内部条件不具备这些因素，企业便难以实施成本领先战略。

（2）差异化竞争战略 差异化竞争战略是企业向顾客提供与众不同、独具特色的产品或服务，满足顾客特殊需要，形成竞争优势的战略。差异化竞争战略是企业广泛采用的一种竞争战略，这是因为每个企业都可以在产品或服务的某些特征上与竞争者不同。为了保证差异化的有效性，企业必须注意两个方面：①必须了解自己拥有的资源和能力，及能否创造出独具特色的产品或服务；②从需求的角度出发，必须深入了解消费者的需求和选择偏好。企业所能提供的独具特色的产品或服务与消费者的需求相吻合是取得差异化竞争优势的前提和基础。

企业采用差异化竞争战略可以使顾客产生品牌忠诚，降低对价格的敏感性，增强讨价还价能力。差异化可以给企业带来较高的溢价，不仅可以补偿因差异化所增加的成本，而且可以带来较高的利润。差异化还可以抵制替代品的竞争。

差异化竞争战略存在两个主要风险：①当经济环境不佳、购买力下降时，消费者更关注实用价值与功能，差异化竞争优势会削弱；②竞争对手的模仿也是降低产品或服务差异化程度的因素。一般企业应首先考虑在产品功能和售后服务上形成差异，营销手段和商标的差异则作为市场管理的手段。

（3）集中化竞争战略 集中化竞争战略是指企业的经营活动集中于某一特定的市场或单一的产品（或服务）的竞争性战略。实行集中化竞争战略的企业能很好地服务于某一特定的目标市场，能比竞争对手提供更有效或效率更高的服务。

同其他竞争战略一样，企业采用集中化竞争战略也能在本行业内获得高于一般水平的收益。集中化竞争战略的优势主要表现在：①便于集中整个企业的能力和资源，更好地服务于某一特定目标；②将目标集中于某一特定市场，可以更方便地调研与产品（或服务）有关的技术、市场、顾客及竞争对手的情况，做到知己知彼；③战略目标集中明确，经济效果易于评价，管理过程易于控制。因此，集中化竞争战略对中、小型企业是一种最适宜的战略。

集中化竞争战略风险较大，因为一旦企业产品或服务的市场缩小，或消费者的偏好发生变化，或出现更具竞争力的替代品时，企业就会面临困境。

2. 经营（竞争）战略的选择

（1）企业选择经营（竞争）战略 经营（竞争）战略决定着企业的管理方式、产品的开发研究、企业的经营结构及其市场理念。采用成本领先经营（竞争）战略的企业应在所有的生产环节都能实现合理化，最重要的是讲求产品的合适批量，实现规模效益。采取差异化经营（竞争）战略的企业，就要有特别的工艺设备和技术，同时为了使顾客了解本企业的差异，或者让本来是标准化的产品或服务在消费者心目中建立起差异化的形象，还要在营销方面扩大和加强广告宣传和促销活动。这就决定了产品差异化经营（竞争）战略会与成本领先经营（竞争）战略发生矛盾与冲突，同时实施两种战略的企业往往会在市场竞争中失败。

1）同一企业可以对不同的产品或服务或在不同的阶段采取不同的经营（竞争）战略。

2）同一企业可以对不同种类的产品采取不同的经营（竞争）战略。例如，汽车销售公司可以对轿车销售和货车销售分别采取成本领先经营（竞争）战略和差异化经营（竞争）战略。

3）同一企业可以在生产和营销两个不同环节采取不同的经营（竞争）战略：可以在生产环节采取成本领先经营（竞争）战略，在营销环节采取差异化经营（竞争）战略。

4）同一企业在不同的发展时期，可以采取不同的经营（竞争）战略：产品或服务处于投入期和成长期，采用成本领先经营（竞争）战略；产品或服务处于成熟期，则采用差异化经营（竞争）战略。

（2）选择企业战略应考虑的问题

1）外部环境。社会经济高速发展时期，企业之间竞争激烈，居民收入随生产力提高而迅速提高，成本领先经营（竞争）战略将失去意义。反之，当经济不景气时，可采用成本领先经营（竞争）战略来刺激消费。另外，大众化的一般产品或服务应重视差异化经营（竞争）战略。

2）自身实力。规模小的企业，自身资源和能力有限，应采取集中化经营（竞争）战略，以便集中优势资源或力量瞄准某一特定顾客群或特定地区，占领一定的市场份额。生产能力强、营销能力较差的企业，可以选择成本领先经营（竞争）战略；反之，营销能力强而生产能力较弱的企业，可以选择差异化经营（竞争）战略。如果企业的生产能力和营销能力都强，可以考虑在生产上采用成本领先经营（竞争）战略，而在营销上采用差异化经营（竞争）战略。

3）产品和周期。汽车属于价格较高的耐用消费品，使用周期较长，绝大多数消费者是根据广告宣传、营销人员介绍、产品性能和技术说明、可靠的质量、合适的价格来确定是否购买的。所以，企业应在市场营销和服务方面实施差异化经营（竞争）战略。日用消费品使用期短，一般少量、反复购买，消费者更关注的是价格，应采取成本领先经营（竞争）战略。

三、职能战略

职能战略又称职能支持战略，是按照总体战略或经营战略对企业内各方面职能活动进行的谋划。职能战略一般分为生产运营型职能战略、资源保障型职能战略和战略支持型职能战略。

1. 生产运营型职能战略

生产运营型职能战略是企业或业务单元的基础性职能战略，从企业或业务运营的基本职能上为总体战略或经营战略提供支持，包括研发战略、供应战略、生产战略、质量战略、营销战略、物流战略等。

2. 资源保障型职能战略

资源保障型职能战略是为总体战略或经营战略提供资源保障和支持的职能战略，包括财务战略、人力资源战略、信息化战略、知识管理战略、技术战略等。

3. 战略支持型职能战略

战略支持型职能战略是从企业全局上为总体战略和业务战略提供支持的职能战略，包括组织结构战略、企业文化战略、公共关系战略等。

职能战略描述了在执行企业战略和经营单位战略的过程中，企业中的每一职能部门采用的方法和手段。

职能战略是为贯彻、实施和支持公司战略与竞争战略，从而在企业特定的职能管理领域制定的战略，所以必须与企业总体战略和经营战略相配合。例如，企业总体战略确立了差异化的发展方向，要培养创新能力，企业的人力资源战略就必须体现对创新的鼓励，要重视培训，鼓励学习，把创新贡献纳入考核指标体系，在薪酬方面加强对各种创新的奖励。

第四节 企业战略制定、实施与控制

一、企业战略制定

1. 战略制定的方式

根据不同层次的管理人员介入战略的程序和角度，可以将战略制定的方式分为4种。

（1）自上而下的方式　先由企业的高级管理人员制定总体战略框架，然后由下属各部门根据实际情况将企业的总体战略具体化，形成系统的战略方案。这一方式的优点是企业的高层管理人员能够牢牢地把握整个企业的经营方向，并能对下属各部门的各项行动实施有效的控制。这一方式的缺点是要求企业的高层管理人员在制定战略时必须深思熟虑，战略方案务必完善，并且还要对下属各部门提供详尽的指导。同时，这一方式也约束了各部门的手脚，不利于发挥中下层管理人员的积极性和创造性。

（2）自下而上的方式　在制定战略时，企业最高管理层对下属部门不做硬性的规定，而是要求各部门积极提交战略方案。最高管理层在各部门提交战略方案的基础上，进行协调和平衡，对各部门的战略方案进行必要的修改后确认。这是一种先民主后集中的方式，能够充分发挥各个部门和各级管理人员的积极性和创造性，集思广益。同时，由于制定的战略方案有广泛的群众基础，在战略实施过程中容易得到贯彻和落实。但是各部门的战略方案难以协调，影响整体战略的系统性和完整性。

（3）**上下结合的方式**　在战略制定的过程中，企业最高管理者和下属各部门的管理人员共同参与，通过上下各级管理人员的沟通和协商，制定适合的战略。这种方式的主要优点是，有较好的协调性，制定的战略更具有操作性。

（4）**战略小组的方式**　战略小组的方式是指企业的负责人与其他高层管理者组成一个战略小组，共同研究、制定企业战略。战略小组一般由总经理负责，人员构成具有很大的灵活性，由小组的工作内容而定，通常要让与所要解决的问题密切相关的人员参加。这种方式目的性强、效率高，特别适合制定产品开发战略、市场营销战略等。

2. 战略制定的一般程序

（1）**识别和鉴定现行战略**　识别和鉴定现行战略是制定新战略的前提。只有确认现行战略已经不适用，才有必要制定新的战略。同时，也只有在认清现行战略缺陷的基础上，才能制定出较为适合的新战略方案。

（2）**分析企业外部环境**　调查、分析和预测企业的外部环境是企业战略制定的基础。企业通过环境分析，认清所面临的机遇和挑战，考察现有和潜在竞争对手的目的和未来的行动方向，预测未来一段时间内社会经济动向。

（3）**测定和评估企业的实力**　企业可以通过内部条件分析来测定和评估企业的实力，摸清企业的现状，明确自身的优势与劣势。

（4）**制定战略方案**　企业根据发展要求和经营目标，以及企业所面临的机遇和挑战，列出所有可能达到经营目标的多种备选方案。

（5）**评价和比较战略方案**　企业根据股东、管理人员，以及其他利益相关者的价值观和期望目标，确定战略方案评价标准，并依照标准对各项备选方案加以评价和比较。

（6）**确定战略方案**　企业在评价和比较方案的基础上，选择一种最满意的方案作为正式的战略方案。有时，为了增强企业战略的适用性，企业往往还应选择一种或多种方案作为调整时备用的战略方案。

二、企业战略实施

1. 企业战略实施的阶段

企业一旦制定了合适的战略，战略管理活动的重点就应该转移到战略实施上。

所谓战略实施就是将战略付诸实际行动的过程。这一过程一般分为4个相互联系的阶段。

（1）**战略发动阶段**　此阶段主要是要调动企业员工实施新战略的积极性和主动性。这就要求企业高层管理者向员工灌输新思想、新观念，消除一些不利于战略实施的旧观念和旧思想，以使大多数人逐步接受这种新战略。

（2）**战略计划阶段**　此阶段就是将经营战略方案具体化，也就是说将经营战略分解为几个战略实施阶段，每个战略实施阶段都有阶段目标、相应的措施、部门策略以及方针等。要求定出分阶段目标的时间表，对各分阶段目标进行统筹规划、全面安排，并注意各个阶段之间的衔接。

（3）**战略运作阶段** 根据企业经营战略，设计适合的组织结构；调整可以利用的资源进行再分配；建立良好的企业文化，有利于战略的成功实施；建立控制与激励机制、信息沟通机制，加强信息沟通。

（4）**战略控制与评价阶段** 企业战略是在变化的环境中实施的，因此只有加强对执行过程的控制与评价，适时调整战略计划，才能适应内外部环境和条件的变化。

2. 企业战略计划的内容

企业战略计划必须有很强的环境适应性，即必须要有充足的弹性，这就决定了战略计划应具有以下几个方面的内容。

（1）**对企业总体战略的说明** 此说明包括3个方面的内容：①企业总体经营战略是什么，包括总体战略目标和实现总体战略的方针政策；②为什么选择这些选择；③实施此战略将会给企业带来什么样的重大发展机遇。

（2）**分阶段目标** 企业要对分阶段目标进行尽可能具体与定量地阐述，它是保证总目标实现的依据。企业的分阶段目标常常与具体的行动计划和项目整合在一起，它们都是实现企业总目标的具体工具。

（3）**企业的行动计划和项目** 行动计划是企业为实施战略而进行的一系列资源重组活动的汇总，包括研究、开发及削减等方面的活动。各种行动计划往往通过具体的项目来实施。

（4）**企业的资源配置** 资源配置是制定计划的基本因素。实施战略计划需要设备、资金、人力资源及其他重要资源，因此各种行动计划的资源配置优先程度应在战略计划系统中得到明确规定。所有必要的资源，在尽可能的情况下应折算为货币价值，并以预算和财务计划的方式来表达。

（5）**组织保证及战略子系统的相互协调** 为了实现企业的战略目标，必须有相应的组织结构来适应企业战略发展的需求。由于企业战略需适应动态发展的环境，组织结构必须具备一定的动态弹性。另外，企业战略计划系统往往包括若干子系统，必须明确各子系统之间接口处的管理和控制。

（6）**应变计划** 有效的战略计划系统要求一个企业必须具备较强的环境适应能力。企业要获取这种能力，就要有相应的应变计划作为保障，要看到各种条件在一定时间内都可能突然发生变化。将应变计划作为整个战略计划系统的一部分，企业可以应付各种瞬息万变的环境，可在错综复杂的竞争环境中占领一席之地。

三、企业战略控制

企业战略控制是指在企业战略的实施过程中，检查企业为达到目标所进行的各项活动的进展情况，评价实施企业战略后的企业绩效，并把它与既定的战略目标与绩效标准相比较，发现偏差，分析产生偏差的原因并纠正，使企业战略的实施更好地与企业当前所处的内外环境、企业目标协调一致，使企业战略得以顺利实现。

1. 战略控制的内容

（1）**设定绩效标准** 根据企业战略目标，结合企业内部人力、物力、财力及信息等具体条件，确定企业绩效标准，作为战略控制的参照系。

（2）**监控绩效与评估偏差** 通过一定的检测方式、手段、方法，检测企业的实际绩效。

（3）**设计纠正偏差的措施** 通过设计顺应条件变化的纠正偏差措施，可以保证企业战略的成功实施。

（4）**监控外部环境的关键因素** 外部环境的关键因素是企业战略存在的基础。这些外部环境关键因素的变化意味着战略前提条件的变动，必须给予充分的重视。

（5）**激励战略控制的执行主体** 通过激励可以调动执行主体自控制与自评价的积极性，保证企业战略实施得切实有效。

2. 战略控制的方式

（1）**事前控制** 在战略实施之前，要设计好正确有效的战略计划。计划要得到企业高层的批准后才能执行，批准的内容往往也成为考核经营活动绩效的控制标准。这种控制多用于重大问题的控制，如重要人员的任免、重大合同的签订、购置重大设备等。

（2）**事后控制** 在企业的经营活动之后，把战略活动的结果与控制标准相比较。这种控制工作的重点是要明确战略控制的程序和标准，把日常的控制工作交由职能部门人员去做，即在战略计划部分实施之后，将实施结果与原计划标准相比较，由企业职能部门定期将战略实施结果向高层领导者汇报，由高层领导者决定是否采取纠正措施。

（3）**过程控制** 企业高层领导者要控制企业战略实施中的关键过程或全过程，随时采取控制措施，纠正实施中产生的偏差，引导企业沿着战略方向进行经营。这种控制方式主要用于对关键战略措施进行的控制。

3. 企业战略控制系统的组成及控制过程

企业战略控制系统由战略控制、战术控制和作业控制等基本系统组成。

（1）**战略控制系统** 战略控制系统是以企业高层领导为主体，关注的是与外部环境有关的因素、企业基本的战略方向和企业内部的绩效。

（2）**战术控制系统** 战术控制系统是指企业的战略经营部门和职能部门关注的是企业战略计划的实施与执行。战术控制主要由企业总经理和下属单位的负责人检查具体业务是否达到企业总体战略制定的目标。

（3）**作业控制系统** 作业控制系统是对具体负责作业的工作人员的日常活动的控制，关注的是员工履行职责和达到作业目标的绩效。作业控制由各级主管人员进行。

公司级控制的重点是使公司内的各种活动保持整体平衡。在这一层次，战略控制和战术控制是最重要的控制。事业部级控制，主要是持续地改进经营单位的竞争地位，在此，战术控制应占主导地位。在各职能部门中，控制的作用是开发和提高以职能为基础的显著优势和能力。由于其时限较短，因此在这一层次上，作业控制和战术控制是最重要的控制。

无论是哪一类型的控制，控制的过程基本上是一样的，就是将实际工作绩效与评价标准进行对比，如果两者的偏差没有超出容许的范围，则不需要采取任何修正行动。反之，如果实际工作绩效与评价标准的偏差超出规定的界限，则应找出产生偏差的原因，并采取纠正措施，以使实际工作绩效回到标准范围之内。在控制过程中，预期的结果，即长期目标或短期目标在战略制定中早已确立。评价标准是一个参照物，它可用来衡量企业是否达到其目标。

评价工作绩效发生在将控制系统的输出与评价标准相比较时，如果输出与评价标准不符，则必须采取纠正措施。这些措施包括改变预期目标、改变战略、改变企业的组织结构或者变更管理者等。另外，如果控制系统表明企业的活动正在达到评价标准，就无须采取纠正措施。

课后习题

1. 名词解释：企业战略、成本领先竞争战略、差异化竞争战略、集中化竞争战略。
2. 企业战略的特点是什么？
3. 企业战略的宏观环境包括哪几个方面？
4. 如何进行企业战略选择？
5. 企业战略制定的方式有哪些？

新时代北斗精神

参 考 文 献

[1] 王生昌.汽车服务企业管理[M].2版.北京：人民交通出版社，2020.
[2] 朱刚，王海林.汽车服务企业管理[M].2版.北京：北京理工大学出版社，2018.
[3] 崔宁，朱宛泽.汽车服务企业管理[M].2版.北京：机械工业出版社，2017.
[4] 杨新桦，胡远志，徐哲.汽车服务企业管理[M].北京：清华大学出版社，2017.
[5] 魏云暖，詹芸.汽车服务企业管理[M].2版.北京：电子工业出版社，2016.
[6] 宋丹妮.汽车服务企业管理[M].长沙：中南大学出版社，2016.
[7] 许兆棠.汽车服务企业管理[M].2版.北京：机械工业出版社，2022.
[8] 阎岩.汽车服务企业管理[M].2版.北京：机械工业出版社，2022.
[9] 杨立君，苑玉凤.汽车营销[M].3版.北京：机械工业出版社，2019.
[10] 陈传明.管理学[M].北京：高等教育出版社，2019.
[11] 王永贵.服务营销[M].北京：清华大学出版社，2019.
[12] 付永刚.组织行为学[M].北京：清华大学出版社，2017.
[13] 黄津孚.现代企业管理原理[M].北京：清华大学出版社，2017.
[14] 杜玉梅，吕彦儒.企业管理[M].4版.上海：上海财经大学出版社，2017.
[15] 方振邦，邬定国.人力资源管理[M].北京：人民邮电出版社，2017.
[16] 郭国庆，陈凯.市场营销学[M].6版.北京：中国人民大学出版社，2019.
[17] 焦叔斌，杨文士.管理学[M].5版.北京：中国人民大学出版社，2019.
[18] 吴价宝.管理学原理[M].2版.北京：高等教育出版社，2018.
[19] 张云起.市场营销学[M].北京：高等教育出版社，2018.
[20] 黄敏雄.汽车4S店运营与管理[M].北京：人民邮电出版社，2017.
[21] 王丽霞，韩艳君.4S店主营业务与汽车营销[M].北京：人民邮电出版社，2015.
[22] 卞荣花，周洪如.汽车服务企业管理[M].北京：北京理工大学出版社，2019.
[23] 张国方.汽车营销学[M].北京：人民交通出版社，2017.
[24] 李茜，祁艳丽，王亚维.汽车市场营销与实务[M].北京：电子工业出版社，2017.
[25] 田俊岩.汽车维修服务项目质量管理体系初探[J].汽车世界，2019（6）：85.
[26] 田俊岩.汽车召回维修服务项目质量管理体系的运作分析[J].汽车世界，2019（7）：125.
[27] 张洪武.维修管理及其质量控制措施[J].汽车世界，2019（7）：121.
[28] 陈庆龙.信息化管理在汽车维修保养中的应用[J].汽车世界，2019（6）：88.